◆ 本书由江西财经大学资助出版

"第十三届社会政策国际论坛暨系列讲座"文集

The 13th International Symposium and
Lectures on Social Policy

当代社会政策研究(十三)
共享发展与社会政策创新

Contemporary
Social Policy Studies Vol.13

主　编　关信平　蒋国河

副主编　唐　斌　周梅芳

社会科学文献出版社
SOCIAL SCIENCES ACADEMIC PRESS (CHINA)

序 言

经过主办方和承办方的密切合作和共同努力，中国社会学会社会政策研究专业委员会于 2017 年 8 月在江西南昌成功地举办了 2017 年学术年会暨第十三届社会政策国际论坛。这本《当代社会政策研究》是此次学术年会暨国际论坛上与会者提交论文中的一部分。

2005 年以来，社会政策国际论坛每年在国内举办，目前已举办了 13 次，《当代社会政策研究》也出版到了第 13 集。每年一次的学术年会暨国际论坛以及每年一本的论文集为国内外研究社会政策的学者和学生提供了一个很好的学术交流与成果发表的平台，使我们能够有机会就共同关心的社会政策问题展开面对面的讨论和交流，并且将我们的成果向社会发布。

十多年前，当我们刚刚创立社会政策国际论坛的时候，正值中央提出构建社会主义和谐社会，要加强保障和改善民生的重要政策方向，急需大量的社会政策研究为各级政府落实中央重大决策提供具体的政策建议。但是，国内学术界研究社会政策的人还较少，许多人还不太了解社会政策这一学术领域的主要内容，不少政府官员甚至还不知道社会政策为何物。在当时的情况下，我们面临着在高校中大力推动社会政策学术研究、在社会上普及社会政策基本知识的任务。为此，中国社会科学院社会政策研究中心、中国社会工作教育协会、南开大学社会工作与社会政策系、北京师范大学社会发展与公共政策研究所、清华大学公共管理学院 5 家单位联合，于 2005 年 8 月在南开大学举办了首届社会政策国际论坛暨系列讲座。当时 5 家单位的目标是连续举办 5 届（每年 1 届）这样的国际论坛和系列讲座，以在我国推动社会政策的研究、人才培养和知识普及，并为社会政策学科的发展奠定基础、准备条件。

从那以后十多年的时间里，社会政策国际论坛和系列讲座一直没有停下。中国社会学会社会政策研究专业委员会（以下简称专委会）成立后，社会政策国际论坛交由专委会主办，与专委会每年一次的社会政策学术年会合并，每年与不同的学术单位合作，在不同的地方举办，为推动我国学术界的社会政策研究普及和水平提高起到了积极作用，也使其自身成为一个影响力越来越大的学术活动品牌。

在过去的十多年里，我国社会政策发生了很大的变化。中央和地方各级政府重视保障和改善民生，大力推动社会建设，在社会政策方面不断采取行动，出台了很多新的政策，政府财政社会支出明显提高。同时，中央和地方各级政府越来越重视社会政策制定和实施的科学性，希望社会政策能够在保障和改善民生、促进社会公平和维护社会稳定等方面发挥更大的作用。为此，中央提出了"社会政策要托底"的要求，尤其是十九大报告对保障和改善民生提出了一些新的、更高的要求。当前的社会发展形势对社会政策的研究提供了很好的条件，同时要求社会政策学术界通过更加系统和细致的社会政策研究去细化我国保障和改善民生的理论与实践方略。我们很高兴地看到，过去十多年里学术界的许多研究成果以各种方式对各级政府在社会政策方面的决策产生了和正在产生着积极的影响。我希望政府部门与学术界的这种良性互动能够健康持续地开展，共同推动我国保障和改善民生事业的发展，造福于人民和国家。

中国社会学会社会政策研究专业委员会2017年学术年会暨第十三届社会政策国际论坛召开于十九大之前，因此本部论文集中的文章还不能很好地反映十九大召开后我国社会政策学术界的积极反应。但是，读者可以看到，这里的论文从多个方面反映了当前我国保障和改善民生中的各种问题，并提出了积极的社会政策改进建议。本论文集中的文章大部分是年轻学者的成果，其中不乏犀利的问题意识、创新的冲动和缜密的分析，表明我国社会政策研究的水平不断提高，尤其是年轻学者在成长。我们相信，这些研究成果的发表，对于各级政府相关部门制定和实施社会政策具有积极的参考价值，并且对我国社会政策理论的发展也具有知识积累的作用。

社会政策学科在中国发展的历史毕竟还很短，学科体系还不够完整，研究水平也还不够高。从这部论文集中也能够看到，社会政策理论分析还不够深入、不够精细，理论和实践的创新也还需要进一步加强。然而，当前的稚嫩意味着未来的希望。在我国未来的发展中，社会政策的作用将越来越大，中国社会对社会政策研究、理论和学科发展的要求也会越来越高。为此，我希望将来有越来越多的年轻学者源源不断地加入到这一重要的学术领域中，共同为推动我国的社会政策学科发展和水平提高做出努力。同时，也在此过程中不断提高学术水平，共同打造一个更加成熟的社会政策学科。

关信平

2018 年 5 月

目 录

社会政策理论探讨

农村社会政策与实务

城镇化、移动互联网时代的社会政策

社会政策理论探讨

正在酝酿中的社会政策体系的根本性变革

——基本收入研究简析

杨伟民[*]

摘　要　自20世纪70年代末北欧的个别学者首先提出了基本收入的政策构想，基本收入已经成为很多国家的学者、民众广泛关注的论题。有关论者建立了基本收入全球网，每两年召开一次国际会议。以基本收入为主题的文章和书籍的出版量逐年增加。不仅学者对基本收入的兴趣越来越浓厚，普通民众对基本收入的认同度也在增高。

对基本收入进行深入研究，有助于我们正确认识人类社会拥有的物质财富中哪个部分应该由所有人共同分享，哪个部分应该由看不见的手来分配。当下需要对既有的国家福利体系进行根本性改革，实施基本收入政策，从根本上说是因为人类社会正在进入智能化时代，这将使人类社会在诸多方面完全不同于工业化社会。而无论社会怎样变化，人类的物质财富中由自然资源形成的部分是所有人有权利分享的。

关键词　基本收入　智能化　自然资源

此处所谓"正在酝酿中的社会政策体系的根本性变革"，指的就是国际上的一些研究者对基本收入进行的讨论和倡导。虽然研究者的观点不尽相同，迄今为止对基本收入的研究也还存在一些根本性的缺陷，但是基本收入研究不仅在理论上不断取得进展，而且在一些国家的实际政策中也开始有所体现。对基本收入进行深入研究，有助于我们正确认识人类社会拥

---

* 杨伟民，中国人民大学社会与人口学院副教授。

有的物质财富中哪个部分应该由所有的人共同分享，哪个部分应该由看不见的手来分配。

本文将从基本收入研究的历史和现状、实施基本收入政策的根本原因、实施基本收入政策的根本理据三个方面对基本收入研究和实践状况进行分析，由此证明在人类社会拥有的物质财富中哪个部分应该由所有的人共同分享以及以怎样的方式共享。

一　基本收入研究的历史和现状

按照基本收入全球网的介绍，基本收入的定义是"一种定期支付的现金，无条件地交付给所有人，没有经济状况审查或工作要求"。进一步的解释是："基本收入是以公民身份为基础的某种经济权利，而不是基于一个人与生产过程的关系或在家庭中的地位。基本收入是发达社会解决社会问题的正义方案的一部分，被构想为普遍的、无条件的。如果一个适度的、持续的收入流在一个政治共同体的所有成员的整个生命中不断流地被授予，基本收入就是目前争议的各种社会政策建议中最简单和最引人注目的一个元素。"具体说，基本收入具有五个特点。①周期性：定期支付（如每月），而不是一次性津贴；②现金支付：它是以适当的交换媒介支付的，允许接受它的人自己决定如何使用它，因此，它不是实物支付（如食品或服务）或专门用于特定用途的凭证；③个人：它是以个人为基础的支付，而不是以家庭等为基础的支付；④普遍性：它支付给所有的人，没有经济状况审查；⑤无条件：没有工作要求或工作意愿证明。①

根据英国基本收入研究组的创建人之一赫敏娜·帕克（Hermione Parker）的解释，基本收入"将权利的基础从缴费记录和遭遇意外事故转变为公民身份（或法定居住）和评估的基本需要"，"评估的基本单位也从家庭转变为个人"。另外，如果实施一种完全的基本收入计划，就以基本收

---

① 参见基本收入全球网（The Basic Income Earth Network）的有关介绍，网址：http://basicincome. org/basic – income/。

入取代现行的所有的津贴。基本收入没有经济状况审查，并且是免税的。纳税以所有其他的收入为基础（Parker，1989：128）。帕克等人构想的基本收入是通过"整合既有的现金补贴系统和个人收入税收（包括社会保险缴费）"来实现的（Parker，1989：1）。

概括以上解释可以看出，基本收入不同于有条件的贫困救助和负所得税，也不是社会保险金给付。基本收入是无条件地由政府周期性地提供给公民或居民的现金。无论一个人是有工作还是没有工作，无论是贫穷还是富有，都能得到全额的基本收入。这样的福利政策可以取代现行的所有津贴，因而使社会政策体系变得简单易行，而且更加公正。

对基本收入的研究始于20世纪70年代末。当时，丹麦和荷兰的一些学者就以"公民工资"（citizen's wage）、"有保证的收入"（guaranteed income）等词语表达了政府应该为其公民提供基本收入的想法。20世纪80年代，英国有人则提出了"基本收入"（basic income）的概念。1984年一些学者和活动家还在志愿组织的赞助下，创建了基本收入研究组（Basic Income Research Group，BIRG）。[①]

1986年9月在比利时召开了基本收入第一次讨论会，会上建立了基本收入欧洲网（Basic Income European Network），英国的基本收入研究组也成为这个网络的一个组成部分（Parker，1989：124）。此后，关心基本收入研究的学者每两年举行一次研讨会，至2016年已经召开了16次国际会议，并将举行国际会议的频次改为每年一次。由于越来越多的非欧洲人出现在欧洲基本收入的会议上，2004年9月第十次研讨会上重新诠释了它的首字母缩略词的含义，将其改为基本收入全球网络（The Basic Income Earth Network，BIEN）。[②]

另外，美国、南美和南非也产生了类似网络，这些网络又与澳大利亚和新西兰已经存在的网络加强了交流，在欧洲之外创建了新的全球网络，并于2006年10月在南非的开普敦大学举行了第一次代表大会。

---

① 参见 http://basicincome.org/bien/aboutbasicincome.html。

② 参见基本收入全球网的有关介绍。

表 1 是近年来基本收入国际会议的主题。

表 1　近年来基本收入国际会议主题

时　间	会议主题
2018 年	基本收入与新普遍主义：21 世纪福利国家的重新思考
2017 年	实施基本收入
2016 年	社会生态转型与基本收入
2014 年	经济的再民主化
2012 年	基本收入的实现途径
2010 年	基本收入：正义与和平的工具

资料来源：http://basicincome. org/congresses/。

上述信息表明了基本收入研究确实是在发展的。根据《基本收入研究》(*Basic Income Studies*) 两位主编 (Haagh, Louise and Mulvale, James) 的介绍，"基本收入的学术讨论和相关的政策在经济学、哲学、政治学、社会学和公共政策领域一直在增长。过去的几十年里，每年出版的以基本收入为主体的文章有几十篇，在过去的 10 年中与基本收入研究主题有关的书超过 30 本。此外，基本收入的政治讨论已经通过各种社会组织、非政府组织和其他团体得到扩散。在国际上，近年来在发展中国家，如巴西和南非，在基层运动和政府官员的关注下，基本收入也受到了重视"。[①]

基本收入全球网的介绍中特别提出，2010 以来基层行动者对基本收入的积极性大大提高。此外，许多杰出的欧洲社会科学家已经来支持它了，其中有几位是诺贝尔经济学奖获得者。在一些国家，一些主要的政治家，包括来自执政党派的政治家也开始支持它。与此同时，相关的文献——经济、伦理、政治和法律方面的文献——正在逐步增加，那些在欧洲和世界各个国家推广这个理念或者仅仅是对它感兴趣的人已经开始组织成一个活跃的网络。[②]

实际上，不仅学者对基本收入的兴趣越来越浓厚，普通民众对基本收

---

① 参见《基本收入研究》网站，网址：http://www. degruyter. com/view/j/bis。
② 参见基本收入全球网的有关介绍。

入的认同度也在提高。据基本收入全球网的报道,柏林的一家市场研究公司——戴利亚曾经在 2016 年 3 月就欧洲人对基本收入的态度进行了第一次调查,取得了广泛的宣传结果,64% 的欧洲人表示如果在他们国家为基本收入举行公投,他们会投赞成票。该公司计划每年进行这项调查。第二次调查于 2017 年 3 月进行,并已经公布调查结果。调查对象是来自 28 个欧盟成员国的 11021 名年龄在 14 ~ 65 岁的个人。样本比 2016 年的稍大,那次的调查对象是年龄和地理区域分布相同的 10000 个人。本次调查的设计具有人口统计学上的代表性,样本的选择和数据加权尽可能反映欧盟人口的地区、年龄、性别、教育水平、农村/城市地位的整体特征。调查在 95% 的置信水平上有正负 1.1% 误差。

受访者首先被问到的问题是:"你熟悉基本收入概念吗?"对此,24% 自称"完全理解它",39% 的受访者自称"知道",25% 的受访者表示他们"只是听说过基本收入",13% 的受访者自称"一无所知"。与 2016 年的数据比较,受访者表示他们知道"什么"的百分比明显增加,而那些"从来没有听说过的"百分比明显下降。

在这个初步的问题之后,调查者给出了一个基本收入的定义,其余的调查问题就是以此为基础的。给出的定义是:"基本收入是由政府无条件支付每一个人的收入,无论他们是否工作,无论他们是否有任何其他收入来源。基本收入取代了其他社会保障金,并且高到足以覆盖所有的基本需要(食物、住房等)"。这个定义和 2016 年的调查所使用的定义一字不差。基本收入全球网的报道者认为,"戴利亚的定义不同于 BIEN 的定义,但事实上,这个定义更严格。BIEN 的定义没有规定基本收入必须高到足以覆盖所有的基本需要,也没有明确基本收入必须取代其他社会保障金。"①

基于这一定义,戴利亚公司的调查进一步提出了五个问题。

1. 如果今天就基本收入进行全民公投,你会如何投票?

2. 你认为你的国家应该在什么时候引入基本收入?

---

① 参见 http://basicincome. org/news/2017/05/survey-of-11000-europeans-finds-68-would-vote-for-basic-income/。

3. 你认为基本收入的哪个论点有说服力？

4. 你认为下列哪项反对基本收入的论点有说服力？

5. 基本收入对你的工作选择最有可能产生的影响是什么？

在回答第一个问题时，68%的受访者表示，如果现在就基本收入进行公投，他们会投赞成票，而2016年这个数字是64%。因此，考虑到误差，整个欧盟在过去一年基本收入的支持出现了小幅增加，而表示反对的比例保持稳定，仍为24%。

虽然有24%的受访者表示，他们会反对目前举行基本收入公投，但是其中只有8%的受访者认为他们的国家永远也不应该引入基本收入，有13%的受访者不赞成"在不久的将来任何时候实施这项政策。"同时，33%的受访者支持在各自的国家"尽可能早地"实行基本收入，32%的受访者更愿意在自己的国家等待成功的实验，16%受访者更愿意在其他国家等待成功的实验。

接下来的两个问题，受访者被给予了六个赞成或反对基本收入的理由，并允许选择多个理由。在赞成的理由中受访者选择比例最大的是："降低对资金的基本需要的焦虑"（52%）、"创造了更多的机会平等"（42%）和"鼓励资金方面的独立性和自我责任"（32%）。在反对意见中，52%的受访者担心基本收入"可能会鼓励人们停止工作"，39%的受访者担心"外国人会来我的国家占便宜"，34%的受访者认为"只有需要的人最应该从国家得到东西"，"而且不应该是现金"。

对于最后一个问题，受访者只需从给出的几个答案中选择一个。37%的受访者声称基本收入不会影响他们的工作选择，17%的受访者声称他们会花更多的时间与家人在一起。只有11%的受访者选择会停止工作或减少工作。还有一些受访者的选项是"上述选项中没有适合的情形"，或选择在有偿工作上花费较少的时间。但是，其他的应对方案是与这个选择兼容的，例如受访者可能是计划在有偿工作上花费较少的时间。

以上数据表明，当前已经有越来越多的学者关注基本收入的构想，至少在欧盟国家，一般民众也相当普遍地了解了基本收入构想，并支持以基本收入替代既有的社会政策体系。

二　实施基本收入政策的根本原因

仅就笔者看到的会议论文而言，有关论者对基本收入的研究是多方面、多角度的。例如，基本收入与政治民主的关系、基本收入与生态保护的关系、基本收入与性别平等的关系、基本收入与经济发展的关系、基本收入在政治上的可行性等。

廷斯－埃伯哈德·雅恩（Jens-Eberhard Jahn，2012）对基本收入研究状况的概括是：研究角度有"哲学的、经济的、生态的和神学的"，"实施基本收入需要满足的条件"；实施基本收入的理由，如"会对你或某个特定的群体有益？"还有一些战略性的考虑，例如，"是在特定时间实施满足所有人的基本需要的基本收入模式比较好，还是首先引入一个不能覆盖基本需要的较低的基本收入较好？抑或在第一阶段只提供给某些社会群体，比如儿童？"（Christensen and Lieberkind，2012）

埃里克·克里斯坦森（Erik Christensen）和卡斯滕·雷伯坎德（Karsten Lieberkind）在 2012 年的会议论文中借用他人的看法指出，"在过去 10 年中，基本收入被认为是对高度发达的福利社会的改革，对此进行研究的有各种不同的视角和主题，如自由主义（和自由意志论的）、社会民主主义、民主社会主义、女性主义和生态（菲茨帕特里克，1999）。"同时，他们认为，"很难这样谈论基本收入，因为基本收入改革的性质、重要性、影响会因实施体制背景的不同而不同，也会因它是由什么样的社会运动推动而不同。基本收入改革原则上可以导致一个更加自由的以市场为导向的社会，一个延续社会民主福利国家，一个新生的民主社会主义社会，以及成为一个绿色可持续发展的新社会的开端。"

他们进一步将基本收入改革概括为两种思路。自由主义和社会民主导向的基本收入理论家通常将基本收入改革看作一种孤立的改革，可以加强现有福利国家的特点而不是改变其本质。相比之下，民主社会主义者和具有绿色倾向的基本收入理论家充分意识到，基本收入改革只是朝向民主社会主义或绿色社区的全面改革方案的一个因素（Christensen and Lieberkind，2012）。

本文主要关注实施基本收入的根本原因及其理据的有关论述。关于实施基本收入政策的原因，有人主要是将基本收入政策视为改进既有的国家福利政策的一种有效策略。他们将基本收入政策与现行的国家福利政策进行比较，指出现行的国家福利政策存在的各种问题。例如，现行的有条件的收入支持政策通常都存在的成本高、效率低、容易出错和欺诈等问题；养老保障政策存在的不公平问题；现行的国家福利政策不能解决"贫困陷阱""失业陷阱"等问题。同时，也有人从人类社会的总体状况方面阐述实施基本收入政策的理由。

有人认为实施基本收入有助于加深民主，受全球范围内的新古典自由主义思潮和全球金融危机的影响，民主面临巨大的挑战。就像普选权为民主提供了政治基础一样，基本收入能够通过提供经济保障的方式有效支持民主。因为个人自治是民主的核心，基本收入能够增强个人自治（Choi，2012）。有人认为基本收入有助于发展新的公共空间。因为基本收入意味着现在不稳定的生活中的恐惧和屈辱的终结，可以帮助人们拒绝被迫的工作。而现在人们被迫工作或被迫失业是经常存在的现象。但是，工作生活的困境与悖论也意味着新的开放、新的可能性，基本收入有助于社会新生活方式的创建与自治权的提高（Jakonen，Peltokoski and Toivanen，2012）。

有人针对科学技术发展、全球化导致的危机和问题，特别是就业领域的问题，阐述基本收入的意义。工业革命以来，人类社会的经济和科学技术持续地快速增长。这种增长产生了许多积极影响，也带来了很多问题。在很多国家，经济和科学技术的发展都导致了物质生活水平、教育水平、健康水平的提升。然而，在既有的社会经济制度框架下的长期增长也导致了很多问题。

对于因长期增长而导致的问题，一种相对普遍的共识可能就是，"增加产量就增加了大自然必须承受的负荷""这导致了气候危机和生态系统崩溃的威胁"（Christensen and Lieberkind，2012）。与此同时，"富人变得更富，中产阶级正在被掏空，穷人在英语世界的大部分地区和西方世界更为贫困"（Tomlinson，2014）。

另外，也有人指出，这种增长导致"我们工作太多。我们生产太多。

我们消费太多。我们产生了太多垃圾（至少超过一个星球可以负担得起的……）"。我们"不能在工资和休闲之间、在收入和自由时间之间进行选择"。但是，人们有太多的工作的结果，不是得到一个"购买权力"，而是得到"购买的责任"。"他们不得不消耗他们的生产过剩，所以他们不得不消费太多。这种机制可能是增长的主要源泉之一"。而基本收入抑制地位驱动的消费主义，可以鼓励自愿的社会经济活动（Mylonolo，2012）。

因此，有人提出现在我们需要改变人们对工作的看法。自动化和智能化的发展趋势必然取代传统工业创造的工作岗位，劳动力市场的弹性化是当今全球化过程中市场领域存在的普遍特征，企业为应对经济全球化采用的弹性化的经营战略导致越来越多的员工从事临时性工作，这类工作在工资和福利方面往往缺乏保障，导致了越来越多的贫困劳工阶层。与此同时，社会领域存在各种形式的无偿劳动，如家务劳动、无资金支持的研究、各种公益活动、艺术创作等（Storlund，2012）。

廷斯－埃伯哈德·雅恩则阐述了在整个欧盟的农村地区实施基本收入的意义。基于欧盟已经在 2003 年对先前实行的基于农民种植作物的种类给予补贴的方法改为根据种植土地的数量提供补贴，廷斯－埃伯哈德·雅恩认为这一改变在一定程度上体现了无条件的基本收入的特点。但是，进一步的改变是，不是将补贴提供给农民，而是提供给所有在农村居住的人。因为欧盟农村地区普遍存在创造持续的高质量工作的能力远远低于城市地区的问题，且欧盟主要城市地区的人均收入几乎是农村地区的两倍。低收入、前景不明使农村地区人力资源流失严重，城乡之间的各种差距在加大。而向居住在农村的所有人提供基本收入，可以促进农村地区经济、社会和文化的发展，使得农村地区更加宜居，有助于防止农村地区大规模的人口流失（Jens－Eberhard Jahn，2012）。

更多的人是从科学技术经济发展导致的结构性的变化和其中存在的危机方面阐述基本收入的意义。例如，有人认为自动化和智能化的发展，已经告诉我们传统的工业工资劳动模式社会的终结，表明后工业时代的到来和新的非物质生产的劳动市场的重构。在这样的变化中，新增长的希望被放在了创新知识部门和服务部门。然而，这并不意味着作为资本主义的现行支柱工资劳动将突然消失；相反，它意味着工资劳动处于危机之中，无法保证工资劳动部门的增长。

米克·雅克宁（Mikko Jakonen）等认为，20世纪80年代以来，欧洲经历着大规模的失业，贫富差距越来越大，基于传统工资劳动的社会和福利模式陷入危机，传统的工业模式逐步走向知识密集型的经济模式。今天，新的工作机会在知识部门和服务领域真正开放，而工业生产被搬迁到廉价地区。今天，每个人都在谈论非物质生产、高科技和绿色增长。在新的背景下，大量的劳动者成为不稳定的就业者，更多的工作采取了服务外包的形式。对于老一辈的人来说，他们很难满足新劳动的新要求。青年失业率也在上升，市场形势不好。新的劳动模式是暂时的、灵活的，工资相对较低。在许多地方，这也意味着自我雇佣作为一种"就业"的方式。因此，正在形成的工作模式岌岌可危，意味着劳动合同与高技能者的不稳定性，而不稳定意味着低收入和无保障。在这样的社会生活风险变得更高，生活也更昂贵（Jakonen, Peltokoski and Toivanen, 2012）。

韩国的一位学者介绍了韩国的不稳定就业状况。在韩国，不稳定的工人包括三类：准备就业/接受工作的人、临时中断就业的人、非正规工人和小型个体户。据官方统计，经济活跃人口有2500万人，其中包括100万失业人口。官方报告的失业率为3.7%，但在经济不活跃的地区，60万的人说他们正在准备就业，160万人说他们正处于临时中断就业的状态。如果我们把这些人列为失业者，那么有超过300万人失业。事实上，经济活跃人口达到2700万，实际失业率从3.7%上升到11.6%（Kang and Christensen, 2014）。

丹麦的两位学者概括了丹麦的失业状况。"劳动生产率的提高造成了永久性失业。技术进步提高了劳动生产率，结果使那些能够工作和想工作的人没有足够的全职工作。在过去的25年中，大约25%的劳动力（18~66岁）一直没有工作，这个数字与80万各种社会福利全年领取者的数字是相应的"（Christensen and Lieberkind, 2012）。

由以上的有关讨论可以看出，对于实施基本收入政策的意义或者说理由，一方面是既有的国家福利政策存在的缺陷，另一方面则是既有的国家福利政策已经不能应对近些来社会经济发生的变化。但是，既有的国家福利政策已经不能应对近些年来社会经济发生的变化是更为根本的原因。

人类社会近些年来发生的变化不同于 200 多年前工业革命导致的变化。工业革命导致的变化是将大量的劳动力置于使用大机器的大工厂之中。那时市场机制不能应对的问题是工伤、失业、疾病、年老等，因此在社会民主主义者和社会自由主义者的推动下形成了一系列的国家福利政策。在市场机制和国家福利政策的双重作用下，20 世纪虽然也发生过严重的经济危机，但是总体上经济和科学技术仍持续快速增长。然而最近几十年由于科学技术的发展在人类的生产生活领域导致的多方面的变化，已经不是既有的国家福利政策体系能够应对的了。这种变化的集中体现就是生产生活中的自动化和智能化程度正在迅速提高。人类社会正在进入智能化时代，这个新的时代要求既有的国家福利政策体系进行彻底变革。

正如有人指出的未来社会存在两股不可调和的力量：信息精英和临时工，大量的劳动者将生活在贫困之中（Storlund，2012）。随着经济活动领域自动化、智能化程度的提高，首先表现出的严重问题就是长期失业和不稳定就业的劳动者的比例持续增高。因此，工业化时期实现的对极少数人的有条件的贫困救助和基于大规模稳定就业的社会保险，将不能在智能化社会保障人们的基本生活需要。因此，彻底改变在工业化社会长期实行的国家福利政策，采用发放基本收入的方式保障大多数人的基本生活已经势在必行。同时，通过发放基本收入保障人们的基本生活可以带动消费促进经济的良性运转，更可以为人们从事有价值的无偿劳动提供必要的条件。

三　实施基本收入政策的根本理据

实施基本收入是当下社会变迁的需要。但是，以什么方式应对这种需要，还需要考虑不同应对方式的根本理据。由于应对工业革命引发社会巨变的那些社会政策以保险原则为根基，因此它在很大程度上缓解了社会变迁导致的困境。但是，其中的贫困救助以及程度不同地脱离了保险原则的"社会保险"，是缺乏确定不移的客观事实基础的。这是 100 多年来社会政策体系变得越来越复杂并不断受到质疑的根本原因。当下正在发生的新的社会变迁，更加清楚地显示了国家承担保障公民基本生活需要责任的客观事实基础，这个基础也正在被越来越多的人认识到。

国家要想为每个人无条件地提供一份基本收入，就需要有相应的可进行分配的资源。对于这种资源如何筹集的论述，实际上体现了对实施基本收入政策的根本理据的认识。

对于实施基本收入政策所需要的资源，很多人还是认为应该通过向富人征收更多的税金。例如，理查德·帕纳克特（Richard Parncutt）就提出了将实施基本收入和税制改革相结合的思路（unconditional basic income and flat income tax，UBIFIT）。他的总的看法是，全球金融危机的一个重要方面是贫富差距日益扩大，同时重要的社会和环境项目很难找到资金。应对这样的状况，"我们需要简单的解决方案"（Parnctutt，2012）。这样的方案不需要昂贵的管理，容易被政治家和选民理解，包括：①增加财产税和交易税，通过社会服务和环境项目进行再分配；②关闭避税天堂，使金融业更加透明；③给予低收入者更好的工作激励；④简化税收，以减少逃税。

关于简化税收，他指出现代所得税一般是累进的，收入越高的人就需要交纳更高比例的所得税。这种累进税的税基通常分为几个档次，不同的所得适用不同的税率。还有一种与累进税相反的单一所得税制。单一所得税就是每个人都按同样的税率纳税，不管他们的收入是多少。极右派赞成这种单一所得税。许多富人也热衷于单一所得税，试图减少他们的纳税额。他们歪曲事实，总认为穷人之所以贫穷，是因为他们懒惰。

帕纳克特认为，极右派提出的单一所得税是完全不能接受的。这样的单一所得税是不公平的，而且往往会加大贫富差距。事实上，没有人想成为穷人，大多数穷人正在努力工作而没有得到报酬。要想激励人们工作，某种程度上的贫富差距是必要的，但并不需要非常大的差距。不管怎样衡量（收入或财富），十倍的差距就能够达到激励工作的目标，贫富差距过大不会进一步增加工作的动力。但在大多数国家，今天的差距远比十倍大得多，有钱人的财富是穷人的百倍、千倍、数百万倍。无论你怎样测量

（通过财富或收入），差距都太大了（Parncutt，2012）。

帕纳克特认为，贫穷是经济制度导致的，而不是个人导致的。因此，我们应该创造性地考虑经济体制改革的可能性。首先，他认为税收可以解决贫困问题，但只有在满足下列条件的情况下：一个是单一所得税税率必须相对较高（如40%～50%），而不是一般的15%～30%；另一个是单一所得税必须与大致相当于贫困线的无条件基本收入相结合。"无条件基本收入和单一所得税的结合是有效地累进的。这不是一种政治主张，而是一种简单的数学观察，其影响是巨大的。政治左派有消除贫困的历史性机会，而不仅仅是减少它。无条件基本收入和单一所得税的组合（UBI - FIT）是通往那个目标的道路。"因为在 UBI - FIT，每个人都会得到相同的基本收入，不管任何其他形式的收入。即使是富人也能得到基本收入，因为这是无条件的。但是，对他们来说，数量与所得税数额相比，基本收入将很小。如果我们想从富人那里提取更多的钱，我们必须把注意力集中在税率上，而不是基本收入上。

"我们必须同时简化税收制度，使税制更加透明，增加税收机会"。在 UBI - FIT 的方向上，许多其他简化也是可能的。至于基本收入的确定需要"在政治进程中加以调整；这将取决于民主和变革、金融约束。如果它太低，就会有贫穷；如果它太高的话，工作的动机将会减少。"（Parncutt，2012）

帕纳克特的思路虽然有新意，但是基本上没有脱离长久以来批判资本主义、论证社会政策的基本框架。因为经济制度不合理，国家需要通过向富人征税，在穷人和富人之间进行收入再分配。不可否认，现实中存在的巨大的贫富差距是由经济、政治、社会、文化等制度中存在的不合理因素造成的。但是，整个社会系统是由很多子系统构成的，改革不合理的社会经济制度需要针对其中的不合理的子系统。不可否认，过大的贫富差距对于激励工作可能确实没有了实际意义。但是，不论个人获得财富的方式是否公平合理，笼而统之地由国家以强制征收的方式从富人那里提取更多的钱，不利于推进社会的公平正义，也不利于真正改变社会制度中的不合理的地方。

穷人和富人之间在财富占有上存在的百倍、千倍、数百万倍的差距，总体上说是不合理的。然而，具体分析每个人的实际情况，有些人的财富获得是由于社会中存在的某些不合理的制度造成的，有些人的财富获得则是主要靠自己的能力和努力（包括抓住机遇、敢于冒险和努力）。作为追求公平正义的改革者，需要改变的是制度中的不合理地方。其中一个至关重要的地方，也是自财产私人私有制确立以来就不断有人提及，但又不断被各种理论和社会力量否定的地方，就是每个人对自然资源的平等享用权。

实施基本收入所需要的资金应该来源于社会物质财富中确实应该由所有社会成员共同分享的部分。这个确实应该由所有社会成员共同分享的部分，就是进入一个社会生产的物质财富中的自然资源。一定量的能够被人加以利用的物质财富总是由人的劳动作用于或多或少的自然资源之上形成的。既有的社会经济制度对于个人的劳动付出与其应得的报酬之间的关系，表面看似乎主要是靠市场机制这只看不见的手，实际上是存在很多扭曲市场机制的力量和因素的，再加上存在很多市场机制不能发挥作用的领域，所以个人的劳动付出与其应得的报酬之间的关系存在很多问题。对其中存在的问题进行探究，通过各种政治的、社会的、经济的方式进行改革是极其必要的。但是，与实施基本收入直接相关的根本理据是进入一个社会生产的物质财富中的自然资源。这个部分才是社会的物质财富中确实应该由所有社会成员共同分享的部分，也是实施基本收入所需要的资金的合理来源。

对于以自然资源税作为基本收入的经济资源，也有不少论者以不同的方式提及。例如，根据埃里克·克里斯坦森和卡斯滕·雷伯坎德在2012年的会议论文中的介绍，2010年来自多个政治党派和团体的基本收入运动的代表联手推动了一个工作组，其目的是概括一个新的可持续的经济体制。这个工作组于2011年成立了一个智库，在2012年1月提出了一个重要的报告——《可持续的民主的市场经济》。报告由三部分连贯的改革建议组成：一是货币改革，将创造资金的权利从私人银行转移到国家银行，以排除经济特权；二是土地租金改革，将土地租金归社会；三是基本收入改革，为每个人提供基本的经济保障与自由（Christensen and Lieberkind，2012）。

其中，土地租金改革涉及已经被利用的土地这种自然资源的价值应该由一个国家的所有公民共同分享的问题。两位作者也指出，土地是巨大的自然资源和社会资源，其价值随着社会的发展而增加。社会的发展和租金的上涨不是土地所有者创造的，而是由"生产阶级"，即雇员和企业主创造的。而现行的经济制度允许土地所有者从中获利。在丹麦，其中1%的人口拥有超过60%的土地，这意味着今天的土地所有权是一种主要的经济特权。与被称为土地的生产要素有关的根本经济问题就是所谓的租金私有化，即租金可由私人土地所有者获得和事实上他们被允许保留这个租金。地租的私有化意味着上涨的租金——这是社会发展的结果——由土地所有者获得。换句话说，土地所有者"利用"了社会发展。

人有不同的天赋，在不同的社会条件下成长，通过相同的努力，不同的人可以获得不同的收入。但是，现在有些人薪水很高，有些人总能找到一份工作，有些人只能挣微薄的薪水，而且经常失业或从不工作。前一类人不仅自己付出努力，也从"遗产与环境"中享有经济特权。他们的建议是，土地租金必须全部收回。这也叫作全额地价税，旨在终止私有化和由此产生的所有损害。土地增值税就是一种土地租金税（Christensen and Lieberkind，2012）。

实际上，土地租金税恰恰应该用于提供基本收入的资金。当然，在当今的科学技术条件下，很多国家的劳动者能够利用的自然资源远远不只是土地。被利用的任何自然资源都应该向国家交纳自然资源租金税。

另外，有很多人提及美国的阿拉斯加州持续进行的"社会分红"。该州之所以能够实行社会分红，就是因为州政府拥有对该州的油田的开采权。1976年根据阿拉斯加州宪法修正案，州政府用出租油田的部分租金建立了一个在政府之外独立运营的"永久基金"。自1982年起，州政府利用该基金的部分收益，为每个在阿拉斯加居住至少6个月的人提供数量相同的一笔现金。2008年的分红最多，每人2069美元。[①]

---

① 参见基本收入全球网（The Basic Income Earth Network）的有关介绍和黄胤英、周建军编译，《阿拉斯加是如何进行石油社会分红的》，《中国改革》，2006年第2期。

阿拉斯加州的"社会分红"，一方面由于它是以油田开采者对政府的缴费为资金来源，因此，"社会分红"实际上就是以每个居民对自然资源的平等权利为根据的；另一方面，它还不是真正意义上的基本收入。因为州政府并没有将已经被开采和利用的所有自然资源的收益或该收益的投资所得平等地分配给每个居民，只是将其中的部分收益的投资收入中的一部分进行了平均分配。也因为这样，每个人能够得到的社会分红并不能维持基本生活的需要。

哈米德·塔巴塔贝（Hamid Tabatabai）则介绍了伊朗基于石油资源的基本收入模式，指出伊朗的基本收入模式是迄今为止最大和最慷慨的计划。其最初的人均年转移额大约为 500 美元，按人均国民收入的比例计算，比阿拉斯加年度分红高几倍；覆盖的人口数量更是阿拉斯加的 100 倍以上，达到 7250 万人，占伊朗总人口的 96%，其余 4% 的人自愿放弃了他们的权利。此外，改革的整个过程已经完成，向家庭的现金转移支付已经达到国民收入的 15%，远远高于阿拉斯加的 3% ~4%（Tabatabai，2012）。

伊朗基本收入起源于对石油产品的价格补贴。伊朗的石油部门是国有化的，石油的出口和国内销售都是由政府负责。伊朗人几十年来一直受益于这种自然资源形成的财富。其中一种受益方式就是国内燃料产品的价格非常低，因为政府对燃料产品提供了隐性补贴。然而低廉的燃油价格孕育了过度消费的文化，生产效率低，浪费，污染，走私到邻国，以及隐形补贴的大部分流向了人口较富裕的地区（Tabatabai，2012）。

2008 年伊朗政府开始进行价格改革，最初是向低收入家庭提供现金补贴，后来改革变成最终向每个人提供现金补贴。改革也扩展到电力和供水服务、运输、食品等行业，但超过 90% 的补贴涉及燃料。2010 年 5 月颁布的《补贴改革法》更加明确了改革的目的，一方面是利用合理的相对价格和更大范围的市场力量提高资源配置的效率；另一方面是以有益于较低收入的人群的方式，通过重新分配石油租金收入，促进社会公正。《补贴改革法》规定，将提高价格的净收益的 50% 用于向家庭直接支付现金。最终能达到 50 亿 ~60 亿美元一年或国民收入的 15%。另外的 50 亿 ~60 亿元将用于协助工农业调整补贴损失，改善基础设施，加强国家社会保障体系。塔巴塔贝指出，这些都是在宏观和微观层面对经济产生巨大潜在深远影响的改革。但这对国家预算和石油出口收入没有增加新的负担。转让是由家庭、企业和政府通过更高的价格提供资金的。改革意味着家庭收入的大规模再分配，而且被设计为有利于低收入人群（Tabatabai，2012）。

米迦勒·W. 霍华德（Michael W. Howard）在讨论阿拉斯加永久基金（APF）和永久基金分红（PFD）时指出，除了石油还有大量未被开发的潜在资源。如果收取所有的资源租金，不仅在像阿拉斯加这样的自然资源丰富的州，而且在"资源贫乏"的州如佛蒙特州，额外增加的超过已经征收的税收入，每年为每个人提供 2000~8000 美元的红利。换句话说，即使资源贫乏的州也有潜力为每个人提供相当于阿拉斯加的红利，并可能增加几倍。（Howard，2012）

霍华德是在讨论政府的收入来源问题的过程中，提出以自然资源租金作为向每个人提供基本收入的资金来源。他的问题是，"是以资源税代替所得税作为财政收入，还是应该继续以所得税作为政府的收入并将大部分资源财富注入一个基金，像阿拉斯加永久基金那样，并在更高的水平上以永久基金红利那样形成财政红利？"（Howard，2012）

之所以要讨论这个问题，是因为政府至少有三种职能必须要花钱：最低限度的守夜人职能、提供公共物品、进行再分配。但是，有些自由主义者是反对政府通过征收个人所得税获得财政收入的。这类自由主义者认为，每人对自我拥有所有权。这种自我所有权不仅包括有权做自己想做的事，不受他人干涉，而且享有劳动成果的权利。所以，"劳动成果是不应该纳税的"，要代之以资源税，因为自然资源是共有的。而作者的观点是承认自主权原则，但放弃完全自主权，倾向于一种与所得税相一致的较弱的原则，以达到生存水平的基本收入。通过所得税为政府提供资金和支付类似于永久基金的分红，是比通过资源税为政府提供资金而支付较低的红利更进步的。资源税应被视为工具箱中的另一个工具，它可以像永久基金那样为分红提供资金，作为减少贫困和不平等的一种手段，但不应首先将其代替所得税（Howard，2012）。

霍华德的文章基本上肯定了政府应该征收两种税金：所得税和自然资

源租金，分清了政府履行提供公共物品职责需要的资金来源和向每个人提供基本收入的资金来源。

国家征税的根本原因是为其公民提供公共物品。一般来说，富人会更多地从国家提供的公共物品中获益，因此，富人也应该更多地纳税。换句话说，收入越高的人需要交纳更高比例的所得税，不是因为国家要把他们的钱分配给穷人，而是因为他们从国家得到了更多的公共物品。而自然资源租金是因为每个人对自然资源拥有平等的享用权，这部分不应该与国家征收的一般的所得税、财产税等混为一谈。

每个人对自然资源拥有平等的享用权是国家实施基本收入政策的根本理据。在工业化社会和当今的高科技社会，由国家（或其他更合适的层级的公共权威机构）以公民身份或合法居住为条件，向所有的人提供一份基本收入显然是公正的。只有这样，才能解决实行财产私有制的工业化、后工业化社会始终存在的分配不公正的问题；才能解决为了应对因大多数人失去对自然资源的起码权利，国家不得不实行的社会政策本身存在和导致的问题。

参考文献

Hermione Parker. 1989. *Instead of Dole*. London：Routledge.

Jens-Eberhard Jahn. 2012. *A Basic Income for Rural Areas? A proposal for a strategic realignment of agricultural*, *social and structure policy within the EU*. http://basicincome. org/bien/pdf/munich2012/Jahn. pdf.

Erik Christensen，Karsten Lieberkind. 2012. *A basic income reform as part of the abolition of economic privileges and the creation of a sustainable society*. http://basicincome. org/bien/pdf/munich2012/Christensen. pdf.

Gwang – Eun Choi. 2012. *Basic Income and Deepening Democracy*. http://basicincome. org/bien/pdf/munich2012/Choi. pdf.

Mikko Jakonen，Jukka Peltokoski，Tero Toivanen. 2012. *Occupy Life*！*Precarity and Basic Income*. http://basicincome. org/bien/pdf/munich2012/Jakonen_Peltokoski_Toivanen. pdf.

John Tomlinson. 2014. *Real freedom for the filthy rich – precariousness for the rest of us：Why we must fight for a Basic Income*. http://www. basicincome. org/bien/pdf/montreal2014/BIEN2014_

Tomlinson. pdf.

Baptiste Mylondo. 2012. *Can the basic income lead to economic degrowth?* http://basicincome. org/bien/pdf/munich2012/mylondo_en. pdf.

Vivan Storlund. 2012. *Basic income and the value of work.* http://basicincome. org/bien/pdf/munich2012/Storlund. pdf.

Jens – Eberhard Jahn. 2012. *A Basic Income for Rural Areas? A proposal for a strategic realignment of agricultural, social and structure policy within the EU.* http://basicincome. org/bien/pdf/munich2012/Jahn. pdf.

Nam Hoon Kang, Erik Christensen. 2014. *Basic Income for Precarious Workers in Korea,* http://basicincome. org/bien/pdf/montreal2014/BIEN2014_Hoon. pdf.

Vivan Storlund. 2012. *Basic income and the value of work.* http://basicincome. org/bien/pdf/munich2012/Storlund. pdf.

Richard Parncutt. 2012. *Universal basic income and flat income tax: Tax justice, incentive, economic democracy.* http://basicincome. org/bien/pdf/munich2012/parncutt. pdf.

Hamid Tabatabai. 2012. *From Price Subsidies to Basic Income: The Iran Model and its Lessons.* http://basicincome. org/bien/pdf/munich2012/Tabatabai. pdf.

Michael W. Howard. 2012. *Basic income, resource taxation, and inequality: Egalitarian reservations about tax shifting.* http://basicincome. org/bien/pdf/munich2012/howard. pdf.

农村社会政策与实务

贫困治理的特征、内容与意义

向德平　华汛子[*]

摘　要　贫困治理在凝聚多元主体、整合多方资源、协同多种机制、缓解多维贫困、激发内生动力、完善乡村治理体系等方面发挥了重要作用。我国的贫困治理以消除贫困、实现共同富裕为奋斗目标，以创新发展、协调发展、绿色发展、开放发展、共享发展为根本动力，构建政府、市场、社会多主体参与的贫困治理模式，创新性地提出了精准扶贫、科学扶贫、社会扶贫、内源扶贫、生态扶贫、教育扶贫、资产收益扶贫等减贫方式，为世界减贫事业提供了"中国方案"。

关键词　贫困治理　多元主体　共建共享　可持续脱贫

一　贫困治理的缘起

我国扶贫经历了新中国成立后的救济式扶贫、改革开放时期的小规模区域扶贫、经济快速发展时期的大规模开发式扶贫、新世纪扶贫开发以及全面建成小康社会时期的扶贫开发等阶段。经过多年努力，农村贫困地区的落后面貌显著改变，贫困状态大幅缓解，主要表现在以下三方面。第一，农村贫困人口大量减少。按照现行农村扶贫标准，1978年农村贫困人

---

* 向德平，武汉大学社会学系教授、博士生导师，主要研究方向为发展社会学、社会政策；华汛子，女，武汉大学社会学系博士研究生，主要研究方向为发展社会学、社会政策。

口达 77039 万人，2017 年年末减少到 3046 万人①，7 亿多农村贫困人口摆脱了贫困。第二，农村扶贫标准不断提高，贫困人口实际生活水平持续改善。1986 年，我国政府有关部门把农村人均纯收入 206 元确定为贫困标准。2014 年，这一标准动态调整为每人每年 2800 元。第三，贫困地区生产生活条件明显改善。经过政府和社会各界的多年努力，我国农村贫困人口的温饱问题基本得到解决。在此基础上，《中国农村扶贫开发纲要（2011—2020 年）》提出了更高的扶贫要求，明确规定："到 2020 年，稳定实现扶贫对象不愁吃、不愁穿，保障其义务教育、基本医疗和住房。贫困地区农民人均纯收入增长幅度高于全国平均水平，基本公共服务主要领域指标接近全国平均水平，扭转发展差距扩大趋势。"

随着经济社会的发展和扶贫形势的改变，传统政府主导型扶贫模式的缺陷逐渐显现：其一，在传统扶贫模式中，政府占绝对主导地位，市场力量、社会力量的资源和优势未能充分发挥；其二，在传统扶贫模式中，政府既是政策制定者、政策执行者，又是评价监督者，缺乏科学合理的决策、监督与评估机制，易助长非制度化行为（范和生、唐惠敏，2017）；其三，传统扶贫忽视贫困群体在反贫困中的主体性地位，贫困群体自身的积极性、主动性和创造性未能充分发挥；其四，传统扶贫重视"输血"，忽视"造血"功能的培育（马忠才、郝苏民，2012），导致贫困群体的内生动力和发展能力不足，扶贫"治标不治本""久扶不脱贫"；其五，传统扶贫采用"一刀切""大而全"的帮扶方式、帮扶内容，忽略了贫困群体间的多样性以及个体间的差异性，未能根据贫困对象的致贫原因和贫困深度分类施策（庄天慧等，2016）；其六，传统扶贫注重收入贫困、忽略资产贫困，注重收入补偿、忽略资产建设，注重生存保障、忽略可持续发展（李静，2017）。

到 2020 年贫困人口同全国人民一同步入小康社会，是我党的庄严承诺。这一目标不仅包括消除农村贫困人口的收入贫困，还包括改变其思想观念、教育文化、自我发展能力乃至心理精神等方面的贫困状态，传统

---

① 《中华人民共和国 2017 年国民经济和社会发展统计公报》，2018 年 2 月。

"灌水式""输血式"的扶贫模式已不再适用于现阶段的脱贫目标。我国扶贫已进入攻坚拔寨的冲刺期,脱贫攻坚面临的任务十分艰巨。从总量上看,2017 年年末全国农村贫困人口还有 3046 万人。如期实现脱贫攻坚目标,平均每年需要减少贫困人口 1000 多万人,越往后脱贫成本越高、难度越大。在扶贫任务更加紧迫、脱贫质量要求更高的情况下,依靠单一扶贫主体、采用常规帮扶方式很难达到满意的脱贫效果,因此,构建多元参与的贫困治理格局势在必行。

二　贫困治理的内涵

从词源上来看,"治理"(governance)原意是控制、引导和操纵。20 世纪 90 年代以来,"治理"的概念在全球范围内逐步兴起,西方政治学家和经济学家赋予"治理"以新的含义(俞可平,2001)。治理理论的主要创始人之一詹姆斯·N. 罗西瑙认为,治理是一种由共同目标支持的活动,这些管理活动的主体未必是政府,也无须依靠国家的强制力量来实现(罗西瑙,1995:5)。全球治理委员会在《我们的全球伙伴关系》中指出:"治理是或公或私的个人和机构经营管理相同事务的诸多方式的总和。它是使相互冲突或不同的利益得以调和并且采取联合行动的持续的过程。它包括有权迫使人们服从的正式机构和规章制度,以及种种非正式安排。"(全球治理委员会,1995:23)治理的目的是在各种不同的制度关系中运用权力去引导、控制和规范公民的各种活动,以最大限度地增进公共利益(俞可平,2000:5)。

贫困治理是近年来伴随着"治理"理念而产生的概念。贫困治理强调治理主体的多维性,在精准识别的基础上因户施策和因人施策(黄承伟、王猛,2017)。贫困治理是指政府、市场组织、社会组织等多主体资源投入并相互协商、协作的过程,其总体效应是减少贫困,提高社会均衡程度(李雪萍、陈艾,2016)。有效的贫困治理可以促进贫困地区经济、社会的发展,预防和缓解各种社会矛盾的发生(苏海、向德平,2015)。贫困治理具有以下几方面的特征:其一,贫困治理的主体不是政府单一主体,而是政府、市场组织、社会组织、民众等多元主体（华中师范大学、中国国际扶贫中心，2014），多元主体在共同价值、共同利益的基础之上参与贫困治理，发挥不同的作用（王春婷，2016）；其二，贫困治理的过程是多主体的协商与合作，多元主体平等地进行对话、竞争、合作；其三，贫困治理的方式呈现出需求导向和多样化的特点，不同的供给主体针对贫困户的不同特征和实际发展需求，实施多样化的帮扶措施，并协调不同措施的实施时间以及实施力度，帮助贫困户建立起稳固的生计系统，从而实现长效脱贫（左停等，2017）；其四，贫困治理的目标是实现减贫效益最大化，保证贫困群体脱真贫、真脱贫。概括而言，贫困治理是政府、市场组织、社会组织等多元主体，在平等合作、协商共治的基础上，为贫困地区、贫困人口提供精准化、专业化、多样化的帮扶，帮助贫困地区、贫困人口摆脱贫困，实现内源发展的过程。

三 贫困治理的主要内容

我国的贫困治理坚持"人人共享社会发展成果"的本质要求，以消除贫困、实现共同富裕为奋斗目标，以创新发展、协调发展、绿色发展、开放发展、共享发展为根本动力，构建政府、市场、社会多主体参与的贫困治理模式，创新性地提出了精准扶贫、科学扶贫、社会扶贫、内源扶贫、生态扶贫、教育扶贫、资产收益扶贫等减贫方式，充分体现了我国在减贫领域的理论创新与实践创新。

贫困治理的主体。贫困治理改变政府单一主体的帮扶模式，倡导社会各界参与到贫困地区的建设与发展中，构建政府、市场、社会多主体的贫困治理模式。政府、市场、社会等多元主体为贫困治理注入了多种资源，推动贫困治理向专业化、精准化的方向发展，满足贫困人口多元化、差异化的现实需求，实现"资源"与"需求"的有效衔接，提升扶贫工作的精准性和有效性。贫困治理转变传统"主客二分"的思维方式，将帮扶对象也视为扶贫主体，充分挖掘贫困地区、贫困人口的优势资源，将优势资源作为反贫困的重要因素，引导贫困群体更主动、积极地参与到贫困治理中。

贫困治理的本质。贫困治理坚持"人人共享社会发展成果"的本质要求,把增进人民福祉、促进人的全面发展作为发展的出发点和落脚点,充分调动人民积极性、主动性、创造性,切实提升贫困人口生活水平、发展能力,维护最广大人民的根本利益,保障贫困人口共享社会发展成果。贫困治理尊重贫困人口的主体地位,注重培育贫困人口的主体意识和发展能力,通过赋权、教育、培训、就业等方式,引导贫困人口主动参与社会建设,激发贫困人口内在发展动力和发展信心。贫困治理不单单从物质上解决贫困问题,而致力于让贫困人口成为更好的"人"。只有解决了"人"的自我发展的根本问题,才能使贫困人口彻底摆脱贫困,确保贫困人口共享社会发展成果。

贫困治理的目标。我国社会主要矛盾已经转化为人民日益增长的美好生活需要和不平衡、不充分的发展之间的矛盾。贫困治理以消除贫困、实现共同富裕为目标,既注重解决物质贫困、经济贫困,也注重解决精神贫困、文化贫困;既关注贫困群体当下的生存需要,也注重提升贫困群体的内生动力和发展能力;既着眼解决眼前的贫困,也要求挖断穷根、斩断贫困代际传递;既要金山银山,也要绿水青山。贫困治理从经济、政治、文化、社会、生态"五位一体"的总体布局来构建贫困地区的发展图景,推动贫困地区的全面发展,着力解决发展不平衡、不充分问题,推动实现全体人民共同富裕的宏伟目标。

贫困治理的动力。发展是解决当代中国一切问题的总钥匙,是推动中国社会前行的总动力。[①] 创新发展、协调发展、绿色发展、开放发展、共享发展为贫困治理提供源源不断的动力。坚持创新发展,进一步调整产业结构,优化产业布局,推动传统农业的转型升级,培育新兴产业,发展服务业;坚持协调发展,充分利用东部的资源优势、人才优势、技术优势帮扶中西部地区,实现优势互补、共同发展;坚持绿色发展,引领绿色发展方式和生活方式,保护稀缺的生态资源,开辟一条经济发展和环境保护的

---

① 《发展是第一要务　稳定是第一责任》,《人民日报》2012 年 9 月 28 日。

双赢之路；坚持开放发展，加强与世界各国的交流与合作，分享贫困治理的经验，探索国际合作、发展的道路；坚持共享发展，不断缩小城乡收入差距，完善社会保障体系，推进基本公共服务均等化。

贫困治理的方式。贫困治理既强调政策支持，"把扶贫开发作为经济社会发展规划的主要内容，大幅增加扶贫投入，出台更多惠及贫困地区和贫困人口的政策措施，提高市场经济的益贫性，推进经济社会包容性发展"[①]，又注重激发贫困地区的内生动力，充分挖掘贫困地区的内在优势，合理利用外部资源和力量，提升贫困地区的内生发展能力，保障贫困地区、贫困人口摆脱贫困，走上发展致富之路。贫困治理创造性地提出了精准扶贫、科学扶贫、社会扶贫、内源扶贫、生态扶贫、教育扶贫、资产收益扶贫等方式，既优化了贫困治理体系，增强了国家减贫行动对贫困地区、贫困社区和贫困农户减贫与发展需求的回应能力（吕方、梅琳，2017），又能够根据贫困地区的实际情况采取相应的举措，保障了扶贫工作的科学性与精准性，有利于贫困地区实现持续脱贫。

四 贫困治理的意义

党的十八届三中全会将"推进国家治理体系和治理能力现代化"列为"全面深化改革总目标"之一。贫困治理是国家治理的重要组成部分，在消除贫困、推动国家治理现代化中发挥重要的作用。概括而言，贫困治理发挥的作用体现在如下方面。

凝聚多元主体，为贫困治理注入多方力量。长久以来，政府在扶贫中占据绝对主导的地位。但是，依靠政府单一主体的减贫模式，存在着效率的困境和资源总量受约束的问题。调动市场主体和社会组织参与贫困治理，是国家贫困治理体系成熟与完善的重要标志。贫困治理强调多元主体的参与，在尊重政府主导地位的同时，促进市场、社会等主体充分参与到

---

① 人民网：《2015减贫与发展论坛今日举行 习近平发表主旨演讲（全文）》，http://politics.people.com.cn/n/2015/1016/c1001-27706189.html，2015年10月16日。

减贫行动中。市场主体以营利为目的，推动市场主体参与贫困治理，就必须充分尊重市场主体的性质，促使市场主体在贫困治理中实现经济效益和社会效益的双重目标。贫困治理充分尊重市场主体追逐利益的理性选择，积极探索市场活动与贫困农户增收的结合点，通过采取免税、补贴等政策，激励市场主体在贫困地区投资兴业，并通过对贫困人口进行能力建设、资产建设、社会资本建设等方式，在市场主体和农户之间建立起利益链接机制，使贫困地区、贫困农户和市场主体共同分享经济发展的成果。在国家贫困治理体系中，社会组织发挥着不可或缺的作用。社会组织以实现公共利益为价值目标，能够广泛动员社会力量参与到贫困治理的事业中，扩展贫困治理的资源总量。贫困治理积极推动社会组织参与到减贫工作中，借助一揽子公共政策贯彻社会组织参与贫困治理的意志，将社会组织为贫困群体提供的特殊关怀与政府为贫困群体提供的普惠政策有效结合，最大限度地惠及贫困人口（武汉大学、中国国际扶贫中心，2016）。

整合多方资源，发挥多元主体的资源优势与专业优势。贫困治理的主体是多元的，多元主体具有各自的优势与资源，在贫困治理中发挥不同的作用。政府具有政治优势和公共权威，在贫困治理中，政府制定国家经济社会发展战略并推动实施，为贫困人口脱贫增收提供宏观环境；完善社会政策体系，改善贫困人口的福利状况，增进其应对各类社会风险的能力；制定和实施有针对性的专项减贫战略，帮助贫困地区、贫困社区和贫困人口改善所处的外部环境；鼓励市场主体和社会组织参与贫困治理，并提供指导和支持。市场在资金、技术、信息等方面具有天然的优势，能够从资金、人才、设备等方面积极支持贫困地区经济发展项目和社会事业项目的建设。部分企业与贫困村或贫困农户之间建立结对帮扶关系，为其提供资金扶持、生产资料扶持、就业安置、技能培训、产品助销等帮扶，充分发挥了市场在贫困治理中的作用。社会组织具有专业优势，能够专业、精细、灵活地介入精神贫困等长期被忽视的领域，为贫困人口提供心理疏导、精神关爱、关系调适、能力提升等服务，帮助贫困人口重塑生活信心、提升自我发展能力、融入时代发展的大潮流中。社会组织还具有人才优势，通过定点帮扶、对口支援、结对共建等方式帮助贫困地区发展壮大社会工作人才队伍，为贫困地区的贫困治理持续提供专业力量（向德平、华汛子，2017）。

协同多种机制，完善贫困治理体系。贫困成因具有复杂性和综合性，对于贫困问题的有效治理，需要综合运用行政机制、市场机制和社会机制。政府通过行政机制建立完整的减贫组织体系与管理体系，通过自上而下的管理、监督，落实扶贫政策，明确主体责任，保障贫困治理工作的有效开展。市场在资源配置中起决定性作用，通过优化配置贫困地区的土地、劳动力、资本等要素，促进贫困地区的经济发展，带动贫困人口脱贫增收。具体而言，市场参与贫困治理的方式主要包括两个方面：一是对贫困地区和贫困农户的直接帮扶，如慈善捐赠、项目帮扶、就业帮扶等，直接帮扶大多是一种单向度的资源输入；二是通过市场活动直接或间接带动贫困地区和贫困农户发展，如通过在贫困地区发展产业等方式，推动贫困农户参与市场活动，实现增收脱贫（武汉大学、中国国际扶贫中心、华中师范大学，2015）。我国市场机制已经比较成熟完善，市场力量在各地扶贫实践中得到广泛的应用，积累了丰富的经验，在今后的扶贫实践中可以更多地引入市场机制（宫留记，2016）。社会组织通过直接提供资金、物资、设备和技术援助与支持，承接政府和基金会的服务项目，面向特殊群体进行能力建设等方式参与到贫困治理中，一方面充分了解贫困社区和贫困人口的需求，另一方面积极与有公益意愿的企业和个人建立联系，实现供给与需求的有效结合。一个国家贫困治理体系的完善程度和贫困治理能力的高低，很大程度上取决于能否协调运用政府、市场和社会三种机制。贫困治理通过多元主体的协商共治，有效衔接、协调三种机制，保证减贫的质量与效益。

缓解多维贫困，提升减贫质量。贫困是一个动态的、历史的概念，人类对贫困的认知总体上经历了由单一维度向多维度发展的过程，即由收入贫困拓展到能力贫困、精神贫困、权利贫困、文化贫困等方面。因此，减贫目标除了缓解收入贫困外，还包括促进贫困群体全面发展。贫困治理坚持扶贫扶志（智）相结合、输血造血相结合，综合运用文化扶贫、教育扶贫等多种路径，从文化和精神层面上给予贫困地区以帮助，提高贫困群体的思想文化素质和科学技术水平，为贫困地区的经济发展提供精神动力和智力支持；着重改善贫困群众生产生活条件，注重贫困地区基础设施建设、教育、医疗卫生、住房、养老保障、公共文化服务体系建设，引导贫困地区着力消除群众因缺少教育和社会保障而致贫返贫的根源，促进社会公平与和谐；加强贫困人口的政治参与能力，通过"赋权"推动贫困人口参与到反贫困项目制定、实施和评估的过程中，提升贫困人口的主体意识和话语地位，实现共建共享；促进农户参与到市场活动中，提升农户市场竞争能力；灵活运用资产收益扶贫、社会保障兜底扶贫等方式，保障部分缺乏生产能力、无法直接参与市场活动的农户分享经济社会发展成果的权利；充分发挥社会组织的专业作用，积极了解贫困群体的精神状况、心理状态，通过疏导、教育等方式帮助贫困群体克服心理障碍，建立生活信心，改善精神贫困的现象。

激发内生动力，促进内源发展。摆脱贫困单靠外部帮扶是不行的，必须激发贫困地区、贫困人口的内生动力，促使受助对象主动摆脱贫困。贫困治理要注重加强基层党组织建设，深挖内生动力的源泉，着重发挥好村党支部和村委会的作用，抓好以村党组织为核心的村级组织配套建设，加强对基层干部的培训和管理，把基层党组织建设成维护农村稳定的坚强领导核心和引导贫困群众脱贫致富的带路人；注重改善贫困地区的基础设施，以贫困村提升工程为重点，大力支持村组道路、安全饮水、农村电网改造、人居环境整治、医疗卫生、教育基础设施等领域的建设与发展，补足基础设施"短板"，为贫困地区实现自我发展提供硬件支撑；培养和增强贫困人口的发展意愿，帮助贫困群众树立脱贫攻坚的主体意识，摒弃"等靠要"思想，实现从"要我脱贫"到"我要脱贫"的观念转变；着重智力扶持，找准内生动力的发展路径，加强对贫困人口的职业教育和培训，帮助他们获得市场需要的生产能力；帮助贫困地区建立有效的产业扶贫模式、金融扶贫等模式，通过市场化方式解决贫困群众脱贫致富的问题。

完善乡村治理体系，推动乡村善治。乡村治理是国家治理体系的重要组成部分。但是，目前我国乡村治理存在着一些问题，主要表现在以下几方面：乡村权力结构层面集权化趋势加重，乡村党政组织及其负责人的权力缺乏应有的制衡与约束；农村居民在乡村治理中的参与严重不足，严重落后于农民日益提升的权利意识和参与要求（肖唐镖，2014）；乡村组织基础弱化，党组织发展滞后，村级经济组织空壳化严重，其他类型村级组织发育水平低（郭珉媛，2007）。贫困治理能够不断完善乡村治理体系，促进乡村善治。贫困治理的过程是一个社会再动员、再组织和再塑造的过程，在此过程中，贫困群众获得实惠，基层党员更加活跃，基层党组织建设得以强化，基层社区的能力得以加强，社会成员的协作得以推进，干部素质进一步提升，各种治理的体制机制得以完善（洪大用，2017），直接促进了社会治理体系的完善和治理能力的提升。贫困治理多元主体的参与和乡村社会内生力量的激活有利于改善乡村社会治理力量不足的困境，转变乡村社会日趋严重的"行政化"和"暴力化"治理方式，扩充乡村社会的社会资本并改善干群关系（徐琳、樊友凯，2017）。贫困治理能够积极推进村民自治，提升农民在社区建设、乡村建设中的参与性和发言权；不断推动农民组织化，把分散的农民团结起来，降低扶贫项目与分散小农间的交易成本，盘活农村社区的内部资源，将社区资源与扶贫资源相配合，逐步形成扶贫和治理改善互相促进的良性机制（杨帅、温铁军，2014）。

我国的贫困治理取得了巨大成就，为全球减贫提供了"中国方案"。我国是第一个提前实现联合国千年发展目标——贫困人口减半的发展中国家，也是消除贫困人口最多的国家。作为一个发展中大国，我国有着许多与其他发展中国家相同的基本特征，我国贫困治理的经验不仅对我国消除贫困、全面建成小康社会具有重大的指导作用，对帮助其他发展中国家摆脱贫困、推进全球贫困治理事业也有重大意义。贫困问题是一个全球性的问题，消除贫困是人类社会的共同目标，需要全球合作来共同实现。我国高度重视与发展中国家和国际机构在减贫领域的交流合作，加强全球的减贫发展合作，将我国的贫困治理事业与全球的贫困治理事业结合起来，在积极借鉴国际贫困治理的先进理念与经验的同时，对外分享我国贫困治理的有益经验。我国一直积极承担世界减贫发展的责任，积极帮助发展中国家摆脱贫困。这在提升我国在减贫发展方面的影响力和话语权，增强文化自信、理论自信和制度自信，彰显大国责任意识，树立良好的国际形象等方面起到了积极作用。

参考文献

范和生、唐惠敏，2017，《农村贫困治理与精准扶贫的政策改进》，《中国特色社会主义研究》第 1 期。

宫留记，2016，《政府主导下市场化扶贫机制的构建与创新模式研究——基于精准扶贫视角》，《中国软科学》第 5 期。

郭珉媛，2007，《新农村建设中村级组织的建设问题与发展对策》，《湖北社会科学》第 8 期。

洪大用，2017，《完善贫困治理体系　推进贫困治理现代化》，《光明日报》10 月 9 日。

华中师范大学、中国国际扶贫中心，2014，《中国反贫困发展报告（2014）——社会扶贫专题》，华中科技大学出版社。

黄承伟、王猛，2017，《"五个一批"精准扶贫思想视阈下多维贫困治理研究》，《河海大学学报》（哲学社会科学版）第 5 期。

李静，2017，《发展型社会政策视域下的精准扶贫》，《江淮论坛》第 1 期。

李雪萍、陈艾，2016，《社会治理视域下的贫困治理》，《贵州社会科学》第 4 期。

李云龙，2016，《7000 万贫困人口 4 年全部脱贫》，《人民日报海外版》12 月 2 日，第 1 版。

吕方、梅琳，2017，《"精准扶贫"不是什么？——农村转型视阈下的中国农村贫困治理》，《新视野》第 2 期。

罗西瑙，1995，《没有政府统治的治理》，剑桥大学出版社。

马忠才、郝苏民，2012，《外源式扶贫的局限：对民族地区扶贫实践的反思》，《北方民族大学学报》（哲学社会科学版）第 1 期。

全球治理委员会，1995，《我们的全球伙伴关系》，牛津大学出版社。

苏海、向德平，2015，《社会扶贫的行动特点与路径创新》，《中南民族大学学报》（人文社会科学版）第 3 期。

王春婷，2016，《社会治理的共治范式与实现路径——以温州社会治理实践为例》，《江西社会科学》第 1 期。

武汉大学、中国国际扶贫中心，2016，《中国反贫困发展报告（2016）——社会组织参与扶贫专题》，华中科技大学出版社。

武汉大学、中国国际扶贫中心、华中师范大学，2015，《中国反贫困发展报告（2015）——市场主体参与扶贫专题》，华中科技大学出版社。

向德平、华汛子，2017，《充分发挥专业优势助力脱贫攻坚》，《中国社会工作》第25期。

肖唐镖，2014，《近十年我国乡村治理的观察与反思》，《华中师范大学学报》（人文社会科学版）第6期。

徐琳、樊友凯，2017，《乡村善治视角下精准扶贫的政治效应与路径选择》，《学习与实践》第6期。

杨帅、温铁军，2014，《乡村治理劣化对新时期扶贫开发的影响及对策研究》，《探索》第5期。

俞可平，2000，《治理与善治》，社会科学文献出版社。

俞可平，2001，《治理和善治：一种新的政治分析框架》，《南京社会科学》第9期。

郑之杰，2017，《激发脱贫内生动力的"五字诀"》，《经济日报》6月16日。

庄天慧、杨帆、曾维忠，2016，《精准扶贫内涵及其与精准脱贫的辩证关系探析》，《内蒙古社会科学》（汉文版）第3期。

左停、金菁、赵梦媛，2017，《扶贫措施供给的多样化与精准性——基于国家扶贫改革试验区精准扶贫措施创新的比较与分析》，《贵州社会科学》第9期。

专业社会工作在精准扶贫中的介入视角

蒋国河*

摘 要 在国际社会，反贫困一直以来是社会工作者关注的重要主题和服务内容。但就中国农村减贫行动而言，减贫过于依赖政府主导下的经济政策行动和干部包点、驻村扶贫机制，社会工作者等专业力量的作用有待加强。梳理国内外相关研究可知，反贫困的社会工作可以概括为以下三大介入视角：一是社会救助角度的贫困人群社会工作服务；二是发展性社会工作；三是由资产建设理论延伸而来的金融社会工作。基于当前精准扶贫的现状，专业社会工作在农村反贫困中有很大的需求和实践空间，可在贫困人群经济救助、贫困人群关爱服务、农民合作组织培育、生计项目扶持、小额信贷扶贫、贫困户移民搬迁等领域发挥重要作用。

关键词 农村 反贫困 社会工作 精准扶贫

一 问题的提出

在西方国家，反贫困或者说贫困救助一直以来是社会工作关注的重要主题和服务内容（Linda et al. ，1987）。美国社会工作的发展也是始于对穷人的帮助。1877 年，美国第一个慈善组织协会在纽约布法罗成立，能力卓著的社会工作者逐渐成为协会的骨干力量，开始为那些有志于通过个别化的服务来帮助穷人的私人机构提供援助和专业支持（Gary et al. ，1999），

---

* 蒋国河，江西财经大学人文学院副教授，中国社科院社会学博士后，主要研究方向：农村社会学、社会工作，联系方式：jgh309@163.com。

这可视为专业意义上的社会工作的开端。社会工作者注重参与式、内源式发展的反贫困模式，与国家视角的技术 – 现代化模式既相互对立又相互补充，代表了国际领域反贫困的两种重要的理论范式。

不过，中国的社会工作主要还是在沿海发达城市地区进行试点，如广东、上海等地。中国的农村反贫困行动包括当前正进行得如火如荼的农村精准扶贫，更多依靠政府主导下的经济政策行动和干部包点、驻村扶贫机制，社会工作者等专业力量参与不足。虽然当前的农村扶贫开发取得了重大进展，然而这种过于依赖行政力量和经济政策扶贫的机制已暴露出诸多问题和不足。一方面，驻村帮扶制度存在诸多实践困境，如中国社科院王晓毅（2016）指出，大多数驻村干部和工作队仍游离于乡村社会之外，实际扶贫效果不佳，主要原因包括派出干部普遍年轻，缺乏扶贫工作经验和方法，也因此缺乏权威、认同和带动能力，甚至受到乡村干部排斥（许汉泽、李小云，2017）；驻村干部的双重身份，导致其时间、精力有限，难以做到扎根农村，而往往追求粗放的短平快方式，导致表面化，流于形式主义，效益低下（王文龙，2015）；同时，招商引资、维稳压力也消耗了基层扶贫干部大量精力（葛志军、邢成举，2015）；等等。另一方面，政府主导的产业扶贫效果也不佳，投入的产业化扶贫资金扶贫绩效低下。这表现在，或是追求具有规模效应的区域性项目忽略农民的差异性需求，农民积极性不高，真正成功的产业扶贫项目少，且易导致精英俘获或扶贫资金配置内卷化，贫困户未真正受益（陈成文、吴军民，2017）；或是扶贫资金配置"一刀切"，未根据致贫原因计算扶贫成本，做到资金配置差异化、因户施策（葛志军、邢成举，2015），也就无法真正落实精准扶贫。

这表明，单纯依靠行政力量及其机械的产业扶贫模式有很大的局限性，需要创新扶贫机制，引入专业化的力量、专业社会工作者参与到扶贫开发中来。国内学者中，徐永祥（2001）较早指出了社会工作的社会策划模式对中国农村扶贫发展的启示，即可注重项目的微观管理技巧，改变粗放管理的传统。向德平、姚霞（2009）等指出社会工作可以为反贫困提供专业的技能和优势视角。张和清、古学斌、杨锡聪（2008）以及陈涛（2011）等社会工作学者结合实务探索开创性提出的"扎根社区""能力建设"

"城乡合作贸易""生计社会工作"等扶贫策略也体现了有别于传统的粗放式、短平快式扶贫和"一刀切"、不注重差别化的传统产业扶贫的新面向。近两年随着精准扶贫的推进,尤其是 2015 年 12 月发布的《中共中央、国务院关于打赢脱贫攻坚战的决定》提出要实施"社会工作专业人才服务贫困地区计划"以来,有更多的学者社会工作参与精准扶贫问题。王思斌(2016)从助人自助的核心价值观、注重资源整合的方法等方面分析了社会工作参与精准扶贫的优势。李迎生、徐向文(2016)、袁君刚(2017)等学者认为,现行的扶贫工作专业性不足,扶贫能力和精力有限,以扶贫济困为本、遵循个别化、差异化原则的专业社会工作介入精准扶贫是对政府传统扶贫方式的革新和有效补充。

上述探讨或从宏观层面阐述了专业社会工作介入农村反贫困的重要性及其功能,或从微观的实务模式进行了探索。本文则尝试从中观层面,结合对国内外反贫困社会工作的梳理和观察,以及笔者研究团队对 J 省 5 个国家级贫困县 20 个贫困村的实地调查,对专业社会工作应用于农村反贫困的视角、实践空间进行深入探讨,并提出若干政策建议,以促进专业社会工作在农村反贫困中更好地发挥作用。

二　专业社会工作介入反贫困的三大视角

目前,全国各地都在紧锣密鼓地开展精准扶贫和脱贫攻坚工作。社会工作界也在关注和思考社会工作在农村反贫困中的切入点或介入方向,即视角。中山大学张和清教授的研究把能力建设、资产建设理论视为其在云南平寨和广东从化等地农村社会工作实践的理论视角(张和清、杨锡聪,2016)。笔者认为,优势视角是任何社会工作实务赖以运用的一般理论视角,不反映某一领域的特定视角;而能力建设或资产建设,尚属于更具体层面的视角,概括性不够,且偏向理论层面,实务内涵不足。就反贫困社会工作而言,所谓介入视角,实是一种体现理论与实务双重内涵的范式,既应该体现理论的抽象性和概括性,又应该体现实务的方向和策略。

梳理国内外的研究,我们发现,从罗斯福新政时期开始,为应对经济萧条对农业和农村家庭造成的影响，农村社会工作者开展了大量针对儿童福利、社会救济服务和农业支持运动（Back-to-the-Farm）的活动，运用专业知识和方法帮助农村家庭改善生活状况，恢复农业发展（Martinez-Brawley，1980），体现了扶贫的专业化（Gary et al.，1999），也启示了我们今天讨论社会工作介入扶贫开发问题上可参考的视角。而近几十年来，孟加拉国尤努斯的乡村银行（又称"格莱珉银行"）的成功尝试，以及美国资产为本的反贫困社会工作开展和我国台湾地区社会工作者倡导的小额信贷扶贫项目的实施，也启示了社会工作介入扶贫开发的新视角（高鉴国、展敏，2005）。通过对文献的分析、综合与比较，我们认为，从更具概括性的角度，反贫困的社会工作可以概括为以下三大视角：一是社会救助角度的贫困人群社会工作服务；二是发展性社会工作；三是资产建设理论延伸而来的金融社会工作。社会救助角度的贫困人群社会工作服务与发展性社会工作、金融社会工作的区别是，前者的目标主要是助贫，或者更确切地说是帮助贫困家庭维持或改善生活处境；而后两者的目标则是脱贫，即要帮助贫困家庭致富或自立发展。发展性社会工作与金融社会工作既有联系又有区别，金融社会工作系由发展性社会工作延伸而来，但它在方法上更强调金融资产的积累。

（一）贫困救助社会工作

贫困救助社会工作是基于社会救助角度的社会工作服务，也是对贫困人群的基本社会工作服务。贫困救助社会工作在社会工作的发展史上由来已久。1877 年成立的美国第一个慈善组织协会（Charity Organization Society，简称 COS），即以穷人为主要服务对象的社会服务组织。相比同时期或稍后发展起来的其他社会服务，如睦邻运动（Settlement House Movement），COS 有更大的抱负。COS 的工作人员不但帮助贫穷者，他们还以同理心去理解贫穷者，并运用专业的方法对贫穷及其带来的家庭混乱或解体的状况进行经济、社会、心理层面的干预或治愈（Gary et al.，1999），但社会工作开始大规模地介入到贫困人群的救助服务，还是在 20 世纪二三十年代的大萧条和罗斯福新政时期（Great Depression and New Deal）。面对庞大的失业人群和贫困者，1934年，社会保障法颁布，大量的经济资助、公共健康、儿童福利计划由公共部门推出，社会福利系统于是迅速扩张，一大批社会工作者也开始受雇于大量出现的公立机构（Gary et al.，1999）。彼时，针对贫困人群的救助服务，包括经济救助、家庭功能改善、心理调适和精神健康服务、儿童福利服务、就业辅导等。这些也代表了针对贫困人群的基本的社会工作服务。就国内针对农村贫困人群的社会工作实务而言，针对贫困"三留人员"（留守儿童、留守老人、留守妇女）的社会工作服务，贫困家庭的经济、教育、医疗救助服务与心理健康服务等，都属于针对贫困人群的救助社会工作服务的范畴。

（二）发展性社会工作

发展性社会工作源自詹姆斯·梅志里（James Midgley）的发展型社会政策思想（哈尔、梅志里，2006）。James Midgley 和 Amy Conley 提到，发展性社会工作（Development Social Work）受到社会发展领域的广泛跨学科领域的影响，发展性社会工作已被视为社会工作的社会发展路径，如同一般的社会工作，用于临床社会工作、社区组织和政策立法等各方面。发展性社会工作的关键特质是：强调社会投资的策略，该论点来自吉登斯的"第三条道路"理论；强调受助者的力量和赋权的重要性，就贫困而言，赋权极为重要，如阿马蒂亚·森认为，贫困实是权力的贫困，是贫困人口创造收入的可行能力受到剥夺（阿马蒂亚·森，2001），为此，要对其服务对象提供实质的社会投资，以提高受助对象的能力，即能力建设；应用方法职业训练、就业安置、儿童照顾、成人识字、微型企业等；注重以小区为本的实务干预；以自我发展能力和自我赋能为导向，寻求更广泛社会目标的达成（Amy Conley，2016），以社区为本的赋能或增权，不仅是能力发展，更重要的是组织增权，以培育社区自助组织或合作组织为核心。国内学者张和清等人在云南平寨的实践以及其领导的广东绿耕社会工作服务中心在广东从化等地开展的以"城乡合作贸易"为特色的农村社会工作实践。此外，陈涛教授等在四川绵竹开展"生计社会工作"实务、江西省万载县社会工作协会社工在马步乡罗山新村开展的"致富驿栈"项目大体可归入发展性社会工作的范畴。稍有不同的是，国外的发展性社会工作更多的是个案层面的介入，而国内的倡导者更倾向于社区层面的介入，致力于社区经济整体性改变，促进社区营造和社区发展。

（三）金融社会工作

金融社会工作（Financial Social Work）来自美国圣路易斯·华盛顿大学的迈克尔·谢若登教授（Michael Sherraden）的资产建设理论。在此之前，尤努斯建立乡村银行的努力，相信给了谢若登教授一些灵感。资产建设理论认为，以收入为基础的福利救助政策尽管体现了人性与公正，但并没有从根本上减少贫困（虽然可以缓解困难），没有缩小阶层或种族的差别，没有刺激经济的增长（谢若登，2005），为此，应该更多地关注穷人（the poor）的储蓄、投资和未来资产的积累。因为，资产能够产生收入所单独不能提供的积极福利效应。进而，资产建设理论提出了以资产建设为本的扶贫策略：除了要提高对未成年儿童家庭补助、食品券和教育、住房等其他特定福利项目的资产限度，更应当建立一个支持资产积累的激励系统——个人发展账户，使穷人开始真正积累一些财富，并激励未来发展。

由资产建设理论延伸而来的金融社会工作的含义，根据首先提出这一概念的 Reeda Wolfsohn（2012）的阐述，寄希望以可持续并长期改变财务管理行为的做法，使贫穷问题逐渐减少。对美国人而言，追求金融福祉、积累金融资产是个人的责任，但研究者发现许多美国人难以达到此种程度，社会工作者有长期与低收入户和弱势群体的相处历史，因此社会工作者可以透过教育和训练去协助民众调整他们的行为，或是充权案主的能力，让他们有长期性的金融行为改变。如此，社工能够有效帮助人们掌控他们的金钱和生活，而成为优秀专业工作者。金融社会工作的实务在美国开展较多。比如，在 2008 年国际金融危机时期，美国的一些金融社会工作的学者与社工、银行合作，对芝加哥的穷人开展储蓄和理财等方面的培训服务。中国台湾地区也有一些实践。比如，台湾辅仁大学成立的金融社会工作教育中心，开展金融资产管理或理财方面的知识培训或咨询，协助家长建立家庭生活发展账户或制定家长生涯发展规划，提供短期免费创业课程或顾问咨询，创业小微贷款支持，协助提升产品或服务的品质、包装和营销等实务（郭登聪，2015）。就中国大陆社工实务界和学术界而言，金融社会工作实务的探索几乎还是一个空白，虽然一些实务者的探索声称以资产建设为本，但并未真正涉及金融社会工作的核心内容，包括理财、信贷、个人发展账户等的尝试，是一个有待开拓的新领域。

三 专业社会工作在农村反贫困中的实践空间

明确专业社会工作介入农村反贫困的视角，解决了农村反贫困中专业社会工作何以可为的问题。进一步还要思考实践层面的何以作为以及如何作为问题，即介入的具体领域以及实务操作路径，也即专业社会工作在农村反贫困中的实践空间。基于当前我国农村贫困人口及精准扶贫的现状，从贫困救助社会工作的视角，一是要发挥资源整合者角色为低保人群和支出型贫困家庭链接更多经济救助资源；二是要服务于农村"三留人员"等困境人群的关爱需求。从发展性社会工作视角，一是运用社区组织方法，培育农民合作组织，以增能和赋权贫困群体；二是发挥优势视角，实施个别化、差异化、多元化的生计项目扶持；三是介入社区发展，引领移民重建生产生活空间。从金融社会工作视角，可与金融部门合作介入小额信贷扶贫及相关理财服务，切实解决有发展能力贫困户的资金需求。

（一）贫困人群的经济救助

笔者的团队从2015年起一直在对J省5个国家级贫困县的农村扶贫状况进行动态跟踪调查。我们对J省5县的调查发现，大量的贫困户是因病、因残、因子女教育致贫，还有一些是因为突发性灾难等致贫。对这些支出型贫困家庭来说，最迫切的需要是使其获得经济方面的救助，以缓解在医疗、康复、教育方面重大支出的影响，并维持其家庭基本生活的稳定。为此，政府要加大对社会保障、社会救助的投入，以改善广大贫困户的整体经济状况。在这个方面，社会工作者不能代替政府的作用，但在使政府投入的资源更好、更精准地服务贫困人群方面，社会工作者可以发挥独特的作用。一方面，社会工作者可以利用专业优势尽可能地为其案主或服务对象整合更多的经济救助资源。比如，争取慈善基金会的支持，或利用互联网众筹形式向社会爱心人士募集捐款，以应付贫困家庭的儿童、妇女或其他家庭成员在重大疾病治疗方面的经济需求，或者为面临辍学的家庭提供重要的经济支撑，帮他们渡过难关，同时也阻断因教育缺失导致的贫困的代际传递。另一方面，社会工作注重以评估为基础开展服务（王思斌，2016）。而无论是精准扶贫还是精准脱贫，都需要精准识别和动态管理贫困户或低保户，比如，农村最低生活保障制度通过发放低保金的形式对部分特殊困难家庭给予了货币形式的社会救助，但也存在一些"人情保""关系保"问题，为此需要社会工作式的生计调查评估，从而更精准地帮助和服务贫困人群。

（二）贫困人群的关爱服务

贫困人群除了经济救助的需求，还有精神与情感、教育与安全、照料服务等方面的关爱需求。贫困人群中的"三留"人员尤其需要关爱服务。家庭主要成员外出务工的目的是获得更多的收入，改善家庭的贫困状况，但由此带来的留守儿童、留守老人、留守妇女问题成为整个社会的一块心病。其中，留守儿童的安全问题、心理健康问题、教育问题和留守老人的照料问题尤其受社会关切。其实，美国早期的慈善组织协会（COS）所开展的贫困人群的社会工作服务也大体针对的是类似的问题。在当代的美国农村，对贫困老年人等弱势群的关爱服务也是美国农村社会工作的主题（Turner & Krout，2006）。就我国农村而言，这些问题产生的根源在于家庭主要成员外出导致的家庭功能的缺失或残缺，从而使其子女或老人得不到应有的关爱和照料，从而陷入困境。就贫困留守儿童而言，社工可通过社区、小组、个案等方式，开展类似美国的"开端计划"（Head Start），依托学校、幼儿园或民政部目前正在倡导建立的社区儿童之家或少年之家，开展安全教育、学业辅导、心理辅导、亲子沟通、素质拓展等方面的服务，帮助他们矫正偏差行为，端正学业态度，提升心理素质，增强抗逆力和安全意识；同时，加强对家长监护行为的指导和监督，增强家庭联系，加强对留守儿童的监护和保护。就贫困留守老人而言，目前我国大部分农村尚没有条件发展日间照顾或充足的机构养老设施，社工可以引导社区发展邻里互助组或结对式服务，发展社区志愿者队伍，或培育社区老年协会，促进对鳏寡孤独和留守空巢老人的生活状况的关注和关爱，丰富留守老年人的精神生活。

（三）农民合作组织的培育

农民合作组织的发展对农村扶贫开发至关重要。如马克思所言，农民像一袋袋的马铃薯（《马克思恩格斯文集》第2卷，2009），较为分散，呈原子化状态。这种缺乏组织的状态，不利于外部的经济资源向农村的输入，这是因为贫困农民缺乏对接平台。扶贫开发工作也是如此。比如，金融部门开展的小额贷款项目，有时在农村难以落地，因为贫困户本身缺乏抵押物等信用条件，银行难以直接向贫困户放款，因此需要依托农民专业合作社等农民合作组织平台开展放贷。再如，产业扶贫项目要发展起来，也需要建立农民专业合作社，以保障农民在市场谈判中的能力，同时也便于开展实用技能培训等科技服务工作。而目前农民专业合作社大多规模较小，运作不够规范，农户尤其是贫困户入社比例极低。根据笔者研究团队对J省5个贫困县的调查，只有8.2%的贫困户参加了农民专业合作社。同时，已建立的合作社很多时候仅是一个摆设，未真正运转起来。社会工作者可以在农民合作组织的建设和培育方面，发挥重要作用。组织增权或赋权，是发展性社会工作的一个重要视角和工作方法。社会工作者可以通过个案工作、小组工作、社区工作等多种方法动员贫困户加入农民专业合作社，并发挥指导者的角色，挖掘积极分子，培育组织领袖，帮助农民专业合作社实现自我管理、自我发展，并发展更多贫困户加入合作组织。比如，江西省万载县白水乡永新村的妇女互助储金会，于1994年由香港社工帮助设立，主业是百合种植；2007年由江西省高校社工师生激活和重建，目前其负责人已成为一个本土化社工，该合作社已自我管理、持续运行十多年时间。社工还可以根据农民的需求，进一步拓展农民合作组织的功能，以满足农民在经济、社会、精神文化等多层面的需求，比如，万载永新村在妇助会的基础上成立了老年协会、秧歌队等。

（四）生计项目扶持

生计项目扶持是基于发展性社会工作的视角。目前政府扶贫开发工作部门推动的产业扶贫绩效不佳，扶贫项目不接地气，贫困户的参与水平较低，受益于产业扶贫项目的比例不高，产业扶贫的带动能力较弱。根据我们对5县的调查，只有较少部分（10.4%）的贫困户发展了果业、畜牧养殖业等主要的农业产业化项目。导致这种状况的原因是多方面的。其中的一个主要原因是，政府干预过多、不尊重农民的主体性和市场规律，产业项目的选择盲目追求规模效应，不尊重农民对生计的差异性需求，农民缺乏参与热情。笔者认为，与区域化、"一刀切"的产业扶贫项目相比，个别化、差异化、多元化的生计项目扶持能更受贫困户的欢迎。而相比政府的角色，注重个别化服务的社会工作者在生计项目扶贫中更能发挥作用。具体表现为以下几个方面。

一是生计项目的选择上，可发挥优势视角，发掘优势资产，因地、因人制宜，协助案主自我选择好发展项目。二是可跟进能力建设和人力资本提升以支撑案主生计项目的发展。社工本身不是专家，但可作为专家资源的整合者，加强与农业、科技部门的互动，建立专家志愿者信息库，加强个案的辅导和具体问题的跟进指导，为贫困户提供专业服务。三是可发挥链接与整合资源的优势，加强市场和网络服务，链接社会资本，促进城乡合作，着力发展有助于大大降低边际成本的协同共享经济（里夫金，2014）。比如，中山大学张和清教授在农村社会工作点开展的"城乡合作贸易"，为农村社区的农产品销往城市家庭架起桥梁；还有些地方，帮助发展社区农业，建立农超对接。在移动互联网时代，社工还可以发展电商扶贫，帮助贫困户开设淘宝店、微店，在网上直销农产品。四是可以适当引导发展社会企业。社会企业是社会创新的一个新战略（Steven，2014）。在美国，著名的旧货超市 Good Will 很好地解决了二手货的市场开发与低收入人群的就业和商品需求。社工可向政府倡导建立有稳定服务需求的社会企业或半社会企业，如家政服务中心、社区服务中心、快递业、超市等，优先解决贫困户的非农就业问题。

（五）与金融部门合作开展小额信贷扶贫

当前的扶贫开发工作中，信贷扶贫也是一个重要内容。扶贫资金的来源包括政府的财政扶贫资金以及依靠该资金撬动的银行小额贷款。目前针对贫困户的小额信贷开展得很少，效果很不理想。根据我们对 J 省 5 县的调查，只有 10.5% 的贫困户办理过小额贷款。原因是多方面的，如专项扶贫信贷资金的不足、政府无贴息等，但更重要的原因是银行与贫困户之间缺乏沟通、信任和衔接，导致银行放贷意愿不强。从信用条件来说，贫困户信用不足，即使有贴息，银行也会担心贫困户缺乏理财能力而导致资金滥用或管理不善，进而没有还款能力。金融社会工作的介入，因此很有必要。

社会工作者在其中可发挥资源链接者和指导者的角色，扮演银行与贫困户之间连接人的角色。其一，社工可以通过拓展更多的政府财政性资金和整合基金会等社会资金，作为风险储备金，撬动更多的银行贷款，以服务更多的贫困群体。其二，社工扎根社区，比较了解贫困户的需求及其能力、品质，从而能有针对性地为有需求、有能力的贫困户争取银行贷款。其三，社工能够借助金融社会工作的方法协助贷款贫困户管理好信贷资金，如指导贫困户建立个人发展账户，提供理财知识辅导，协助贫困户做好产业项目的选择和产品的包装和营销等。其四，社工还可以运用互联网时代的微金融方式来众筹社会资本，直接用于为农村扶贫对象筹集低利息的贷款。尤奴斯的"乡村银行"的运作经验值得借鉴，但在互联网时代应该更新运作方法和手段，比如 P2P 在线金融平台和网络众筹资本，这些方式直接对个人和项目放贷，不需要中间人，降低了借贷成本。此方式应用在农村扶贫领域，可帮助贫困户获得低成本的金融贷款。

（六）贫困户移民搬迁社会工作

在扶贫开发工作中，对生存条件恶劣、不宜居住地区的贫困群众，政府鼓励采取就近搬迁安置、跨区域安置、县域内统一协调安置、依托工业园区安置和转移就业等模式，从根本上解决贫困群众的生存和发展问题。尤其是地处偏远的山区农民，居住地地质灾害较多，基础设施和居住条件较弱，居住空间又较为分散，资源匮乏且带来潜在的居住安全问题。对这些地区的贫困户来说，移民搬迁是个合理的选择。但移民搬迁是个艰难的过程，因为故土难离。搬迁过程中，生活环境的变化、社会关系的陌生化，再加上可能伴随的再就业问题，搬迁户必然产生诸多的不适应和情绪，尤其是对一些中老年农民来说更是如此。而当众多的贫困户因搬迁而集合在同一个地方时，这股情绪的效应将进一步放大，甚至转化为对社会的压力。解决之道是加强新社区的建设或社区的重建，建设或营造一个对搬迁户来说有认同感、归属感的新社区。而社区工作或社区发展是发展性社会工作的重要内容。为此，开展移民搬迁社会工作很有必要。移民搬迁社会工作的主要内容有移民心理疏导、社会适应与融合、干群关系协调，社区重建包括社会资本重建、就业援助等，帮助贫困户尽快适应新生活、融入新社区。江西省万载县社会工作协会的社工在白水乡老山村大皇山移民搬迁过程中的介入就是一个很好的案例。在该地，万载社工以助人者和资源整合者的角色介入此事，组织了移民自助组织——移民搬迁理事会，协调移民内部矛盾，形成统一意见，与政府沟通，向政府反映移民诉求，传达政策信息，配合政府顺利实现了移民搬迁，并引领移民重建生产生活空间。这个案例充分体现了社会工作介入贫困户移民搬迁的意义。

四　结论与政策建议

参考国内外反贫困社会工作的理论与实践，本文提出了专业社会工作介入农村反贫困的三大视角：一是贫困救助社会工作；二是发展性社会工作；三是金融社会工作。进一步的，结合对当前精准扶贫现状的实地调查，本文指出专业社会工作在农村反贫困中有很大的需求和实践空间，这些领域包括贫困人群经济救助、贫困人群关爱服务、农民合作组织的培育、生计项目的扶持、小额信贷扶贫、贫困户移民搬迁等。这里要强调指出的是，社会工作者在农村反贫困中的角色，可以是支持者、指导者、资源整合者，但不能是主导者，要坚持案主自决的原则，避免代替农民做决策；同时也要尊重市场规律，发挥优势视角和本地特色，因地制宜开展工作。

当然，专业社会工作者要在扶贫开发中发挥更大作用，还必须从制度层面融入现有的扶贫开发体系。为此，我们提出以下几点政策建议，以创新目前的精准扶贫机制，加强社会工作参与扶贫开发的制度和能力建设。

一是可在扶贫工作部门设立社会工作岗位或部门，提升扶贫的专业化、精准化和社会参与。国家民政部 2016 年出台的《关于贯彻落实〈中共中央、国务院关于打赢脱贫攻坚战的决定〉的通知》提出，要完善社会工作与志愿服务力量参与脱贫攻坚机制，有待进一步落实。同时，国家扶贫和移民工作部门也需要充实社会工作者岗位，重点负责协调社工机构等社会组织力量参与精准扶贫的事宜，整合社会扶贫资源，真正形成大扶贫格局。

二是完善扶贫资源配置机制，建立健全政府购买扶贫社会工作服务的制度。要破除专业社会工作机构介入精准扶贫的制度壁垒，改善精准扶贫工作中的产业扶贫、智力扶贫、金融扶贫、保障式扶贫等的资源配置机制，推动建立政府购买服务制度，将部分需要专业化服务的项目，向有资质的社会工作服务机构招标或委托代理服务项目，扶贫工作部门进行监管、评估和考核。

三是加强县级社工机构建设，培育农村本土化社工队伍。一般的乡村分散、偏远，远离城市尤其是大中城市，大中城市的社工资源往往难以延伸到农村尤其是偏远的村落。而县级社工机构的发展，有助于培养农村本土化社会工作人才队伍，架起城镇与乡村的桥梁，促进专业社工服务向农村延伸，为专业社会工作服务精准扶贫提供人才支撑。

参考文献

Amy Conley，2016，《从国际视野看社会工作与社会发展：发展性社会工作策略》，载黄琢嵩、郑丽珍主编《发展性社会工作：理论与实务的激荡》，台北：松慧出版社，第 27 ~ 37 页。

《马克思恩格斯文集》（第 2 卷），人民出版社，2009.

阿马蒂亚·森，2009，《贫困与饥荒》，王文玉译，商务印书馆。

安东尼·哈尔、詹姆斯·梅志里，2006，《发展型社会政策》，罗敏、范酉庆等译，社会科学文献出版社。

陈成文、吴军民，2017，《从内卷化困境看精准扶贫资源配置的政策调整》，《甘肃社会科学》第 2 期。

陈涛等，2011，《震后社区生计项目实践与发展性社会工作的探索——绵竹青红社工服务站的经验及反思》，《社会工作》第 2 期。

高鉴国、展敏，2005，《资产建设与社会发展》，社会科学文献出版社。

葛志军、邢成举，2015，《精准扶贫：内涵、实践困境及其原因阐释——基于宁夏银川两个村庄的调查》，《贵州社会科学》第 5 期。

郭登聪，2015，《金融社会工作运用在发展性社会工作的可行性探讨》，发展社会工作在台湾：理论与实务推动的省思与展望研讨会，台湾辅仁大学。

杰里米·里夫金，2014，《零边际成本社会：一个物联网、合作共赢的新经济时代》，赛迪研究院专家组译，中信出版社。

李迎生、徐向文，2016，《社会工作助力精准扶贫：功能定位与实践探索》，《学海》第 4 期。

迈克尔·谢若登，2005，《资产与穷人：一项新的美国福利政策》，高鉴国译，商务印书馆。

王思斌，2016，《精准扶贫的社会工作参与——兼论实践型精准扶贫》，《社会工作》第 6 期。

王文龙，2015，《中国包村运动的异化与扶贫体制机制转型》，《江西财经大学学报》第 2 期。

王晓毅，2016，《精准扶贫与驻村帮扶》，《国家行政学院学报》第 3 期。

向德平、姚霞，2009，《社会工作介入我国反贫困实践的空间与途径》，《教学与研究》第 6 期。

徐永祥，2001，《社区发展论》，华东理工大学出版社。

许汉泽、李小云，2017，《精准扶贫背景下驻村机制的实践困境及其后果》，《江西财经大学学报》第 3 期。

袁君刚，2017，《社会工作参与精准扶贫的比较优势探析》，《西北农林科技大学学报》（社会科学版）第 1 期。

张和清、杨锡聪、古学斌，2008，《优势视角下的农村社会工作——以能力建设与资产建立为核心的中国农村社会工作实践模式》，《社会学研究》第 6 期。

张和清、杨锡聪，2016，《社区为本的整合社会工作实践：理论、实务与绿耕经验》，社会科学文献出版社。

Linda Cherrey Reeser, Irwin Epstein. 1987. Social Workers' Attitudes toward Poverty and Social Action：1968 – 1984. *The Social Service Review*，Vol. 61：610 – 622.

Gary R. Lowe，P. Nelson Reid. 1999. *The Professionalization of Poverty：Social Work and the Poor in the Twentieth Century*. New York：Aldine De Gruyter.

E. Martinez-Brawley. 1980. *Pioneer Efforts in Rural Social Welfare：Firsthand Views Since* 1908. The Pennsylvania State University Press.

Wolfsohn，R. 2012. *Financial Social Work：Basics and Best Practice*. Retrieved from：*http：// www. financialsocialwork. com/tools/financial-social-work-ebook#. Ul66hELJDzI.*

Turner，R & Krout，J. 2006. *Service Delivery to Rural Older Adults：Research，Policy and Practice*. Springer Publishing Company.

Steven G. Anderson. 2014. *New Strategies for Social Innovation：Market-based Approaches for Assisting the poor*. Columbia University Press.

万载农村社会工作的体制化运作模式及其反思[*]

唐　斌^{**}

摘　要　与上海、深圳主要立足于城市来推进社会工作不同，江西万载将其试点的目标定位为农村社会工作，其服务的对象主要为农村的"三留"群体。为克服经济基础薄弱、专业人才匮乏、社会工作认知度和参与度低等现实困难，江西万载县委、县政府通过自上而下的体制内动员方式来推动农村社会工作发展。与云南平寨、湖南湘西主要依靠民间组织或高校来推动农村社会工作发展的路径相比，万载的体制化运作模式具有更为强大的政治和资源优势，短期内形成了"集中力量办大事"的效应。但由于万载在推进农村社会工作发展过程中，过分倚重上级部门行政指令，政府部门之间缺乏有效合作，本土化人才缺位或错位，社会工作服务体系不完善，未能调动民众的广泛参与，从而导致其目前面临着"华丽展示"之后应该如何延续等问题。

关键词　万载　农村社会工作　体制化运作

一　江西万载农村社会工作的起因：化解农村治理难题

在西方，社会工作是为回应城市化进程中所出现的各种问题而存在和

---

　*　本文为江西省社科规划项目"农村留守儿童意外伤害风险监测及社会工作干预研究"（项目编号：17SH05）的阶段性成果。

　**　唐斌，江西财经大学社会工作与社会管理研究中心副教授，博士，主要从事社会工作及社会组织发展研究。

发展的，农村问题并未成为其关注的焦点（张和清、杨锡聪、古学斌，2010）。在中国内地，社会工作职业化的实践也主要分布于东部沿海发达地区或城市（如上海、深圳和广州等），中西部欠发达地区及其农村的探索则极其有限。从这个意义上讲，以江西万载为代表的农村社会工作实践及其经验尤为珍贵，它一定程度上验证了欠发达省份及其农村地区是否需要职业化和专业化的社会工作，以及如何借鉴发达地区的经验来推进社会工作职业化等现实问题。作为一个欠发达的农业县，在经济、人才和区位均不占优势的条件下，江西万载之所以能够启动农村社会工作的试点，既是当前农村经济社会发展的现实需求，更是地方政府部门强势推动的结果。

（一）农村经济社会发展的现实需求

农村大量青壮年劳动力的外出，使得当地农村留守老人、留守妇女、留守儿童问题非常突出：留守老人老无所养、老无所依，垂迈之年还要承担田间地头的繁重农活；留守妇女既要肩负农业劳动、赡养老人、照顾子女的三重重担，还需要忍受因与丈夫长期两地分居而产生的孤独与寂寞；留守儿童由于父母教育监管角色的缺失，其情感需求得不到满足，遇到心理问题无法正常疏导，进而导致生活行为习惯不良，甚至会出现厌学、逃学、辍学等不良行为，以及心理失衡、道德失范、行为失控甚至犯罪的倾向。除了农村"三留"人员问题之外，江西省万载县委、县政府的一份文件还将农村青壮年劳动力大量外出所造成的负面影响总结为四大方面：一是"三化"（农村兼业化、经济空心化、人口老龄化）；二是"三缺"（生产缺人手、致富缺技术、创业缺资金）；三是"三差"（环境卫生差、精神生活差、文体设施差）；四是"三个较多"（贫困人口较多、矛盾纠纷较多、赌博活动较多）（中共万载县委、县政府，2008：72）。面对以上农村发展过程中所呈现的矛盾与问题，传统行政性、福利性的社会管理和社会方法已难以有效解决，这就对农村社会工作的发展提出了新的要求，急需专业社会工作的介入与参与。

（二）地方政府部门的强势推动

万载农村社会工作试点之所以能够成功启动，当地政府部门起到了至关重要的作用。政府分别采取了"压担子"、"铺台子"、"掏票子"、"给位子"、"结对子"等措施，从政策、组织、资金、人才、宣传和动员等方面对社会工作试点给予了大力支持。

一是"压担子"。万载县委、县政府高度重视社会工作人才队伍的建设，党政"一把手"领导亲自部署，亲自督办，并专门成立以县委副书记为组长、全县30多个部门负责人为主要成员的社会工作人才队伍建设领导小组，明确了各成员单位的职责，从而形成"组织部门牵头抓总、民政部门具体负责、各有关部门密切配合"的领导管理体制。

二是"铺台子"。为推动万载的社会工作人才队伍建设，县委、县政府先后出台了《关于加强社会工作人才队伍建设推进社会工作发展意见》、《农村社会工作实施方案》等十多个相关文件和管理制度，并做到"四个纳入"，即将社会工作人才队伍建设纳入国民经济和社会发展规划，将社会工作人才队伍建设经费纳入政府财政预算，将社会工作人才与岗位开发纳入人事和劳动用工制度，将社会工作人才队伍建设列入年度经济社会主要工作考核考评范围，从而为社会工作试点的顺利推进提供了政策保障。

三是"掏票子"。即采取多重形式、多渠道筹措社会工作人才队伍建设所需资金，构建了社会工作资金保障体系。

四是"给位子"。即采取"角色转换"和"专业置换"、"激活增量"等措施，在党政机关、人民团体、事业单位、乡镇（街道）、村（居）委员会、城乡社区和公益性民间组织中设定社会工作岗位。

五是"结对子"。鉴于试点初期本土社会工作专业人才较为缺乏的实际，万载县非常重视与省内高校的合作，并先后与江西师范大学、江西财经大学、南昌大学等高校签订共建社会工作专业实践基地的协议，并聘请社会工作专业教师担任督导，带领本地社会工作从业人员开展实务，发挥"传帮带"作用。

二　江西万载农村社会工作的运作："社工＋从工＋义工"联动

为解决本土化专业人才匮乏的难题，万载县委、县政府采取"盘活存量、多元吸纳、转换提升、专业引领"的"四轮驱动"职业化方式，摸索出一条切合万载实际的"社工＋从工＋义工"人才开发新路径。

（一）高校师生的专业引领

在万载社会工作试点之初，江西省民政厅曾将其社会工作人才队伍发展的模式界定为"1＋3"的组合模式，即一个来自高校的社会工作专业师生，以"传、帮、带"的形式，引领一个民政部门干部、一个试点单位干部和一个志愿者开展社会工作实务，这样一方面可以让本土持证社工、从工和义工跟班学习如何进行社会工作实务操作，另一方面也可以加深他们对社会工作专业知识和技巧的理解，并引导他们在理论与实践的结合中不断深化社工理念，提升理论水平，掌握实务技巧，提高服务质量，从而解决专者不用、用者不专的矛盾（黄明霞，2008：6～8）。尽管"1＋3"组合的提法后来被社工、从工和义工"三工联动"的概念所取代，但万载通过与高校"联姻"、借助高校师生专业引领来打开社会工作局面的做法得到了普遍认可。如果说政府的建构与推动为万载社会工作发展提供了一种必要的体制环境，那么高校社会工作专业师生的介入则为万载社会工作的顺利推进提供了重要的专业支撑。另外，事实也证明，借力本地社会工作教育资源，专业化、规范化地推进社会工作人才队伍建设，是欠发达地区引入社会工作的一个成本低、起点高、效果好的途径（许娓，2008）。

（二）社工、从工和义工之间的互助合作

按照万载官方的制度设计，在社工、从工和义工"三工联动"的机制中，社工是核心，从工是基础，义工是补充，三者之间通过有效的互助合作，最终实现"社工引领义工、从工辅助社工、义工协助社工"的格局。万载的实践也证明，社工、从工和义工各具优势，且能够在具体服务过程

中形成功能互补：首先，作为主体力量，社工专门负责各类社会服务项目的策划、组织与实施，并根据实际需要动员和培训从工，招募、组织和指导义工，还能够凭借其所掌握的社会工作专业知识和技巧，引领从工和义工科学化、专业化助人；作为基层社会工作的实际从业人员，从工的群众基础好，对本部门情况知根知底，可以有效协助社工在本部门内开展社会工作实务，并广泛动员辖区内的义工参与社会工作服务，另外其工作的固定性和长期性还可以弥补社工"空降"社区，容易"不接地气"，义工流动性大、约束力差、服务方式单调等缺陷；而作为重要的人力资源，义工人数庞大、来源广泛、社会认可度高，他们自身拥有的良好社会网络和社会资源能够帮助社工和从工顺利开展工作。

三　江西万载农村社会工作的成效："从试点到示范的跨越"

作为首批全国民政系统社会工作人才队伍建设的试点单位之一，万载县通过三年多的探索与实践，就成功实现了由"试点"单位向"示范"单位的跨越，并在社会工作领域开辟、本土化人才培养等方面取得了诸多的成效。

（一）开辟了农村社会工作新领域

作为社会工作的重要领域之一，农村社会工作是指专业社会工作者与其他农村工作者合作，以农村社区为基础，在社会工作专业价值观指导下，运用专业的方法，发动农村居民广泛参与，在预防和解决农村社区问题的基础上，不断增强农村居民和社区的能力，提高农村居民的福利水平，最终实现农村社区的稳定与可持续发展（祝平燕、吴雨佳，2014：28～35）。尽管当前中国农村社会的急剧变迁对社会工作介入有广阔的需求，但在工业化、城市化和市场化依然占据主流地位，以及国家"重城市发展、轻农村建设"、"重经济发展、轻社会建设"的政策格局尚未发生根本改变的现实条件下，农村社会工作只能处于一种"边缘和弱势状态"（王思斌，2013），没有得到社会各界（尤其是政府部门）的普遍重视。而作为欠发达农业县的万载，通过体制内的"运动式动员"方式来大力推进农村社会工作，以解决农村孤寡老人和留守儿童照顾、农村妇女能力建设与项目发展、农村社区传统文化的复兴与重建等基层群众最关心、最直接、最现实的问题，为求解农村发展之路找到了一种答案，弥补了社会工作在农村的空白，并有效回应了经济欠发达省份和农村地区是否需要职业化和专业化的社会工作，以及如何立足农村实际和农民需求来引入专业社会工作等问题。从这个意义上讲，万载的实践不仅开辟了中国农村社会工作的新领域，创造了中国内地社会工作"城市看深圳、农村看万载"的品牌声誉，也极大地丰富了中国社会工作本土化的理论研究。

（二）助推了新农村建设进一步发展

万载按照新农村建设"生产发展、生活宽裕、乡风文明、村容整洁、管理民主"的总体要求，结合当地农村"三留"（留守儿童、留守老人和留守妇女）、"三化"（农村兼业化、经济空心化、人口老龄化）、"三缺"（生产缺人手、致富缺技术、创业缺资金）、"三差"（环境卫生差、精神生活差、文体设施差）和"三多"（贫困人口较多、矛盾纠纷较多、赌博活动较多）等突出问题，把社会工作及其人才队伍建设融入到新农村建设中。主要方法包括：一是通过建立"致富驿站"等形式，帮扶困难群众，走共同致富道路；二是整治农村宗族祠堂，并将其改造成村民文化活动中心；三是创建舞剑队、太极队、腰鼓队、狮子灯队等群众文艺队和举办文体竞赛，吸引村民积极参加有益身心健康的文体活动，逐渐远离聚众赌博、酗酒等陋习；四是引导村民树立卫生责任意识，帮助村民营造良好的居住环境。

（三）增强了基层政府的公共服务能力

近些年来，中国农村基层治理与社会建设在取得明显进步的同时，各种社会矛盾和问题也不断涌现，这对基层政府的执政能力和水平提出了严峻的挑战。而万载借助于专业社会工作的介入，不仅成功化解了基层政府在社会治理中遇到的部分难题，也进一步提升了基层政府的公共服务能力。例如，在一次动员村民整体搬迁过程中，万载专业社工充当了利益协调者和资源整合者的角色，与村民同吃、同住、同劳动，并挨家挨户做村民的思想工作，协助村民成立搬迁自助组织——"移民搬迁理事会"，并积极在村民与基层政府之间做好沟通与协调工作，最终促成了29户村民的整体搬迁。在此过程中，专业社工还积极协助村民重建生产和生活秩序，规划移民新村的发展。

（四）培养了一批本土化社会工作人才

社会工作是一门实践导向的专业，这决定了其人才的培养离不开具体的实践。从这个意义上讲，尽管万载的社会工作实践因其政府行政主导的特性而备受外界质疑，但作为中国内地农村社会工作的一次有益探索，其对本土化社会工作人才培养所具有的正向作用是不言而喻的。这些经由实践磨炼而得到能力提升的社会工作人才包括以下三类人群。一是主导推动社会工作的政府及其职能部门领导。他们一方面既是万载当地社会工作试点的领导者和决策者，另一方面也通过社会工作实践而成长为该领域的专家或学者。二是负责具体社会工作事务的民政部门从业人员。三是参与万载社会工作实习的高校学生。

（五）激发了农村基层社会组织的活力

尽管农村基层社会组织在满足村民需求、丰富村落文化、提高村民素质、增强农村凝聚力等方面具有越来越重要的作用，但由于受组织内外部各种因素的制约，很多农村基层社会组织都不同程度地面临效能低下、活力缺乏、可持续性差等发展瓶颈问题，而专业社会工作的介入可以为农村基层社会组织摆脱以上困境提供一种新的路径。此外，专业社工的介入还盘活了万载当地"五老"（老干部、老党员、老模范、老知识分子、老复员退伍军人）志愿者服务组织，以及舞剑队、太极队、腰鼓队、狮子灯队等村民休闲娱乐性组织。

（六）完善了农村"三院"的服务与管理

作为农村社会福利服务的重要载体，福利院、敬老院、光荣院（简称"三院"）一直肩负着为城镇"三无"人员、农村"五保"对象、重点优抚对象等群体提供生活照料、医疗护理、文化娱乐等服务的重任，但由于经费不足、集中供养标准低、专业人才匮乏等因素的影响，农村"三院"目前普遍存在着管理不规范、服务水平低等问题。万载抓住全县开展社会工作试点的时机，把社会工作作为提升"三院"服务质量和管理水平的重要抓手，切实为院民提供心理辅导、残障康复、行为矫治、矛盾调解等专业服务，有效推进了农村星级"三院"的创建。

四　江西万载农村社会工作的困境："华丽展示"之后如何延续

与云南平寨、湖南湘西主要依靠民间组织或高校来推动农村社会工作发展的模式相比，万载完全依赖政府的行政力量来启动社会工作职业化具有其无可比拟的政治和体制优势，但与此同时，万载的社会工作职业化模式也不可避免地存在着过分倚重上级部门行政指令、政府部门之间缺乏有效合作、缺乏持续稳定的资金支持、农村社工本土化人才匮乏、社会工作服务发展不完善等诸多困境，从而导致万载的社会工作职业化面临着"华丽展示"之后应该如何延续的问题。

（一）过分倚重上级部门行政指令

在下级政府部门、基层民众对社会工作缺乏必要认知或认同的现实条件下，依托上级政府部门的权威和行政指令来推动社会工作的职业化，无疑具有门槛低、成本小、周期短、见效快等体制性优势，因为这种体制内动员方式更容易被下级政府部门和基层民众所理解和接受，所遭受的阻力也最小，但在另一方面，这种体制内动员方式也容易误导下级政府部门和基层民众，使他们简单地将社会工作人才队伍建设视为一项上级部门下达的"政治任务"，与以往他们司空见惯的"爱国卫生宣传月"、"治安综合整治月"、"食品安全检查月"等"短、平、快"活动并无实质性差别，只要按照上级部门的指令和要求去做，一旦上级部门检查和验收之后即可宣告结束，而不是从地方经济社会发展的内在需求去认识社会工作人才队伍建设的必要性、重要性和长效性。因此，在社会工作试点过程中，下级政府部门和基层民众"不是主动开展试点，而是（消极）等待上级的督促和检查；不是（积极）寻求整合本土资源，而是（盲目）依赖上级的政策和资金支持；不是创造性地探索适合本土的发展模式，而是期望上级推广'通用'的模式……"，以致出现上级政府部门"一抓就紧、一放就松"（戴利朝，2011：224），下级部门甚至为完成任务而"摆样子、搞形式、走过场、敷衍应付"等惯性现象就不足为奇。

（二）政府部门之间缺乏有效合作

尽管万载县委、县政府在2008年8月就发布了《关于成立县加强社会工作人才队伍建设，推进社会工作发展领导小组及明确成员单位职责的通知》（万办字〔2008〕69号），明确规定了全县各单位或部门的职责，并强调社会工作人才队伍建设是全县各单位或部门的共同责任，各单位或部门要通力协作、互相配合。另外，还专门成立了以县委副书记为组长的社会工作人才队伍建设领导小组，确立了"组织部门牵头抓总、民政部门具体负责、各有关部门密切配合"的领导管理体制。但在实际运作过程中，社会工作试点却只是民政局的"独角戏"，无论是社会工作文件的起草、制度的拟定、机构的设立、队伍的组建、试点村落的遴选，还是与省厅以及开设社工专业高校的沟通协调等，都经常只见民政局在"孤军奋战"，而全县其他相关单位都不直接参与日常的具体事务，最多只是派人临时出席各种工作协调会或现场办公会，以及在举办县级或更高级别大会时才给予必要的协助。

政府各部门之间这种因追求自身狭隘的部门利益而相互封闭各自的权力与责任，对部门之间的合作与协调采取抵制态度或不作为，从而造成政府部门之间"裂化"与相互掣肘的关系状态（张翔，2013：28），学界通常称之为政府的"碎片化"，并且这种"碎片化"现象已成为困扰政府整体性职能发挥、制约其公共服务水平提升的一个重要体制性问题。

（三）缺乏持续稳定的资金支持

适量的经费投入是社会工作人才队伍建设的基本保障，特别是在经济欠发达的农村地区，政府的财政投入和资金支持能否稳定和持续对社会工作的发展至关重要。以万载为例，其社会工作试点是在政府的主导推动下进行的，其所需资金也完全来源于政府的财政投入。万载这种完全依赖政府的财政投入和资金划拨，而缺乏其他社会资助的状况，无疑会严重限制其农村社会工作的深入发展，况且政府往往更注重形象的打造，把有限的资金更多地投入到场地维修、墙面粉刷、设备添置、环境美化、展板制作、画册印刷等表面工程，而没有将资金真正用于社会工作专业服务方面。

对此，就有学者评价说："作为一项自上而下的强制性制度变迁，政府在其中起着至关重要的作用。由于政府中心工作数量繁多，而资源非常有限，若一直仅靠政府推动便难以维持。在试点阶段，政府可以凭借其体制优势集中大量资源投入，但是，一旦进入常规阶段，政府投入不再具有政绩和政治光环效应时，社会工作发展的可持续便缺失了保证。所以，能否跳出'运动式治理'的窠臼，使万载模式绵延下去是其面临的另一难题。"（田先红，2012：64～66）

（四）农村社工本土化人才匮乏

截至2013年10月，万载全县仅有30名通过全国社会工作者职业水平考试的持证社工，而曾经起到专业指引作用的高校社会工作师生也大多只能在暑期前往万载实习，并不能够在当地常驻，且随着万载全县试点工作的落幕，高校社会工作师生大规模介入的做法也不可能再延续。

为填补社会工作专业人才的空缺，在试点之初，当地政府曾广泛动员县民政局和乡镇（街道）民政所的分管领导及其成员，以及乡镇敬老院和救助站、村（居）委会干部、村落（社区）社会组织的工作人员充当所谓的"从工"（即本土化的从业社工），但这些"从工"的年龄普遍偏大，学历程度偏低，对社会工作了解甚少，最多仅参加过几期社会工作的专业讲座或培训，其综合素质与农村社会工作的实际要求之间还存在着较大的差距，他们中绝大多数人只是因为工作关系才被政府冠以"从工"的帽子。由于受缚于纷繁复杂的行政事务，他们平时也根本不可能有剩余的时间和精力去参与社会工作专业服务。此外，按照万载官方的统计，当地能够协助"社工"和"从工"开展工作的本土"义工"有2000多人，队伍的规模貌似庞大，但根据当时参加万载社会工作实习的高校学生反馈，在绝大多数场合这些"义工"都是缺席的。农村社会工作本土化人才的严重匮乏已经成为万载社会工作持续发展的一大阻碍，同时也是中国农村社会工作推进过程中亟待解决的现实难题。

（五）社会工作服务发展不完善

受专业人才准备不足、行政力量主导等因素的影响，万载的社会工作专业实践不可避免地存在着服务过于宽泛、效度不高等局限。

1. 社会工作服务过于宽泛

一是"点多"。例如，在2007年的试点初期，万载仅选取了县福利中心、康乐街道务前社区、罗城镇卢洲村落社区、文武学校4个示范点进行实践。而到了2008年，又选取11个县直部门和全县30%的乡镇、10%的村委会，一共69个单位共同推进社会工作。此后每年都增建示范点，最后全县的示范点总数竟达到100多个。在专业人才储备不足、运作资金较为紧张的前提下，过度设点必然导致部分单位、村落（社区）的社会工作服务站（点）只能"形同虚设"。

二是"面广"。尽管依靠政府的强力推动，在较短的时间里，万载的社会工作就能够实现"从无到有"和"由小范围试点到大范围推广"，其覆盖的范围由初期的机构养老、社区建设、农村"三留"群体服务、学校社工服务等有限领域，最后拓展到社会福利、社会救助、慈善事业、社区建设、婚姻家庭、精神卫生、残障康复、教育辅导、就业援助、职工帮扶、矫治帮教、人口计生、纠纷调解、应急处置等诸多领域，服务对象也由留守老人、留守妇女、留守儿童、医院患者、返乡农民工、城乡低保户，延伸至工业园区的企业员工、武警部队的消防战士等。社会工作发展是一项长期、渐进的过程，在社会工作专业服务经验积累不足的条件下，这种"贪大求全、急于求成"的发展策略明显不利于专业的成长与进步，甚至会带来适得其反的后果。

三是"泛化"。在制度设计上，万载社会工作发展的定位应为农村社会工作，即将社会工作专业的理念、方法与技巧引入农村、农业的发展和农民的服务，以解决目前农村存在的社会问题，并带动农村经济社会的发展和增进农民的福利，其服务的场所是农村，服务对象也主要是农村居民。从一定意义上讲，发展农村社会工作的定位也是"万载模式"之所以能够赢得广泛关注和赞誉的重要原因。但在实际操作过程中，万载的社会工作发展一定程度上偏离了这一定位，并存在泛化的趋势：其服务场所不仅包括农村村落，还包括部分城镇社区，甚至一些企事业单位；其服务对象也不仅仅是农村居民，城镇中小学的学生、医院患者、企业员工和消防武警战士也被纳入服务范围之内。这种泛化虽然可以"遍地开花"的形式营造社会工作繁荣发展的规模效应，但与此同时也导致当地社会工作资源因总量不足而只能"撒胡椒面"式投入的问题，更不利于社会工作专业服务的深化与品牌的凝练。

2. 社会工作服务效度不高

专业社会工作在解决当下社会问题时的优势来自它的专业化特点，主要包括：（1）奉行以人为本、以服务为本的价值观。专业社会工作强调全心全意为有需要、有困难的人士和群体服务，将服务对象的利益置于第一位，确保服务对象的合法权益不受损害。（2）综合使用多样化的专业服务方法。除了个案、小组、社区等直接服务方法之外，社会工作还具有社会工作行政、社会工作督导、社会工作咨询和社会工作研究等间接服务方法。社会工作者的特长就是根据服务对象的实际情况与需要，有针对性地综合使用多元化的方法去提供服务。（3）对助人自助效果的追求。专业社会工作不仅助人解困，而且在助人过程中非常注重服务对象能力的提升，强调助人自助和增权赋能，因此能产生较为深入和持续的效果（王思斌、阮曾媛琪，2009：128～140）。就万载的实践而言，尽管来自省内高校的社会工作师生联合万载本土的社工及从工，为当地儿童、青少年、老人、妇女开展了一系列活动，例如"我爱母亲节"、"夕阳无限好"、"励志成长"等，但高校师生及本土社工实务经验不足，专业实践缺乏连贯性，受行政的因素干扰大，从而导致专业社会工作渗入传统农村社会的广度、深度和精度都还不够，所谓的社会工作专业实践有时只是为了应付上级部门领导检查的"应景之作"，其服务的针对性和有效性严重不足。

此外，万载社会工作服务的浅层次性还体现在：一是片面强调场面宏大、气氛热烈和可参观性强等特点，带有较强的行政导向；二是过分注重社会工作活动室、阅览室及综合室等场地设施建设，容易导致服务的形式化；三是服务仅停留在居民自身就可以组织的服务上，没有体现社会工作者的专业特点和核心要素，导致部分村民误认为"社会工作就是给大家提供场地，教大家唱歌跳舞"（龙元勇，2012：24～25）。

五　结语

面对当前我国农村社会转型过程中不断涌现的养老、教育、扶贫、医疗、卫生等问题，大力推进农村社会工作不仅是转变政府职能、完善农村公共服务的重要举措，也是解决农村社会问题、增进农村社会和谐、实现乡村振兴的有力手段，更是完善农村社会保障、促进农村社会文明进步的内在要求。而江西万载农村社会工作体制化运作的实践启示我们，农村社会工作的发展是一项系统性工程：首先，需要政府部门完善农村社会工作的制度与规范，构建农村社会工作的公共财政支持体系，健全农村社会服务项目的评估考核和监督机制，营造农村社会工作的良好氛围；其次，需要农村社工服务机构推动自身能力建设，强化自主运作能力，完善薪酬激励机制，加强服务品牌建设；最后，需要农村社会工作者个人提升专业能力、强化职业操守和提高心理素质等。

参考文献

戴利朝，2011，《社会工作在社会主义新农村建设中的功能与作用评估》，载民政部社会工作司主编《农村社会工作研究》，中国社会出版社。

黄明霞，2008，《江西社会工作人才队伍建设的现状与思考》，《社会工作》第 10 期（上）。

龙元勇，2012，《政府主导下万载县农村社会工作创新研究》，华中师范大学硕士学位论文。

田先红，2012，《农村社会工作的万载试验》，《决策》第 Z1 期。

王思斌，2013，《中国农村社会工作的发展与困境》，"中山大学－香港理工大学中国农村社会工作理论与实践学术研讨会"发言稿。

王思斌、阮曾媛琪，2009，《和谐社会建设背景下中国社会工作的发展》，《中国社会科学》第 5 期。

许娓，2008，《江西万载：社会工作回应农村需求——万载县农村社会工作试点经验报道（上）》，《中国社会报》12 月 11 日，第 1 版。

张和清、杨锡聪、古学斌，2010，《关于农村社会工作的展望》，http://www. wangxiao. cn/shg/sgsw/570156713438. html。

张翔，2013，《中国政府部门间协调机制研究》，南开大学博士学位论文。

中共万载县委、县政府，2008，《关于加强社会工作人才队伍建设推进社会工作发展意见》，载万载县社会工作领导小组办公室编《万载县社会工作资料汇编》。

祝平燕、吴雨佳，2014，《农村社会工作方法介入黔西北 Y 村社会管理创新研究》，《社会工作》第 6 期。

农民为什么愿意离开村庄*

—— 农村城镇化的内在动力与村庄变迁的走向

张伟兵**

摘　要　当今全国各地屡屡发生的农民上楼、撤村并居现象，其原因除了城镇化政策对村庄的改造和干预外，还与农民普遍具有的离土倾向以及农民的利益算计有很大关系。离土倾向与利益算计是农民迁离村庄的内在原因和内生动力。城镇生活方式的吸引、农业经营的低效益、乡村教育资源的衰败、农村婚姻市场的挤压等因素很大程度上改变了农民对村庄前景的认知，在一定的补偿条件和利益诱惑下，农民则会选择离开村庄。乡土中国已经发生了巨变。当前农村的变迁出现了两大值得关注的走向：一是城市小区里村庄共同体建设问题；二是未撤并村庄的乡土重建问题。后者面临的挑战更多，任重而道远。

关键词　农民　农村城镇化　村庄变迁　迁离　内在动力

近年来，为了完成一项国家社会科学基金项目的研究任务，笔者及研究团队的成员在山西省东南部调查了包括古村落在内的很多村庄。我们普遍的发现是，地处城郊、生活比较富裕的农民盼征地、盼拆迁，希望在土地非农化过程中争取到尽可能多的土地增值收益，为日后的城镇生活积累大量的经济资本；而那些山区的农民，绝大多数也"愿意"离开村庄，转变农民身份和生产、生活方式。尽管山区的农民很少遇到征地拆迁的机

---

* 本文系国家社会科学基金一般研究项目（项目编号：12BSH017）、山西省 2015 年大学生创新创业训练项目成果。

** 张伟兵，博士，副教授，长治学院公共社科教研部主任，研究方向：农业社会学与乡村治理。

会，但一旦遇到，山区农民与城郊农民一样，表现出了强烈的城镇化愿望。这个事实提醒我们，当今在全国各地屡屡发生的农民上楼、撤村并居现象，绝不仅仅源于外部力量的强势推动，农村内部和农民内心也蕴含着一股村庄改造、村庄搬迁的强大潮流。目前的研究常常把重点放在土地增减挂钩、撤村并居等城镇化政策对村庄的改造和干预上，相对忽略了农村内部蕴含的城镇化动力。当前的农村研究和城镇化研究，应该把农民的心态、村庄社会关系的变动以及村庄迁移的机制等问题纳入分析的视野，从而对城镇化和村庄撤并现象进行更加全面、细致、审慎的观察和评论。本文以一个发生于 2016 年 11 月的村庄动迁案例，具体展示农民的心态、村庄迁移的内在动力以及可能发生的问题和危机。同时，结合其他学者的相关研究，揭示该案例所具有的普遍意义以及中国农村变迁的进一步走向。

一 研究视角与研究问题

当前关于村庄撤并、城镇化战略与新农村建设的关系等现象的研究，主要流行两大学术视角：一是"城乡统筹视角"，二是"乡村建设视角"。

"城乡统筹视角"的宗旨在于强调工业化、城镇化的辐射带动效应和农业、农村现代化的必然趋势，强调新型城镇化与新农村建设的内在关联。新型城镇化自上而下地将城镇系统延伸到乡村系统之中，而新农村建设自下而上地将村庄整合到城镇体系之内，新型城镇化和新农村共同构筑起新型城乡体系（许光平，2011）。在这样的理论宗旨下，"城乡统筹视角"的研究认为撤村并居、建设新型农村社区、农民上楼和集中居住可以有效地提升农村公共服务和公共设施的供给水平，大力改善农民的生产生活条件，能够集约利用土地，发展现代新型农业经营体系。村庄搬迁和改造是贯彻国家新农村建设战略、顺应工业化和城镇化的要求、实现城乡一体化的表现形式和最高境界，代表了农村发展的正确方向和必然趋势，受到了农民的热烈欢迎（王景新，2015）。与此针锋相对，"乡村建设视角"的众多研究则认为，当今农村面貌和农民生产生活方式的急剧变化并不意味着福音，相反，村庄迁移和农民集中居住提高了农民的生活成本，拆迁过程中的利益分配不公和风险累积引发了社会矛盾和群体性事件，造成了"失去庭院的农村、被城市化的农民、无保障的农业"（叶敬忠、孟英华，2012）。更重要的是，农村城镇化严重忽视了村庄的价值和前途，摧毁了乡村文明和中华文化的根脉（张孝德，2012），削弱了村庄作为劳动力蓄水池、社会稳定器的作用，对中国的现代化进程是不利的（贺雪峰，2013：187~194）。这一视角的研究者郑重提出，不能不顾中国国情，强力推进城镇化，把村庄的搬迁和撤并当作消灭农村和农民的手段。在当前践行生态文明发展战略的潮流中，农业和农村文明将具有很高的消费价值，要"把农村建设得更像农村"（李昌平，2012）。

上述两种视角指出了农村发展的截然不同的方向，而且，两种不同的视角都着力援引相关案例为自己的立场进行辩护。不过，就笔者的实地调查来看，这两种视角在分析当前的村庄搬迁和农村城镇化问题上存在着很大的局限。先谈"乡村建设视角"。"乡村建设视角"力图展示随着外部力量介入村庄，因土地、房屋等产权属性的变更和农民利益受损，如何促发了群体性事件、社会冲突和农民的抗争。然而，正如许多研究者所指出的，尽管不能排除政府和开发商的一些不公正行为引发了农民的抗争，但更值得反思和警觉的问题是，在土地征收、村庄撤并过程中，被拆迁农户借助信访和媒体、网络的力量试图把事情"闹大"（杨华，2016），建构出农民的"弱势形象"，主要原因在于农户的利益诉求（包括"钉子户"的一些过分、不合理要求）得不到满足。农民是在为自己的私利而抗争，而不是为公共利益以及为乡村的前途、命运在奋斗，农民的行为属于谋利型行为，是"谋利型上访"（田先红，2010）。此外，课题组在山西农村的调查中也发现，部分农民固然有不情愿和担忧，但绝大多数村民都主动选择变身为城镇居民。在搬迁过程中，村庄社会关系出现了震动，村民之间发生了争执甚至对立，但村庄的整个搬迁过程却相对平和。农民的谋利型行为以及大部分村民不抗议拆迁甚至愿意离开村庄的事实提醒我们，以"乡村建设视角"来研究当前的村庄撤并可能是不恰当的。因为这一视角预设了国家与社会的二元对立，预期农民为了保卫自己的家园会自觉抵制强势的国家和各种外部力量。但现实中，农民更关心的是村庄搬迁中的利益博弈和利益分配。不能说农民对祖祖辈辈生活的村庄没有感情和留恋，然而，如果觉得补偿到位或者认为搬迁能给后代子孙提供更好的发展机遇，农民则会主动或者在随大流中选择离开村庄。鉴于此，笔者选择"村庄主位视角"来重新解读村庄搬迁和村庄撤并事件。这一视角诚如贺雪峰教授所指出的，"是理解自下而上的农村社会对自上而下实施下来的政策、制度和法律的反应以及这种反应的结果、过程和机制"（贺雪峰，2008：378）。显然，"村庄主位视角"是一个内部人视角，这一视角立足农民的身份和立场，用农民的眼光来观察和评论发生的种种事件。具体到本文的研究，在这一视角下，笔者将着力探讨如下问题：第一，面对村庄搬迁的补偿政策以及政府部门、村委会的宣传鼓动，农民将做出何种反应？总体的反应结果是什么？呈现出了什么样的复杂局面？第二，致使大多数农民愿意离开村庄的原因和机制是什么？第三，村庄内部出现了什么样的纷争和隐患？这些纷争和隐患对于村庄未来的命运意味着什么？第四，应当如何评价当前的村庄撤并政策？农村进一步变迁的方向在哪里？总之，"村庄主位视角"试图深入村庄内部，站在当事人的立场，详细描绘村民的感受、争执以及最终做出的选择，展示复杂、生动的村庄搬迁过程和画面，揭示当今农村城镇化的内部动力和未来可能引发的隐患和危机。

接下来讨论"城乡统筹视角"。"城乡统筹视角"在本研究中也没有被笔者采用。原因在于，首先，"城乡统筹视角"是一种外部人视角，重在强调外部力量对村庄的干预和规划，而对当事人的感受、价值理念和行为取向分析不足（张鸿雁，2013；叶敏，2014；黄梅，2016）。其次，"城乡统筹视角"偏重于宏观分析，重在展示村庄的发展趋势和城镇化的辐射效应，对村庄内部关系的变动、搬迁政策如何被执行等过程和机制分析不足，难以刻画和再现复杂的村庄变迁过程。最后，在价值立场上，"城乡统筹视角"虽然也重视村庄变动中的矛盾因素，但基本上是在一个乐观的氛围中看待村庄搬迁的，认为村庄搬迁对于农民来讲总体上是一个福利改善的过程（陈旭峰，2012；孙正林、王立民，2015）。如果说"乡村建设视角"预设了国家与社会的二元对立，"城乡统筹视角"恰恰相反，预设了国家与社会的高度一致。但在现实中，村庄迁移是一个相当复杂的事件，判断村庄迁移是否成功，既要分析搬迁过程中的利益分配和利益平衡，更要评估搬迁之后农民生活状况的变化，不能简单以乐观的估计来说明现行政策的合理性和前瞻性。因此，笔者采用"村庄主位视角"的研究范式，试图在一个较为中性和客观的立场上，既不简单地预设国家和社会对立，也不笼统地假定国家和社会一致；既不回避村庄搬迁过程中的矛盾和冲突，也对村庄今后的前景进行慎重的讨论，指出可能的问题和危机。

调查的案例来自于 L 村，这也是生我育我的家乡。2016 年 11 月中旬，父亲告诉我要整村搬迁了，让我最近务必回村一趟。由于自家拥有近三百年历史的古屋和一个完整的四合院，在整村迁移的形势下，如何处理古建筑等事项，突然变成了一个相当棘手的问题。2016 年 11 月底，笔者回到家乡，在与村干部交涉的同时，较为全面地考察了村庄即将搬迁的情况，也就有了本文的研究和讨论。

二　搅动村庄的事件和急于"逃离"的人们

（一）村庄概况与故事的缘起

L 村位于山西省东南部，是太行山区一个普普通通的村庄。L 村由七个自然村组成，村委会设立在最大的自然村。其中四组和五组村民位于山区，其他五个自然村分布于地势相对平坦的黄土沟壑中。改革以来，四组和五组村民为改善发展条件，几经周折，大部分已经自发迁居至公路沿线或者集镇上，但依然保留着村庄的户籍，参与着村庄中的红白大事、人情往来。整个行政村 380 多户，1300 多口人。由于附近有很多矿区，L 村的老百姓多从事煤炭生产和运输。2013 年之后，受到京津冀等地区治理雾霾的影响以及国家对环境保护的日益重视，山西煤炭市场出现了大范围和长时段的萎缩状况，市场效益急剧下降，L 村的很多青壮年开始了外出务工经商的历程。

2016 年 11 月中旬，搬迁的消息打破了村庄的宁静，村民纷纷关注和打听搬迁的消息来源、政策措施以及邻居的反应。随后，村干部和一名在县国土资源局任职的 L 村人士证实了村庄搬迁的消息。接着，村两委于 11 月 22 日召开了由村民小组长、全体党员以及部分村民参加的村民代表会议，正式通告了村庄搬迁的决定和初步的补偿办法，并让与会代表举手进行表决。表决通过后，村支书布置村民小组长挨家挨户动员老百姓进行第一轮签字，意图摸清全村的搬迁意愿。

笔者于 11 月 26 日返回家乡。那时，第一轮签字仪式已经结束。尽管如此，村庄搬迁依然是街头巷尾热议的话题。无论是在小卖部还是在麻将桌旁，村民们津津有味地议论着搬迁，议论着某人某家的表现，有时彼此之间还会发生激烈的讨论和争执。经过与邻居、亲朋好友、叔侄长辈的聊天闲叙，笔者基本摸清了事情的来龙去脉。村干部也向笔者展示了第一轮签字的情况。此外，笔者还到个别没有签字的村民家进行了走访，观察和记录他们的心情、言语和行动。

搬迁的起因是这样的：L 村旁边有一个中型煤矿，L 村就位于该矿开采范围之内，只不过前些年，主要的煤炭开采方向集中在另一些村庄上。2016 年 8 月之后，煤炭市场有所回温，再加上原来的开采方向煤炭资源枯竭，该煤矿决定开采 L 村下面的煤炭资源。不过，要完成这一计划，必须把村民迁移出去。但是，煤矿出面和老百姓谈判，交易成本太高，为降低搬迁成本和减少工作难度，该煤矿决定和县政府及其下属部门如国土资源局、城乡建设局等部门联手，利用"煤矿塌陷区治理"这一名义来启动政策性搬迁，并动员村委会积极参与，煤矿却隐身幕后，并不出头。与此同时，县城乡建设局、县国土资源局联合制定了《L 村整村改造搬迁安置初步方案》，上报县政府和市政府，希望予以审批。为顺利得到上级的批文，村委会动员村民签字同意，试图进一步利用民意来说服上级政府：整村搬迁不仅是治理采煤塌陷区的需要，而且是村民的迫切愿望。

（二）农民的意愿与村庄内部的对立

在村干部的组织动员下，L 村近 85% 的农户签了字，同意搬迁。

目前，村民议论的焦点不再是走或留的问题，而是那些没有签字的人家为什么没有签？为什么要拖全村搬迁的后腿？其次，村民也开始议论起搬迁后楼房的位置、面积、户型，搬迁后的生产生活、水电费用、物业管理等话题。显然，村民的搬迁愿望是非常强烈的。然而，村庄内部的对立也不可避免的发生了。现在，那些没有签字的人家很难在村庄的公共舆论中占上风，在这样的氛围下，那些没有签字的人家只能在村庄中保持缄默，静观形势变化来决定下一步的应对之策。

二组的一个村民说，"反正我是没签字，我觉得这样的补偿政策不合理。签字归签字，又不是正式的搬迁合同，顶个屁。不签字的又不是我一家。我就是要表达一下我的意见。真到了签正式搬迁协议的时候再说"。

一组的一位妇女讲，"我家真是倒霉，怎么想都觉得运气不好。我和我家那口子已经难受了好多天了。不是我们不愿走，实在是划不来。按照每户补贴11万的标准，我家四口人，只有一个户，只能住一套房子，孩子大了要说媳妇，以后还得买。再买就得自己全部掏钱了。你看旁人，同样的四口人，至少有两个户，人家就能得两套房子，每套房子都有补贴。那天村干部领着人，要求每家每户签字，考虑到我家的情况，我没有签，当时村干部就没有好脸色，净说风凉话。还有，自家窝里的也互相咬起来了。看到我没签字，几个近本家，大爹、小爸、新妈①好几个人一起来做我的工作。你说，别人的脸难看、话难听也就算了，怎么自家人也成这样了。人心隔肚皮，都是各管各。现在村里谈论搬村的事，我也不敢出去，尽量不朝人多的地方去，麻将也打得少了"。

由此可见，村民的搬迁愿望非常强烈，村庄内部的关系表现得紧张和复杂。仔细考察，那些没有签字的农户分为下面几种：第一，搬迁利益明显受损的农户。按照L村公布的补偿政策，搬迁补贴为每户11万元。但有的家庭好几口人只有一个户头，有的家庭却有三个甚至四个户头。原来，L村有一项村庄福利政策，每年冬季取暖时，按户发放煤炭，一户一吨。为了多领取煤炭，很多人家在孩子结婚后，主动和孩子把户口分开。因此，那些拥有多个户口的家庭明显占有优势，不仅每个户口都可以得到一

---

① 这三种称谓是当地方言。"大爹"指的是伯父，"小爸"指的是叔叔，"新妈"指的是叔叔的妻子。

套房，而且每套房都有补贴，这样很容易解决几代人的居住问题，甚至有的家庭盘算着用其中的一个户口买房，然后凭借剩余的户口拿补贴，这样就可以补齐房屋的差价甚至装修的钱都有了。相比之下，那些儿子没有结婚、户口无法分开的农户明显感到了利益受损，他们的焦虑、抱怨以及通过不签字来泄愤的举动就成为情理之中的事情了。

第二，对搬迁补偿不满意的农户。L村有些非常富裕的人家，屋内的装修档次以及各种生活设施堪与市民比肩。公布的补贴措施根本不足以弥补他们建房、装修的费用。这些村民对补贴措施嗤之以鼻，没有加入签字大军的行列。

第三，房产用途有争议的农户。这种情况主要指房屋已有数百年历史、院落保存比较完好的农户。房主认为是文物，记载着村庄的历史和曾经的辉煌，要求予以保护，搬迁后产权也不能变更，房屋仍归主人所有。村干部不同意，协商未果。这些农户有七八家，也没有签字同意搬迁。

正因为有这么几种类型的农户没有签字，村庄的裂痕出现了，村庄内部的社会关系出现了严重的紧张和对立。不过，村干部和一些村民已有准备，他们认为这些农户左右不了大局。村支书说，"充分尊重每一家的搬迁意愿，那些不愿走的，还是在村里住。不过，村委会肯定要搬迁到新的小区里。到时候，村里肯定不会为少数这几家通水通电了，成本太高。他们自己看着办吧"。五组的一位村民说，"村里那么多的人都签了字，剩下的这十来二十户签不签字，都不起作用了。眼前关键的是上面的款能不能拨下来，政府什么时候正式批准"。

（三）普遍的离土倾向与搬迁的利益机制

接下来，我们重点分析绝大部分村民为什么要搬离村庄？引发村庄搬迁的内在动力和外部诱惑究竟是什么？

通过深入访谈，同时结合近年来的农村调查经验，笔者认为，促使L村农民迫切逃离村庄的原因不外乎两个：一是村民中普遍存在的"离土倾向"，二是搬迁过程中的利益算计。

先谈"离土倾向"。这是村民搬离村庄的内在驱动力。所谓的"离土倾向"，简单来说，就是"农民对农业和农村持一种否定性的态度和认知，对农村城镇化和农民市民化持亲近和欢迎的态度，尽可能脱离农业和农村"。一组的一位男性村民说，"现在谁还喜欢种地？那些五十来岁、六十来岁的人不种不行，他们打工没人要，挣不来钱。能挣上钱，才没人愿意受种地这份罪"。四组的一位村民说话更尖锐，"村里的房子再好也不值钱，为后人的各种出路考虑考虑，这次迁村是迁对了，最起码后代变成镇上的人了"。更令笔者触动的是，12月3日临近中午，笔者旁听了一次村口自发聚集的小型讨论会，参与议论的有20多位村民。当一些村民讨论到搬迁后水电费、物业管理费、冬季取暖、粮食存放等问题时，一位60多岁的村民开口讲，"这些问题谁家没考虑过。不用怕，这涉及的又不是一家一户，是全村人呐。前怕狼后怕虎，什么事情也弄不成。中央都说要'与时俱进'，我想咱村也要'思想解放、与时俱进'。不要像十八掌的那几个村，前几年县里和煤矿上要他们搬，他们想搬可是提这条件提那条件，净出难题，结果最后也没弄成。现在后悔也没机会了"。另一个40多岁的村民接过话头说，"瞧你说的，怎能不讲呢？这些问题哪个不重要？"这位60多岁的老者换了语气说，"我的意思是，条件该提还是要提，村该搬还是得搬，不要错过机会"。接下来，大家回到刚才的话题，继续七嘴八舌地讨论搬迁后的费用和管理问题，谈论村干部到底能起多大的作用。显然，村民都是现实主义者，他们的祖辈以及他们在这个村庄中所经历的一切已不再能引起他们的关注，村庄已被抛在身后，大家关心的都是眼前最现实的利益。

那么，L村普遍的离土倾向源自何方呢？经过观察和比较，笔者认为，首先，与农业经营的低效益、村庄集体经济的式微和教育资源的衰败有直接的关系。农业经营的低效益是一个中国所有农村面临的普遍性问题。相反，随着煤炭经济和外出务工收入在家庭经济中的比重越来越大，农民对土地的感情越来越淡薄。另外，村庄的集体经济也彻底衰落了。村里本来还有一座煤矿，但11年前，山西全省治理小煤窑，村里的煤矿被整合进了一家大型的国有企业，村里只拿到了900万元的补偿款。十多年过去了，这点补偿款也花得所剩无几，村里已很难给老百姓拿出像样的福利，村民与村委会的关系日渐疏远。人人都清楚，改善经济和生活要靠自己，而不是依靠已经破败的集体。更严重的是，前些年中小学撤并政策的实施，村里的小学和幼儿园相继取消，教育资源也彻底衰败了。L村的一些家庭不得不在集镇上租房给孩子做饭、陪孩子读书，与周边村庄租房居住的农民一起形成了一支庞大的"陪读大军"。这一切，严重削弱了村民对村庄的预期，村庄不再是强有力的依靠，甚至是一个没有前途和希望的地方。因此，尽可能改变后代的受教育条件甚至将来结婚成家的条件，就成为大部分村民的心愿。

其次，L村农民普遍的离土倾向还与人口流动和农民对城镇生活方式的向往有关。传统上，中国农民"安土重迁"，本村人、外村人、外地人等观念分辨得很清楚，不同人之间的空间距离和心理距离也分割得很清晰。农民生产生活中的人际交往和权益保护基本上局限在村庄之内，正如费孝通先生形容的，"半截身子插入了土里"（费孝通，1998：7）。乡土性十足的农民一旦跨出村界，就会产生一种无助和无根的感觉。村庄之外是他人的"地盘"，在他人的地盘上做人做事很难"扎根"。因此，相对稳固的地理边界塑造了农民相对保守的心态。这就是传统的乡土社会。然而，改革开放之后，人口流动的加剧，尤其是不断加速的城镇化进程，很大程度上改变了农民的"边界"观念。具体到L村，近十几年来，附近紧邻公路的村庄不断开发土地兴建住宅出卖，吸引类似L村这样村庄的农民前去居住。同时，集镇上的"狠人们"和外来的富商也紧随城镇化的潮流，相继投入了当地楼盘的开发建设中，吸引周边的村民前来购买。目前，L村每个村民小组都有人家在附近村庄或集镇上购买了房产。这些自发搬离村庄的农户，住进了拥有天然气、网络电视、车库、室内卫生间等现代设施的小区里，不仅改善了自身的居住条件，还很好地解决了小孩上学以及后代结婚成家、落户城镇的问题，成为其他村民羡慕的对象和效仿的目标。在村庄流动日益频繁和城镇化日益推进的形势下，集镇上的人口日渐繁盛，来自不同村庄的农民开始混居在一起，逐渐发展起新的人际交往和社会关系，传统村庄十分明显的地理边界和心理边界已经被彻底打破，村庄的人口外迁已成必然趋势。

　　显然，在普遍的离土倾向下，一旦出现合适的条件和机会，集体迁移就会成为一件水到渠成的事情。恰好，有关部门启动的"采煤塌陷区治理"政策给了 L 村这样一个难得的机会。村民经过理性的盘算后，大部分同意搬迁。下面详细分析村民的利益算计。

　　首先，已经迁移的村民热烈欢迎村庄搬迁。正如前文所述，在普遍的离土心态驱动下，L 村已有很多村民自发迁离了村庄。尤其是四组和五组村民，大部分已经迁居至集镇或公路沿线。这部分已经搬迁的村民生产生活方式日趋城镇化，家庭的经济来源和生活重心已经转向本地的非农产业或者外出务工、经商。显然，目前正在动员的村庄搬迁符合他们的利益和心愿。正如一位已经迁居的村民所讲，"迁村是好事呀，好多村的老百姓都想来镇上买房呢，多几套房子，以后还能稍微便宜点卖给想买房子的人，赚一笔钱。就算自己住，地方也多呀"。总体而言，已经搬迁的村民的利益考虑是：利用搬迁政策，多添置一些房产，待价而沽、相机处置，总体上是非常划算的。因此，这部分已经搬离村庄的农民积极加入了签字的行列，成为同意村庄搬迁的很大一股力量。

　　其次，村庄贫弱阶层积极拥护村庄搬迁。为安抚人心，村委会在第一次村民代表大会上郑重宣布，对于村里的五保户、低保户、孤寡老人等困难人群，搬迁后将优先安排他们的住房，一定会让他们优先居住，而且不用掏钱购买，并且在物业管理费、水电费等日常管理上实行优惠措施。这个决定一下子让村庄的贫弱阶层、一些老党员吃了定心丸，变成了村庄搬迁的积极支持者。

　　最后，婚姻市场的挤压使得搬迁几乎成为所有村民的共识。这是促使村民同意搬迁的最大动力，更是主流民意。在追求现代生活和消费主义潮流的引导下，当今农村年轻人结婚的必备条件是必须在城市、县城拥有住房，最低的标准是在集镇上拥有房产。在农村拥有一所好房产已不能构成谈婚论嫁的有利条件。这就是当前中西部农村婚姻市场的现状。L 村很多妇女说，"村里的好房子也不少，哪一家的好房子不值个十万二十万，怕就怕在好房子也引不来新媳妇。现在的年轻人多刁呀！在市里、县城有了房子最好办。光嘴上说家里有钱不行，必须是房子实实在在地放在那里，钥匙确确实实拿在手里，媒人才敢给你家说媳妇。年轻人心眼也多，相家的时候要亲自看到有房子才决定嫁不嫁人"。

在农村婚姻市场的挤压下，L村可以说家家户户都有到县城或集镇买房的压力和冲动。为此，所有的家庭都在拼命地挣钱，为后代积累进城的资本和条件。一位村干部告诉笔者，"之所以80%多的家户签了字，关键和老百姓目前的打算是分不开的。现在大家的想法是什么呢？主要还是为后人着想。给孩子在外边买房是迟早的事，如果硬顶着不搬迁，就不能享受政策补贴了。再说商品房的价格又贵，现在村里享受的是集体搬迁政策，均价是1400元/平方米，远低于镇里和县城的商品房价格，在经济上比较划算。还有，大部分人家都有好几个户头，可以得到至少两套住房，可以避开不同代人居住在一起的不得劲和婆媳矛盾。因此，从各方面讲，还是搬迁好"。村干部的一席话道出了L村所有村民的思考和抉择。从中可以看出，农村婚姻市场的挤压、为后代的前途着想等因素，推动着村民表达搬迁的意愿。可以说，这是L村村民同意搬迁的最大利益考虑。

总之，搬迁能给大部分村民带来现实的利益，L村村民经过理性的盘算，纷纷在搬迁意愿书上签了字，迈开了逃离村庄、奔向城镇的第一步。

三　村庄搬迁面临的挑战

在普遍的热切盼望搬迁的氛围中，可以想象，一旦搬迁的实质条件具备，L村村民将会在不长的时间内迁离村庄。搬迁的实质性条件包括：征地工作已经完成、搬迁补偿款已经到位、新的居民小区已经动工兴建等。然而，诚如李昌平先生所言，"撤村并居是好事，但好事难以办好"（李昌平，2011）。结合L村的实际情况以及其他村庄的搬迁经验，在笔者看来，L村搬迁所面临的挑战和问题真的非常多。

首先，目前公布的搬迁方案是一个相当粗略的方案。村民大部分接受了按户补助11万元的规定，但将来要迁居的小区的房屋质量怎样？小区的建设工程由什么样的建筑公司承揽？建造房屋的成本究竟多少？小区的配套设施有哪些？搬迁后，如何组织村民开展村庄的公共活动？诸如此类的问题依然是一个未知数，而且这些问题已经超出了村民的控制范围。能否出台更完善、更详尽的搬迁方案，的确是摆在 L 村干部和所有村民面前的重大问题。

其次，搬迁之后村庄的管理问题。主要表现在：第一，村民的农具和粮食处置问题。搬迁之后，农业生产方式不会迅速消失，可能会延续一段时间，村民的农具摆放、晾晒和储存粮食等问题很快就会提上议事日程，会不会因公共空间的不足使这些问题难以处理，进而影响村庄的和谐？第二，搬迁之后的物业管理和公共秩序问题。村民失去各自独立的庭院后，共同居住在空间相对狭小的单元楼内，楼道内的物品放置、楼道卫生、小区内的公共卫生、物业管理费如何定价和收取等问题，都是摆在村干部和村民面前的难题。第三，居住人员逐渐庞杂带来的隐患和挑战问题。可以预计，受当地城镇化进程以及村庄内部人口变动等因素的影响，搬迁之后小区内将出现越来越多的房屋出售和房屋出租情况，居住的人口将日益庞杂，这些情况将对村庄公共事务的管理、村委会的工作内容、工作方式，甚至村委会存在的合法性形成很大的挑战。村庄共同体将向何处去，就会成为一个事关村庄团结和当地社会稳定的大事。

再次，村庄"半工半耕"社会结构面临解体，村民市民化进程面临着隐患。所谓"半工半耕"社会结构，是指绝大部分青壮年劳动力外出务工经商、中老年人口留守村庄，中老年人口成为维系村庄社会关系、从事农业生产、开展村庄各项活动的主要力量的社会现象。贺雪峰先生及其研究团队指出，这种"半工半耕"社会结构既有效维护了农村社会的内生秩序，又保留了农民工返乡的退路，使得农村成为中国现代化进程中的稳定器和劳动力的蓄水池，是促使"中国制造"转向"中国创造"的非常有利的制度安排和社会结构（桂华，2015）。以 L 村为例，改革之后的 40 年中，只有极少数的村民通过高考、接父辈的班以及经商做老板等途径顺利迁居到城市，绝大部分村民并不具备充足的城市化能力。尽管在婚姻市场的挤压和改善生活条件的考虑下，许多家庭在县城、集镇和公路沿线购买了房产，但县城和集镇的房屋主要是为儿孙们准备的，中老年人仍主要居住在村庄。居住在村庄的中老年人，依靠农业生产和打零工维持生活，同时，中老年人普遍保留了庭院经济。这样一种家庭代际分工模式事实上对青壮年劳动力形成了有力的支撑。留守村庄的父母生活是低成本的，打工的青壮年就没有后顾之忧，可以把打工的收入积攒下来，积累城市化的资本，改善下一代的发展条件。即使不能进城，房屋和庭院还在，还依然保留着返乡的退路。应该说，这种"半工半耕"的社会结构是促使农民自发地、平稳地完成城镇化的最有利因素。然而，在普遍的离土倾向的推动和城镇消费主义潮流的拉动下，L村绝大多数村民还是选择了尽快逃离村庄。

显然，急剧的整体迁移将使"半工半耕"的社会结构很快解体。上楼后，中老年农民普遍面临着失去收入来源的风险，生活开支却急剧增加，这种局面给村庄的公共管理和社会稳定带来了潜在的隐患，主要表现在：一是增加了村民对低保金、各种农村补贴项目等福利资源争夺的强度和矛盾，村庄内部面临着不稳定的挑战；二是所有的家庭更加依赖打工经济，将经济重担完全压到务工的青壮年劳动力身上，这是所有家庭面临的一个无形的考验。

最后，村庄的宅基地如何处理，是考验村干部智慧的严峻问题。整村搬迁后，村民现有的房屋和庭院将会被推平，将会空闲出大面积的宅基地，如何利用这些宅基地，很可能成为村庄搬迁后的利益难题。限于篇幅，笔者将在随后的文章中予以讨论。不过，面对上述隐患和挑战，一些村民乐观地相信"车到山前必有路"，将来的事情自会有将来的解决办法。笔者将拭目以待，密切追踪L村搬迁的后续进程和可能发生的种种故事。

四　结语和讨论：村庄变迁向何处去

L村搬迁的故事还没有讲完。但是，从L村大部分村民的心态和行为中，我们却看到了农民普遍愿意逃离村庄的严酷事实。这一事实不仅仅存在于作为研究案例的L村，而且还广泛存在于同属太行山区的其他农村中。近些年来，笔者与同事在山西省晋东南区域的陵川县、平顺县、壶关县等地的调查中，都感受和观察到了这一现象。不仅如此，学术界的很多相关研究也印证了笔者的发现和判断，很多研究者根据不同区域农村的调查，广泛讨论了村庄的衰落、农村婚姻市场的变化、农民普遍在集镇和县城购房的事实（江涛，2007；桂华，2014；曾红萍，2014；王德福，2014）。这些研究与本文的讨论一样，试图揭示这样一个普遍的现象：身处市场化、工业化、城镇化影响下的中国农民，正在愈益远离乡土，他们正在用"理性"的目光衡量乡村的前景和重新选择眼下的生活。在一定的条件下，中国农民将离开村庄，奔向城镇。一句话，乡土中国已经发生了巨变。

导致这一切发生的内在动因正是农民的心态和利益。正如卡尔·马克思所言，"人们奋斗所争取的一切，都同他们的利益有关"（马克思，1956：82）。列宁也说，"物质利益问题是马克思主义整个世界观的基础"（《列宁全集》第 27 卷，1990：339）。农民是村庄的主人，农民有农民的利益和理性。作为研究者，我们既要努力探讨中国五千年乡村文明的独特价值及其复兴的可能，也要以务实的眼光看待当下农民的心态和行动选择所具备的现实性和合理性。考虑到这一点，农村研究和城镇化研究也许才能具备更坚实的基础。

中国农村的前途和进一步变迁的方向在哪里？

立足于村庄主位的研究视角，笔者认为，中国农村进一步变迁的方向可能有两个。

一是城镇小区里的村庄共同体建设问题。整村搬迁后，农民集中居住在统一规划建设的小区中，形成了目前颇具研究价值的"小区里的村庄"现象。对于搬迁到城镇小区中的村庄，目前的管理重点主要有如下几个方面：首先是村委会要处理好与物业公司的关系，保护村民合理、合法的利益；其次是维系村庄内部的人情往来和继续组织好村庄的公共文化活动，进一步加强村民自治制度建设，合理分配村庄的公共福利资源，增强村民的共同体意识，延续村庄原有的社群网络；再次要配合政府和物业公司做好人口管理工作，协调居民之间的关系；最后，对于政府而言，要高度关注农民迁居后的就业和社会保障问题。在"半工半耕"村庄社会结构解体的情况下，移民的就业和社会保障问题尤为重要，直接涉及移民的生活水平、生活质量和当地的社会稳定，需要政府出台相应的应对性方案。这几方面处理得好，村庄就能够更好地发挥共同体作用，一旦处理不好，村庄共同体就会趋于解体，村民则会演变为城镇社会中的原子化个体，村庄则自然走向了终结。因此，探讨城镇小区里的村庄建设和变迁问题，便成为当前学术研究中的重要课题。

二是未撤并村庄的乡土重建问题。中国是个人口大国，人口不可能全部生活在城镇。因此，保留一定数量的农村并且使农村人口过上比较富足的生活，则成为另一个需要高度重视和需要解决的课题。

答案可能在于"乡土重建"。就是在当前工业化、城镇化加速发展的背景下，通过适当的方式使农民能在农村生活中找到切实的利益，找到能够维持体面生活的条件，强化农民与乡村社区在生产、生活上的依赖关系。然而，非常遗憾的是，我们处在一个大规模的、急剧的"资本下乡"时代，无论是在土地流转中，还是在"美丽乡村"建设和古村落开发建设中，都能看到逐利的资本忙碌的身影，都能看到处在锦标赛体制（周飞舟，2009）或压力型体制（荣敬本、崔之元等，1998：3）下的县、乡政府招商引资的种种举措，国家的很多惠农项目和支农资源往往被下乡资本所占有和瓜分（周飞舟、王绍琛，2015；焦长权、周飞舟，2016；张良，2016；叶敬忠、吴惠芳等，2016；陈义媛，2016；王海娟、贺雪峰，2015）。在这样的环境下，我们看到，农民已经在很大程度上改变了对村庄的认知，时代条件已经弱化了农民与村庄及乡土的联系。乡土重建的任务面临重重挑战，任重而道远。

综上所述，立足村庄主位视角，站在农民的立场和心态看待当今农村的变迁，我们应充分认识到，人的心态和行动选择深深受到所处的社会环境和社会结构的制约。生活是真实的、严酷的，更是紧迫的，农民必须做出选择，要么固守在日益衰败的村庄，要么在合适的搬迁条件下迁居城镇。但无论如何，考虑到未来中国城乡人口的分布状况以及维护粮食安全和文化多样性的重要性，乡村都应该有它的价值和前途。显然，目前在一些地方开展的"新乡建工作"具有非常重要的探索和启示意义。① 我们既要关注迁居城镇的农民的未来，也要积极探索未撤并村庄的明天。

我们期待着乡土重建的真正的春天！

参考文献

陈旭峰，2012，《"农民上楼"对农村社会转型的影响研究》，《中共杭州市委党校学报》第 5 期。

陈义媛，2016，《资本下乡：农业中的隐蔽雇佣关系与资本积累》，《开放时代》第 5 期。

费孝通，1998，《乡土中国　生育制度》，北京大学出版社。

桂华，2014，《更愿意在乡镇买房的农民》，《中国老区建设》第 4 期。

桂华，2015，《中国农村的"半工半耕"结构》，《农业经济问题》第 9 期。

贺雪峰，2008，《什么农村，什么问题》，法律出版社。

贺雪峰，2013，《地权的逻辑Ⅱ　地权变革的真相与谬误》，北京：东方出版社，第 187 - 194 页。

黄梅，2016，《城镇化与新农村建设的冲突与耦合发展研究》，《云南行政学院学报》第 2 期。

江涛，2007，《乡村共同体的衰落——从赣南山区自然村庄的消亡看农村社区的变迁》，《广西民族大学学报》（哲学社会科学版）第 S1 期。

焦长权、周飞舟，2016，《"资本下乡"与村庄的再造》，《中国社会科学》第 1 期。

卡尔·马克思，1956，《第六届莱茵省议会的辩论（第一篇论文）》，载《马克思恩格斯全集》第 1 卷，人民出版社。

李昌平，2011，《对"撤村并居"、"农民上楼"的系统思考》，《中国党政干部论坛》第 3 期。

李昌平，2012，《把农村建设得更像农村》，《村委主任》第 14 期。

---

① 与目前主张农民上楼、农民集中居住的呼声不同，一些学术界、文化艺术界知名的人士，大力呼吁继承梁漱溟、晏阳初、陶行知等人的乡村建设思想，开展新时代的乡村建设，鼓励年轻人返乡创业。涌现出了河南信阳市郝堂村、山西永济蒲韩乡村社区、福建培田村等知名的乡村建设案例。在工业文明走向生态文明的当下，如何通过挖掘乡土资源振兴农村？不同的乡村建设案例的影响力和启示意义、借鉴价值有多大？中国农村的发展道路是什么？这些问题是摆在我们面前的具有重大研究价值的话题。

《列宁全集》第 27 卷，人民出版社。

荣敬本、崔之元等，1998，《从压力型体制向民主合作体制的转变——县乡两级政治体制改革》，中央编译局出版社。

孙正林、王立民，2015，《基于村庄演化视角的城镇化与新农村建设关系分析》，《学习与探索》1 期。

田先红，2010，《从维权到谋利——农民上访行为逻辑变迁的一个解释框架》，《开放时代》第 6 期。

王德福，2014，《农民的接力式进城》，《中国经济时报》7 月 7 日，第 11 版。

王海娟、贺雪峰，2015，《资源下乡与分利秩序的形成》，《学习与探索》第 2 期。

王景新，2015，《中国农村发展新阶段：村域城镇化》，《中国农村经济》第 10 期。

许光平，2011，《"十二五"时期协调推进新型城镇化与新农村建设研究》，《东岳论丛》第 8 期。

杨华，2016，《农民的行动策略与政府的制度理性——对我国征地拆迁中"闹大"现象的分析》，《社会科学》第 2 期。

叶敬忠、孟英华，2012，《土地增减挂钩及其发展主义逻辑》，《农业经济问题》第 10 期。

叶敬忠、吴惠芳等，2016，《土地流转的迷思与现实》，《开放时代》第 5 期。

叶敏，2014，《城镇化与新农村建设协调发展的模式比较》，《重庆社会科学》第 6 期。

曾红萍，2014，《乡亲们何以不回村建房》，《中国老区建设》第 4 期。

张鸿雁，2013，《中国新型城镇化理论与实践创新》，《社会学研究》第 3 期。

张良，2016，《"资本下乡"背景下的乡村治理公共性建构》，《中国农村观察》第 3 期。

张孝德，2012，《中国的城市化不能以终结乡村文明为代价》，《行政管理改革》第 9 期。

周飞舟，2009，《锦标赛体制》，《社会学研究》第 3 期。

周飞舟、王绍琛，2015，《农民上楼与资本下乡：城镇化的社会学研究》，《中国社会科学》2015 年第 1 期。

台湾地区农业金融体系的构建与
完善及其启示[*]

兰世辉[**]

摘　要　本文以台湾农会信用部的发展简史、危机和改革以及农业金融体系的构建与完善作为资料依据，总结和提炼台湾农业金融体系的三点启示：制定"农业金融法"，明确农业金融机构的权限与职能；建立信用保证制度，强化风险控制；建立人员培训和业务督导机制。我国大陆地区须借鉴其有益经验与教训，大胆探索，积极创新，构建包含有金融、保险、担保等服务的农业金融体系。

关键词　台湾农会　农业金融体系

新中国建立之初，农村信用合作社作为农业金融体系的一个组成部分服务于广大农户，只不过由于多种历史原因，这一体系已逐渐远离农村，背离初衷。这不能不说是一个遗憾。当前我国努力发展的农民金融与信用合作组织，仍基本处于"星星之火"阶段，在组织体系上有待完善。浙江省供销社联合社、农民合作社联合社在开展金融与保险机制、创新农业金融体系探索方面走在了全国前列，但仍未能建立一个稳定的农业金融体系。本文将台湾地区农业金融体系的建立和完善作为构建我国大陆地区农业金融体系的他山之石，供读者参考借鉴。

---

* 本文系国家社会科学基金青年项目"中国农民专业合作社功能拓展研究"（项目编号：11CSH016）的阶段性成果。

** 兰世辉，博士，江西财经大学社会学系讲师，硕士生导师，主要研究方向为农村社会学、乡村人类学和社区社会工作。

一 台湾农会信用部的发展简史

台湾农业金融体系的历史可追溯到日据时代。日本殖民当局1908年整顿台湾农会时，将基层的农业信用组合归属于农会系统，自此到台湾1945年光复的37年间，台湾农会的功能和目标日趋多样化。但由于当时储蓄存款不多，放款业务手续也比较繁杂，因而从农会信用部贷款是极为困难的事，只有极少数人才可以贷到，而多数农民的贷款来源依然是地主所经营的高利贷。

1945年台湾光复之后，台湾农会与信用合作社一度被划分为两个系统，此时信用合作社的业务仍是以吸收农村存款及办理农业产销贷款为主。1949年，信用合作社被并入农会，金融业务仍维持既有功能。1952年，农会再次改组，确立信用部在农会组织中之业务与功能，其初衷是希望"农会信用部"可以与推广、供销部门相辅相成，为农民提供整体性服务。但由于1952年的《改进台湾省各级农会暂行办法》等法规，与旧"农会法"在金融业务上有许多冲突之处，1963年及1969年两次修订仍无法解决争议，所以直到1974年修订"农会法"，"农会信用部"的设立才获得法律依据。1975年的《农会信用部管理办法》，确立"农会信用部"的事业主管机关为金融主管部门"行政院财政部"，并进一步明确农会信用部的业务内容，主要为吸纳农村余裕资金、融通农民生活及生产所需资金、贷放农业发展基金、支持农会办理各项事务所需经费。自此，"农会信用部"获得了很大发展，成为农村和农业金融服务的中心。1982年的《农会信用部业务管理办法》，确立了农会信用部发展方向为配合农业发展需要，提供合理经营空间和加强金融安全管理，逐步放宽或修订了农会信用部监督之基本原则和限制措施。

长期以来，台湾农会作为农民之基层组织，在促进农业发展、增进农民福祉、裨益农村建设方面，作出了不可磨灭的贡献。农会信用部作为农会的核心部门之一，在相当长的一段时间内都是基层社会垄断性的金融组织，在台湾农业经济发展史上扮演着不可或缺的角色。农会信用部在改善农民生活、促使区域性地方金融活跃发展、配合政府推行各项社会政策、配合调整农业生产结构等方面都发挥着极为重要的作用。

二 台湾农会信用部危机与农业金融体系改革

2001 年，台湾农渔会信用部逾放比（逾期放款占全体放款之比例）偏高，有 108 家农会信用部因逾放比过高而陷入困境，其中逾放比在 10% 至 15% 之间的有 53 家，15% 至 25% 之间的有 67 家，25% 以上的有 53 家。农渔会逾放比的普遍偏高，使得当时执政的民进党欲图从农渔会中取消信用部。2003 年农会信用部面临放贷危机，台湾当局再次想将农会信用部从农会中剥离，遭到广大农民和农会的反对，并由此迎来了台湾农业金融体系的再次改革与完善。

2001 年 8 月台湾当局对经营不善的 36 家农渔会信用部择定商业银行接管。2002 年 7 月 12 日，"中央存保公司"又奉命接管了 7 家农会信用部，而农会后续的运作配套政策却仍未出台。紧接着，这些问题还未解决之时，2002 年 8 月的《农会信用部分级管理措施》，要求农渔会信用部逾放比超过 10% 的不得再接受非会员存款和新增放款，而当时台湾的农渔会信用部有 2/3 以上逾放比是超过 10% 的，因此这一措施将迫使 200 多家农渔会信用部关门，由此引发全台农会恐慌。随后，台湾当局又出台了一系列政策，加速推动农渔会信用部作价投资银行或让予银行。这一系列政策充分显示出台湾当局主张在农渔会中废除"信用部"，而信用部被清除后农会将如何发展却未作交代。

台湾农业界决定采取行动来阻止这种对农会伤害极大的"金融整顿政策"。台湾省农会和渔会组织各地农渔会成立农渔会自救会，并于 2002 年 11 月 23 日和台湾农会总干事联谊会、台湾农民团体干部训练协会一起发动 12 万农渔会人员到台北举行浩大的游行示威，这也是台湾历史上规模最大的一次游行示威。游行示威虽然只是非常理性地进行了一天，但这次游行示威影响巨大，造成包括时任"行政院长"游锡堃与"农委会"主任范振宗等在内的多位高官引咎辞职。

农渔会信用部出现逾放比偏高这一问题，其背景较为复杂，既有经济因素，也有政治因素，既有岛内因素，也有全球性因素。从经济层面而言，有两个重要原因。第一，1991年台湾放宽新银行设置限制，取消了农会信用部在基层的垄断性经营地位。有些经营较好的新银行，在较大的乡镇设立了分行或办事处，从而让农会信用部业务受到竞争和挤压。1993年，"信用合作社法"修订，大幅开放信用合作社业务领域及营业对象。自此，农村金融业逐渐活跃起来，农会信用部面临着众多竞争对手的挑战，有些乡镇金融机构竟达几十家之多。第二，台湾的农会信用部长期以来是由"行政院财政部"监管，同时为农会信用部提供了3家农业金融机构（台湾土地银行、台湾省合作金库以及"中国农民银行"）作为其总行，然而随着上述3家农业金融机构1989年开始的民营化发展，他们也不愿再作为农会信用部的总行了。于是，对农会信用部发挥协调功能的角色机构不复存在了。

2003年"11·23"事件发生后，各种舆论和媒体都倾向于支持农渔会，在这种强大的压力下，农会的绝大部分诉求都得到了台湾当局的正面回应。台湾当局很快重新考虑农业金融体系的整顿，取消了《信用部分级管理措施》，并于2003年由立法部门通过了"农业金融法"，2004年成立"农业合作金库"作为农渔会信用部的母库，并在"行政院农业委员会"之下设立农业金融管理局，作为对农业金融系统的监督机构。2005年，农业合作金库正式成立，作为全台农渔会系统信用部的总部。自此，台湾农业金融体系得以完备构建，该体系共有四大部分组成：主管机关、监管机关、运作主体和辅助机构（如图1所示）。

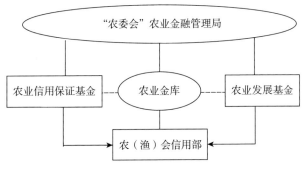

图1　台湾农业金融体系

十余年来，农业金库的存款余额从刚开始的 42 亿元发展到 2015 年的 1407 亿元，另有约 189 亿元存放于其他行库，所以其总资金额为 1596 亿元，增长了近 40 倍。农业金库股份制的结构也发生了变化，农业金库成立时全体农会信用部加权持股 51% 一直未变，但是政府持股降为 44.5%，另外一些农业相关机构，持股占 3% ~ 4%。由于政府持股不超过 50%，所以农业金库事实上还是一家民营机构。农业金库的成立至少可以解决这样几个问题：首先，解决了各个农会之间的存贷比例不均衡问题，因为有的农会存款余额过多，有的过少，彼此不能调剂，有了全台湾农业金库，农会之间的存款就可以调剂。其次，可以增强农会信用部抗资金风险能力，全台湾农会金库就可以将各个农会信用部的存款进行分散经营。最后，还能更好地为农民服务，比如某一个乡镇农会信用部办理不了的贷款项目，农业金库就可以办理。

从农民的资金需求来看，农民借贷的资金约有七成来自农会信用部。农会信用部资金来源大多数（85% 以上）来自会员存款，这些存款主要用于对会员放款或集中存放在农业合作金库中，放款中约有 2/3 贷给会员，1/3 贷给赞助会员。就资金结构而言，农会信用部始终未曾脱离农村、农业及农民。

农会信用部发放的农业发展基金贷款，种类包括以下几类：（1）政策性农贷（利息减半以上），专门针对回乡创业的青年农民，共有 16 项之多；（2）产业经营贷款；（3）农家综合贷款，其贷款用途是农户家计、消费及教育等所需资金；（4）灾害性贷款；（5）专项（创业）贷款；（6）环境保护贷款；（7）土地租金贷款，是对租用土地的经营者所提供的土地租金贷款。上述贷款均为政策性农贷，利息很低，申请也不难。

农业信用保证制度包括政策性农业贷款制度和农业信用保证制度，即农业发展基金及农业信用保证基金（或简称"农信保"），其由"农委会"主管，通过和农渔会信用部合作来办理业务。农业信用保证基金是 1983 年 9 月由台湾政府、3 家农业行库和台湾各地农渔会分别按照 60%、30%、10% 的比例共同捐助成立，设立的最初目的是解决农户资金需求问题，协助农渔民获取农业经营所需资金，促进农业发展（朱乾宇、罗兴、马九杰，2015）。台湾金融管理委员会以及台湾"央行"起一定的外部监管作用。台湾农业经营者向农渔会信用部申请贷款，通过自有土地及其他担保抵押物获得农业贷款；当担保抵押不足时，农业信用保证基金为其提供第三方担保，助其获得贷款；同时农业发展基金为政府制定的政策性农业贷款项目提供贴息支持。

三　台湾农业金融体系构建与完善的启示

根据上述台湾农业金融发展的简要历史，可见在 2003 年 7 月颁布"农业金融法"之前，台湾其实也没有完整的农业金融体系，农业金融还存在由"财政部"、"经济部"、"农委会"、"中央银行"等多头管理的现象。自 20 世纪 90 年代以来，台湾农村金融发展所面对的问题日益复杂，农渔会信用部也面临其他商业银行的挑战，台湾经济发展速度放缓甚至停滞，加上政治等方面的原因，台湾农村金融乱象频生。2002 年"11·23"农民游行示威活动之后，农村金融体系改革已是形势发展之必然，也是农民游行示威提出的三大主张之一。2002 年 11 月 30 日，台湾当局召开农业金融会议，达成"充实农业信用保证基金及农、渔会与信用部由农委会一元化管理"、"设立农业金库为农、渔会信用部业务的上层银行"、"贯彻金融监理一元化"、"制定农业金融法"及"提升农业经济的竞争力"等五项共识。据此五项共识而开展的台湾农业金融体系改革的主要内容及其启示可概括为如下三大方面。

（一）制定农业金融法，明确农业金融机构的权限与职能

台湾"农业金融法"共有 5 大章 61 个条款，其中有两大章专门对农业金库和农渔会信用部进行规范，在总则的第二条明确"本法所称农业金融机构，包括农会信用部、渔会信用部（以下并称信用部）及农业金库。信用部指依农会法、渔会法及本法设立办理信用业务者；农业金库为信用部之上层机构"，第四条明确各自任务："信用部以办理农、林、渔、牧融资及消费性贷款为任务；农业金库以辅导信用部业务发展，办理农、林、

渔、牧融资及稳定农业金融为任务"。第五条明确："本法所称主管机关，在'中央'为'行政院农业委员会'；在'直辖市'为'直辖市'政府，在县（市）为县（市）政府。"

台湾农业金融体系的改革经验之一，就是借助相关法规推动。1974年台湾"农会法"的制定和颁布就是如此，2003年"农业金融法"的颁布实施也是如此。"农业金融法"为台湾建立相对独立的农业金融体系奠定了坚实基础，明确了信用部的上级机构为农业金库，形成了两级制的农业金融构架，并对各自的权利义务予以明确，尤其明确了辅导、督查和监管基层农会信用部的执行机构，进一步规避了风险，确保农业金融系统的安全。

（二）建立信用保证制度，强化风险控制

台湾"农业金融法"第八、九条规定："为保障农业金融机构存款人权益，农业金融机构应依存款保险条例第三条规定，参加中央存款保险股份有限公司存款保险。农业金融机构对农业用途之放款，应优先承作；对担保能力不足之农民或农业企业机构，应协助送请农业信用保证机构保证。""农业金融法"第三十二条规定："信用部应设授信审议委员会。授信审议委员会委员，应由理事会就具有征信、授信经验之职员，征得监事会同意后选任。应提理事会决议或信用部主任权限范围内之授信案件，应先经授信审议委员会同意后，始得提请理事会决议或由信用部主任核准。理事及授信审议委员会委员对于授信案件有自身利害关系者，应自行回避，不得参与该案件之审议。信用部办理一定金额以上之授信案件，应报经农业金库同意后办理或移由农业金库办理。"

台湾农业信用保证基金始建于1983年9月，1984年3月正式实施，是财团法人。该基金成立时的基本金额为3亿元，分别由"中央政府"捐助50%，台北市、高雄市各捐助5%，"中国农民银行"、"台湾土地银行"、"合作金库银行"各捐助10%，各地区农（渔）会信用部各捐助10%。由于2002年信用部不良贷款严重，信保基金用于赔付不良贷款后大大缩水，台湾当局为其再次注入资金，以确保其永续经营。2002年末，经由"财政部"调整，政府出资额变为 65%，签约银行出资共计 30%，签约农渔会出资共计 5%。截至 2005 年末，该基金实有金额 60.9 亿元（单玉丽，2008）。农业信用保证基金可担保的对象包括个人和组织，个人主要是农民会员，可担保最高额度 500 万元，组织包括农民合伙机构、合作社等，可担保最高金额 1000 万元；农渔会信用部的放款业务基本都可使用农业信用保证基金，担保的费率很低，不以盈利为目的。台湾农业信用保证基金自 1984 年成立迄 2015 年 4 月底止，共提供 453196 件信用保证，保证金额累计达 4003 亿余元；协助保证农户自金融机构获得的融资超过 4500 亿余元（黄庆堂，2015）。可见，三十余年来，农业信用保证基金在帮助台湾农民获取金融借贷方面功不可没，为台湾农业经济的发展发挥了重要作用。

与此同时，农会信用部的放款业务进一步得以规范。"农业金融法"规定信用部应设授信审议委员会。授信审议委员会委员，应由理事会就具有征信、授信经验之职员，征得监事会同意后选任。应提理事会决议或信用部主任权限范围内之授信案件，应先经授信审议委员会同意后，始得提请理事会决议或由信用部主任核准。理事及授信审议委员会委员对于授信案件有自身利害关系者，应自行回避，不得参与该案件之审议。信用部办理大额授信案件，须报经农业金库同意后才能办理或移由农业金库办理。基层农会信用部的授信小组，基本由农会的主管、信用部主任、会计主任，加上会计股长、会务股长，或推广股长、或信用部资深员工，组成五人审议小组，这五个人审议完以后认为案件没有问题，最后经由农会总干事同意后方可办理。

（三）建立人员培训和业务督导机制

台湾非常注重对从业人员的培训工作，培训经费由"农委会"农业金融局每年年初编列预算，由农业金库拨付。每年对农会干部和职员的各种培训高达七八千人次。对信用部专业人员的培训尤其严格，农会信用部的专业员工均由专门的培训机构训练和培养产生，首先必须接受一些基本训练，获得基本的资格证照。聘用农会信用部主任时，要求必须具备五张基本执照，包括金融、征授信、内部稽核和存汇等业务的资格执照。培训的主体机构包括农训中心和金融研究院，前者主要是训练农会信用部干部和职员的基本知识，类似一个资格培训，经由考试颁发证照；后者的培训更多的是直接面对业务的技能操作培训，尤其是商业金融方面。

农会的保险业务员同样需要通过考试拿到销售保险业务员的证照。农会如果要做商业保险的销售，其员工就必须要有相关证照。保险和信托业务资格的授证机构是保险工会，政府有法律规定，这些证照必须是由保险工会核发，而保险工会也经常委托前述两个训练机构来进行一些代理测试。

除上述专门培训之外，农业金库每年每月都会定期对各地农会信用部进行核查，发现问题会及时向农业金融管理局报告，以防止呆坏账等问题愈演愈烈，对一些经营风险及时预警，避免灾变。对于一些已经发现的问题，农业金库会责令该信用部限期整改，并会派出辅导员进行督查督办。

经由上述多种制度规范与培训督导机制的建立，农会信用部的业务水平得以提升，经营风险得以降低。改革之后的台湾农业金融体系对于农会信用部而言，犹如一张绵密之保护网，使其能够在竞争更为激烈的市场环境下生存和发展，进而支持台湾农会各项事业发展。

四　结语

就组织体系而言，台湾农业金融体系改革有两个重要转变：一是扩大了"农委会"的职权，将以前由"财政部、银行局"监管和主管的农渔会信用部改由"农委会（下设农业金融管理局）"主管，改变了之前多头监管而事实上监管不力的状况；二是设立农业金库作为农渔会信用部的上层机构，形成了所谓的"农业金融二级制组织架构"，可以对农渔会信用部的风险进行较好的防范，也进一步加强对农渔会信用部的辅导与服务。台湾的农业金融改革顺应了形势的发展，在实践基础上，用协商立法、顶层设计的方式构建起较为完备的农村金融体系。如果从1974年颁行"农会法"起算，这一历程足足经历了32年的时间，如果从2001年开始着手起算，也用了 5 年的时间。所以，台湾农业金融体系的改革再次表明了以下两点：首先，农业金融体系的构建是需要较为漫长的时间来完成的；其次，农业金融体系是不同于商业金融的独特体系，必须有一套相对独立且完整的体系与之配套。这是台湾农业金融业界近百年发展摸索出来的实践经验，也是世界各国和地区农业发展的不二法门。农业金融一旦成为活水源泉，"三农"事业的全局将会大大改观。

当前，我国大陆地区的农民资金互助组织发展迅速，其中固然有一些运营成功者，但总体发展参差不齐，存在不少问题。有的资金互助合作社开展资金吸储，由于不规范操作而引发的负责人跑路问题影响深远，波及广大无辜农户，危及社会稳定和经济安全。构建我国大陆地区的农业金融体系，须明确以下几点：①农业金融政策天然需要具有一定的公益性质，需要相关政策的大力支持。②农业金融合作组织需要垂直的金融组织构架。当一个农民资金互助组织发生经营风险之后，需要有专业的金融机构为其提供支持和辅导，而不是任其始终处于单打独斗、自生自灭的状态。③农业金融体系需要构建相对独立和完善的贷款征信、信用担保、保险等行业系统，帮助和支持农民合作组织开展信用与保险合作，这是农民在农业生产生活中产生的必然需要，也是合作事业的优势所在。④需要构建农村金融人才培训和业务督导机制，通过综合施策，强化培训农村现有的金融人才，并为农业金融领域引入更多人力资源。

值得加以肯定和赞赏的是，浙江省在该领域进行了大胆探索，积极创新，目标明确，先行先试，在瑞安、慈溪等地搭建了为农服务的金融、保险、担保等一系列新构架，并已切实运行起来，取得了良好的社会反响，彰显了政府在这一事业发展中的责任和勇气。当然，作为一项新鲜事业，其在实践运行过程中必然会暴露出一些问题，但只要开展起来，后续的工作就是不断改进，逐步完善，提炼总结有效经验并加以推广。

参考文献

单玉丽，2008，《台湾地区农业金融体系的形成与发展》，《福建金融》第 12 期。

黄庆堂，2015，《从台湾农业信用保证基金政策任务看担保机制的构建》，《清华金融评论》第 7 期。

杨团，2009，《借鉴台湾农会经验，建设大陆综合农协》，《社会科学》第 1 期。

朱乾宇、罗兴、马九杰，2015，《我国台湾地区农业信用保证的制度安排及启示》，《农业经济问题》第 2 期。

农村寄宿制初中生社会支持与
情绪适应问题研究

袁冬华[*]

摘　要　本研究采用问卷调查法，以豫西南某县的两所寄宿制学校的180名初中一年级学生为调查对象，主要考察了农村初中寄宿生社会支持与情绪适应的现状及其相互关系。研究结果表明：男生和女生在社会支持、学习成绩以及幸福感方面存在显著差异；独生子女和非独生子女在幸福感上存在差异；留守儿童和非留守儿童在社会支持和幸福感方面存在差异，但在孤独感上并不存在差异；个体可获得的社会支持越多，自尊水平越高，孤独感越少，幸福感越高，产生的情绪适应问题就越少。此外，研究还发现，寄宿制学生的学习成绩与其情绪体验密切相关。最后，对本研究结果进行了理论探讨，并就农村初中寄宿生的情绪适应问题提出了相应的对策建议。

关键词　寄宿制初中生　留守儿童　社会支持　情绪适应

一　研究背景与问题提出

处境不利儿童的教育和发展问题一直是世界各国政府和社会各界所共同关注的问题。早在2003年，英国政府就发布了《每个孩子都重要：为了孩子的变化》绿皮书，着重强调了对处境不利儿童健康发展的全面关

---

[*]　袁冬华，女，心理学博士，江西财经大学人文学院社会学系讲师，主要研究领域为青少年心理发展与教育、社会工作实务、应用社会心理学。

注。随着我国城镇化速度的加快，大量的农民工进入城市，但由于诸多因素的限制，许多农民工的子女被留在了农村，并形成了中国所特有的一个处境不利群体——留守儿童。同其他儿童相比，留守儿童的经济资源、教育资源和社会资源都相对贫乏，他们处于一种不利的境地（申继亮，2008）。随着留守儿童受侵害、自杀身亡、反社会事件以及被监护事故的频频发生，留守儿童的教育和成长问题已经成为我国目前非常突出的社会问题。

国内关于留守儿童心理与行为问题的研究成果非常丰富，人口学、社会学、教育学、心理学等学科均有涉及，研究的方向主要包括留守儿童的分布特点、规模、群体特征、安全、教育、人格、心理、社会适应和行为问题等方面。其中，大量的研究认为，父母的缺席和亲子教育的缺失将会导致留守儿童人格、学业和行为问题的产生，还会引发留守儿童的焦虑情绪，与其他类型的儿童相比，留守儿童心理健康发展总体状况水平较低（范方、桑标，2005；赵金霞、朱彩琴，2011）。此外，孤独感也是留守儿童容易出现的一种情绪，与一般儿童相比，留守儿童由于与外出务工的父母长期分离，会感受到更多的孤独情绪。就留守儿童而言，他们的孤独感主要来源于其留守的状况和亲情的缺失（孙晓军、周宗奎、汪颖，2010）。这些不良的情绪行为如果不能得到及时有效的疏导和纠正，不仅会影响儿童的身心发育，也会造成留守儿童人际交往障碍、学业困难和行为偏差（韩晓明、李雪平，2013）。

近年来，鉴于我国城乡教育资源配置的极度不均衡问题，政府加大了对农村基础教育的投入力度，实施了诸如"两免一补"等优惠政策，鼓励和扶持农村标准化寄宿制学校的发展，[1] 因此我国农村的寄宿学校数量和规模也在不断扩大。由于许多父母外出务工，无法给予子女更多的生活照顾和学业指导，越来越多的留守儿童选择进入寄宿制学校就读。因此，在

---

① 《国务院关于基础教育改革与发展的决定》指出将调整农村义务教育阶段学校布局列为一项重要的工作，并要求"在有需要又有条件的地方，可举办寄宿制学校"。

农村寄宿制学校，留守儿童占了相当大的比例，而且寄宿制儿童呈现出越来越低龄化的趋势。家庭的社会支持功能弱化，再加上单调、枯燥、乏味的校园学校生活，严格的校园管理制度以及封闭式教学环境，很容易使他们产生种种心理和行为问题。因此，寄宿制学校对于儿童身心发展的影响也成为当今学界关注的一大热点问题（张丽锦、沈杰、李志强、盖笑松，2009）。

但是，以往研究大多是从问题视角出发，把留守儿童和寄宿制学生作为特殊群体看待，试图通过研究来探明这一群体的"问题所在"，其结果可能导致社会对这些孩子的标签化，把留守儿童和寄宿学生作为"问题儿童"看待。近年来，在积极心理学的影响下，研究者们开始意识到，留守儿童不应成为"问题儿童"的代名词。因为，即使是处于高危环境中的儿童也可能发展成社会适应良好的个体。积极心理学认为，每一个个体都具有自身的潜能，只要挖掘和培养出某些积极的心理品质，并建立完善的支持系统，即使是处于高危环境中的儿童同样可以发展成社会适应良好的个体。以往研究发现，诸如高自尊这样的个体内在特质就属于促进儿童积极情绪发展的有效保护性因素（Bastian，2003）。此外，中国台湾学者蔡素妙提出，除了个体内在的人格特质与能力之外，外部的支持系统也属于一个重要的保护因素（蔡素妙，2002）。

基于上述背景，本研究拟以农村寄宿制初中一年级学生为研究对象，主要对以下问题进行考察：（1）寄宿制初中生的社会支持、自尊水平、学业成绩、情绪适应的基本状况以及性别、独生子女以及留守因素对上述变量的影响；（2）社会支持、学业成绩与寄宿制初中生情绪适应问题的关系。

二 研究方法

（一）研究对象

本研究采用随机整班取样的方法，在河南省西南地区的两所农村私立寄宿制中学选取初一年级的寄宿制学生 200 名，年龄在 11－14 岁。发放和回收问卷 200 份，剔除无效问卷后，最终有效问卷为 180 份，问卷有效回收率为 90%。其中，男生 110 人，占 61.1%，女生 70 人，占 38.9%；独生子女 24 人，占 13.3%，非独生子女 156 人，占 86.7%。父母双方都在外打工的有 37 人，占 20.6%；父亲在家，仅母亲外出打工的 5 人，占 2.8%；母亲在家，父亲一人外出打工的有 41 人，占 22.8%，父母双方都在家的有 97 人，占 53.9%。

（二）调查问卷基本情况

在本研究中，主要从自尊、孤独感和幸福感这三个方面来考察学生的情绪适应问题，因而调查问卷包括社会支持量表、自尊量表、孤独感量表、幸福感以及个人基本情况五个部分。

社会支持量表采用叶悦妹、戴晓阳等人编制的青少年社会支持量表。该量表以肖水源的社会支持模型理论为基础，包括主观支持、客观支持、支持利用度三个维度，共 17 个条目，采用 5 点评分法，总分反映了受测者的整体社会支持状况，总得分越高，说明社会支持水平越高。

自尊量表采用 Rosenberg 的整体自尊量表，该量表在国内外被广泛地运用，具有较好的信度和效度。该量表包括 10 个题目，其中 5 个为反向题目。采用 5 点评分，总分越高，说明自尊水平越高。

孤独感量表采用了 Russell 等人编制的 UCLA 孤独量表的第二版本，将其中两个不合适的题目剔除之后，剩下 16 个题目。其中反向题目 7 个，采用 5 点评分，总分越高，说明孤独感越强。

幸福感在本研究中采用了单个题目进行测评："总的来说，你觉得自己幸福吗？"采用 5 点评分，1 表示非常不幸福，5 表示非常幸福。

此外，由于考虑到学业成绩对于初中生情绪体验的重要影响，因此除了基本的人口学资料外，个人基本情况中还让儿童对自己的学习成绩进行了自我评价："你认为自己的学习成绩怎样？"采用 5 点评分，1 表示差，2 表示及格，3 表示中等，4 表示良好，5 表示优秀。

（三）问卷施测过程

本次问卷调查由受过培训的社会学专业研究生在两所学校按自然班集体施测。为了保证回答的真实性，所有问卷均匿名作答。

所有数据采用 SPSS 20.0 统计软件录入和统计分析。

三　研究结果与分析

（一）农村寄宿制初中生社会支持、自尊、学习成绩、孤独感和幸福感基本状况

1. 性别差异的比较

首先，对男生和女生在各个变量上的差异进行了独立样本 t 检验，结果发现，在社会支持、学习成绩、幸福感方面，性别差异显著，女生在社会支持、学习成绩以及幸福感方面均高于男生（t = − 2.116，p = 0.036；t = − 3.108，p = 0.002；t = − 2.051，p = 0.042）。而在自尊和孤独感方面，不存在显著的性别差异（t = 0.376，p = 0.708；t = − 0.186，p = 0.853）。男生和女生在各个变量上得分的平均数和标准差见表 1。

表 1　男生和女生在各个变量上得分的平均数和标准差

	社会支持		自尊		学习成绩		孤独感		幸福感	
	M	SD	M	SD	M	SD	M	SD	M	SD
男生 （n = 110）	3.545	0.579	3.704	0.748	2.86	1.009	2.217	0.735	3.990	0.883
女生 （n = 70）	3.739	0.635	3.661	0.749	3.330	0.928	2.195	0.816	4.260	0.793

2. 独生子女和非独生子女的比较

接下来，对独生子女和非独生子女之间的差异进行了比较。进行独立样本 t 检验，结果发现，非独生子女在幸福感方面的得分显著高于独生子

女（t = −2.403，p = 0.017），在其他变量上，独生子女和非独生子女之间的差异并不显著。独生子女和非独生子女在各个变量上得分的平均数和标准差见表 2。

表 2　独生子女和非独生子女在各个变量上得分的平均数和标准差

	社会支持		自尊		学习成绩		孤独感		幸福感	
	M	SD	M	SD	M	SD	M	SD	M	SD
独生 （n = 24）	3.500	0.732	3.679	0.997	2.920	0.881	2.417	0.946	3.710	0.908
非独生 （n = 156）	3.639	0.586	3.689	0.705	3.060	1.020	2.176	0.732	4.150	0.836

3. 留守儿童和非留守儿童的比较

由于仅仅母亲外出打工的人数非常少，因此本研究在数据分析过程中，将儿童划分了两类：留守儿童和非留守儿童。其中，无论是父母双方或者一方外出打工的，都划为留守儿童。独立样本 t 检验结果表明，留守儿童和非留守儿童在社会支持方面差异显著（t = −2.283；p = 0.024），非留守儿童的社会支持明显高于留守儿童；在幸福感方面，留守儿童和非留守儿童之间的差异达到边缘性显著（t = −1.905，p = 0.058），留守儿童的幸福感得分低于非留守儿童。而在自尊水平、学习成绩以及孤独感方面，两类儿童不存在显著差异。留守和非留守儿童在各个变量上得分的平均数和标准差见表 3。

表 3　留守和非留守儿童在各个变量上得分的平均数和标准差

	社会支持		自尊		学习成绩		孤独感		幸福感	
	M	SD	M	SD	M	SD	M	SD	M	SD
留守 （n = 83）	3.510	0.597	3.683	0.794	3.070	1.068	2.221	0.816	3.960	0.847
非留守 （n = 97）	3.715	0.602	3.692	0.709	3.020	0.946	2.197	0.723	4.210	0.853

（二）农村寄宿制初中生社会支持、自尊、学习成绩与情绪体验的关系

为了进一步考察寄宿制初中生社会支持、自尊及学习成绩和情绪体验的关系，进行了变量间的相关分析。各变量之间的相关情况见表4。

表4 各变量之间的相关情况（n = 180）

	社会支持	自尊	学习成绩	孤独感	幸福感
社会支持	——	——	——	——	——
自尊	0.440***	——	——	——	——
学习成绩	0.275***	0.413***	——	——	——
孤独感	−0.484***	−0.561***	−0.257***	——	——
幸福感	0.344***	0.215**	0.242***	−0.353***	——

注：* 表示 $p < 0.05$，** 表示 $p < 0.01$，*** 表示 $p < 0.001$。

由表4可以看出，社会支持与自尊、学习成绩、幸福感之间均存在极其显著的正相关（r分别为0.440、0.275、0.344，p值均小于0.001），社会支持与孤独感之间存在极其显著的负相关（r = −0.484，p < 0.001），说明儿童的社会支持水平越高，自尊水平越高，学习成绩越好，幸福感越强，孤独感越低。同样，自尊与学习成绩和幸福感之间存在显著的正相关（r = 0.413，p < 0.001；r = 0.215，p < 0.01），与孤独感之间存在显著的负相关（r = −0.561，p < 0.001）。此外，学习成绩也与幸福感之间呈显著正相关（r = 0.242，p < 0.001），与孤独感之间呈显著负相关（r = −0.257，p < 0.001），说明学习成绩越好的儿童，体验到的孤独感越少，幸福感越强。此外，孤独感和幸福感之间存在显著负相关（r = −0.353，p < 0.001），说明孤独感作为一种消极情绪，它与作为一种积极情绪体验的幸福感之间存在负相关，个体体验到的幸福感越强，孤独感就越少。

四 结果讨论

以往研究发现，寄宿制初中生的心理健康水平随着年级的升高而下

降，这表明，对于初中一年级学生来说，进入寄宿学校是一个非常重要的转折，这一时期学生会面临学习适应、人际关系适应和生活适应等方面的诸多挑战，因而他们就可能出现更为严峻的心理适应与行为问题。因此，本研究着重考察了农村寄宿制初一学生的情绪适应问题以及其与社会支持、自尊和学业的关系。

（一）农村寄宿制初中生的性别差异

本研究结果发现，无论是在社会支持、学习成绩，还是在幸福感方面，女生均高于男生，这表明相对于男生而言，寄宿制学校的女生适应方面更为良好，可能是由于女生比男生更善于寻求社会支持。此外，由于学习成绩对初中生情绪体验的影响非常大，因此女生的学习成绩优于男生，进而让她们产生更高的幸福愉悦感。这种差异也可能是由于进入青春期的女生发育比男生早一到两年，因而她们在心理成熟方面优于男生。但在自尊水平和孤独感方面，男女生之间并不存在显著性差异。

（二）独生子女和非独生子女的差异

本研究发现，非独生子女在幸福感方面的得分显著高于独生子女，这表明相对于独生子女来说，非独生子女拥有来自兄弟姐妹的陪伴和支持，这对其情绪适应具有促进作用。此外，也可能是由于相对于非独生子女来说，独生子女在积极愉悦的情绪体验方面不太深刻。但是，在其他变量上，二者均不存在差异。

（三）留守儿童和非留守儿童的差异

在农村寄宿制学校中，留守儿童占了相当高的比例。本研究发现，在社会支持方面，留守儿童明显低于非留守儿童，对于刚刚处于青春期的留守儿童来说，来自父母的情感支持明显减少，但对于青少年来说，家庭支持的影响是巨大的，因此在本研究中还发现，留守儿童的幸福感要低于非留守儿童（边缘显著）。但在自尊水平、学习成绩和孤独感方面，留守儿童和非留守儿童之间并无显著差别。这与以往研究结果存在不一致。郝振、崔丽娟的研究结果发现，留守儿童和非留守儿童在自尊水平和社会适应方面存在着显著性差异。导致这种不一致的原因之一可能是由于对留守儿童的界定问题，郝振、崔丽娟在其研究中将父母一方外出六个月以上划定为留守儿童，但本研究中没有对留守时间进行严格限定。尽管如此，本研究与以往关于留守儿童情绪问题的部分研究结果是一致的。如周宗奎等人研究结果发现，留守与非留守儿童在孤独和社交焦虑上不存在显著差异，刘霞等人的研究也发现，留守儿童孤独体验与非留守儿童不存在差别。

（四）社会支持、自尊、学业成绩与情绪适应的关系

从年龄上来说，刚刚进入青春期的初中生正处于"暴风骤雨"的第二反抗期，心理上的闭锁性和情绪上的波动性可能都会给他们的学校寄宿生活适应问题带来影响。本研究中主要考察了寄宿制初中生孤独感和幸福感两个方面。研究结果发现，社会支持与孤独感之间存在显著负相关，和幸福感之间存在显著正相关，表明社会支持有助于提升寄宿制初中生的积极情感体验，缓解其消极的情绪体验。此外，自尊也起到了缓冲器的保护作用，较高的自尊有助于降低儿童的孤独感，提升其幸福感。

此外，本研究结果还发现，学业成绩对于寄宿制初中生而言，其影响作用也是不言而喻的。对于青春期的青少年来说，学业成绩很大程度上代表了他们对自我价值的评定，因此，学业成绩越高，幸福感越强，消极的孤独体验越少。而且，对于成绩好的儿童来说，他们更有可能获得来自老师或者同伴的社会支持，因此，本研究发现，社会支持和自尊与儿童的学习成绩之间均存在显著正相关。因此，本研究结果提示，未来研究中有必要对寄宿制儿童和留守儿童学业情绪的特点及其影响做进一步的深入考察。

五　改善寄宿制初中生情绪适应问题的对策建议

第一，积极挖掘和培养学生积极的心理品质，如自尊、乐观、自信、自我效能感等，让其看到自身的潜能和优势所在。同时要积极引导学生的

不良情绪，帮助他们学会良好的沟通和情绪情感宣泄技能。

第二，构建完善的社会支持系统，尤其是重视良好的同伴关系和师生关系的建立，为寄宿制儿童构建一道心理安全防护网。因为，对于寄宿学生和留守儿童来说，他们大部分的时间都是在学校度过的，除了父母和家人之外，重要的社会支持来源主要是学校里的同辈和老师。

第三，进一步丰富寄宿制学校的集体生活，改变"唯分数论高下"的单一评价标准。寄宿制学校应当考虑到学生的多重心理需求，除了关心他们的学习和安全之外，还应丰富他们的课外生活，在学生的生活、娱乐、情感、心理健康等方面提供更多的指导和关心，让学生在学校感受到家庭般的温暖。

第四，借助移动互联网技术，多方位开拓寄宿制学生家校一线牵沟通新格局，让寄宿制学生与家长、寄宿制学校与家长之间的沟通渠道更为畅通，增进学生与父母和老师之间的信息沟通与情感交流，消除寄宿制学生、学校和家长沟通不畅的局面，进而有效地促进寄宿制学生的身心健康发展。

参考文献

蔡素妙，2002，《复原力在受创家庭咨商复健工作中的应用》，《辅导季刊》第 5 期。

范方、桑标，2005，《亲子教育缺失与留守儿童人格、学绩及行为问题》，《心理科学》
    第 4 期。

韩晓明、李雪平，2013，《农村留守儿童心理问题研究综述》，《山西农业大学学报》
    （社科版）第 1 期。

郝振、崔丽娟，2007，《自尊和心理控制源对留守儿童社会适应的影响》，《心理科学》
    第 5 期。

刘霞、胡心怡、申继亮，2008，《不同来源社会支持对农村留守儿童孤独感的影响》，
    《河南大学学报》第 1 期。

申继亮，2008，《流动和留守儿童的环境资源比较》，《教育探究》第 2 期。

孙晓军、周宗奎、汪颖，2010，《农村留守儿童的同伴关系和孤独感研究》，《心理科学》第 2 期。

叶悦妹、戴晓阳，2008，《大学生社会支持评定量表的编制》，《中国临床心理学杂志》

第 5 期。

张丽锦、沈杰、李志强、盖笑松，2009，《寄宿制与非寄宿制学校初中生心理健康状况比较》，《中国特殊教育》第 5 期。

赵金霞、朱彩琴，2011，《亲子依恋与儿童焦虑的关系》，《中国临床心理学杂志》第 5 期。

周宗奎、孙晓军、刘亚、周东明，2005，《农村留守儿童心理发展与教育问题》，《北京师范大学学报》（社科版）第 1 期。

Bastian C. 2003. "Raising Real People：Creating a Resilient Family"，Australian Social Work 56：280 – 282.

女性刑释人员社会融入的体系构建

——以社会支持理论为视角[*]

周梅芳[**]

摘 要 当前，女性刑释人员的社会融入要求由生存性融入向发展性融入转变，但在实践中，针对刑释人员的帮教工作由于工作理念的缺失和工作人员的专业化程度不高等，并不符合刑释人员的需要，也缺乏应有的科学性。促进女性刑释人员社会融入应当重视社会支持理论的运用，在社会支持理论框架下重新认识刑释人员犯罪和再犯的原因，促进其家庭生活的重建，加强个性化就业支持，提高社区认同，为刑释人员的社会融入提供多样化渠道，最终实现女性刑释人员个人发展、家庭稳定、社会和谐等多重目标的融合。

关键词 女性刑释人员 社会融入 社会支持理论

一 问题的缘起：社会支持的视角

20 世纪 90 年代以来，我国女性犯罪数量开始出现显著上升，相关调查数据显示，近年来，我国女性服刑人员的增长速度明显快于服刑人员整体增长速度。我国女性服刑人员数量自 2003 年的 71286 人增加至 2011 年的 93051 人，占总服刑人员的比例也逐年上升，从 4.61% 上升到 5.62%。

---

* 本文系江西省社会科学规划青年博士基金项目"农村女性刑释人员的社会适应研究"（项目编号：16BJ14）之成果。

** 周梅芳，女，江西财经大学人文学院讲师，主要研究方向为农村社会学、司法社会工作，联系方式：zhoumeifangdz@ gmail. com。

从 2004 年至 2011 年，女性服刑人员的总体增长率为 30.53%，远远大于整体服刑人员 7.16% 的增长率（程雷、吕晓刚、陈建军，2015）。

除了女性服刑人员数量激增，女性犯罪特点也发生了很大的变化，与过去比较集中、单一的局面相比，当前的女性犯罪更加多元化，除了传统的暴力犯罪外，经济金融犯罪、网络犯罪和职务类犯罪也有所涉及，在犯罪种类上接近男性罪犯。有研究统计了山东省在押女性罪犯的罪名，2015 年山东全省在押女性罪犯的罪名多达 150 种（山东省女子监狱课题组、丰帆，2016）。美国犯罪学家路易斯·谢利曾说："女性犯罪是女性参与社会活动的范围和卷入社会活动的程度的晴雨表。女性犯罪行为的多样化以及参与犯罪活动的增多与她们的社会作用扩大直接相关。"山东省女性犯罪类型是我国女性参与社会生活的重要指征，也为考察女性刑释人员是否会重新犯罪和社会生活融入需求提供了重要借鉴。

现代社会，随着家庭生活的外移，人们的生活与外在环境的关系越来越密切，对于刑释人员来说，决定他们是否会重新犯罪和社会适应成功与否的关键因素之一就是其社会融入程度。他们在家庭生活、就业、社会交往等层面的社会融入状况，反映出他们返回社会后的社会适应能力，也反映了他们自我认可和社会认可的程度，是他们成功回归社会的心理基础和社会基础。就社会而言，了解刑释人员的社会融入需求及其变化是构建刑释人员社会融入体系的重要前提。

随着人本主义哲学的发展，人道主义是全球刑法发展的必然趋势，表现之一就是越来越多地关注到罪犯自身的需求。相对男性刑释人员来说，女性刑释人员由于身体和心灵的特殊性，其社会融入需求更为复杂和多元化。随着我国社会经济的发展及国家对困难群体的社会福利政策的进一步完善，对刑释人员来说，回归社会后生存性融入需求已经逐步让位于实现个人价值的发展性融入需求。女性刑释人员的心理状况的相关调查显示，女性刑释人员的心理需求除了传统的安全和情感需求外，实现自我的需求也日益强烈（夏兴清，2003），体现为从生存需求向发展需求的转变。我国人口基数大，社会状况复杂，传统文化的影响和现代女性需求相互交织，加上女性自身的弱势特征，使得女性刑释人员的社会融入难度更大。

与女性刑释人员的社会需求多样化相比，我国当前针对女性刑释人员社会融入的帮教工作却未能及时跟上这些需求的变化，主要表现在帮扶工作重在预防重新犯罪，而较少关注刑释人员家庭融入、心理融入和职业融入，过多强调刑释人员的社会危害，对其弱质性、价值性和异质性认识不够，即重在社会控制而非促进刑释人员自身的发展。在实践中，针对刑释人员的帮教工作由于工作理念的缺失和工作人员的专业化程度不高等，并不符合刑释人员的需要，也缺乏应有的科学性，未能取得实质性进展。在这样的背景下，促进女性刑释人员社会融入亟待研究视角的转换，应关注刑释人员自身发展的影响因素并致力于提供相应的社会支持促进其发展，由此，社会支持理论便显示出其理论和实践的优越性。在社会支持理论框架下认识女性刑释人员社会融入需求，将有助于促进女性刑释人员的社会融入，进而从根本上实现有效预防女性刑释人员重新犯罪的目标。

二　社会支持理论及其对促进刑释人员社会融入的意义

（一）社会支持理论概述

社会支持作为一个概念，是 20 世纪 70 年代在精神病学文件中首先引入的，其内涵在各个学科之间至今并未达成完全的统一。社会支持理论代表人物 G. 凯普兰（Caplan）认为，社会支持就是持续的社会集合，构成这个集合的具有支持性的他人可以在个体有需要的时候，为其提供信息或认知指导或给予实际的帮助和情感支持（Caplan，1976）；科恩（Cohen）等研究者则从压力的不良影响出发，认为社会支持指的是保护人们免受压力事件的不良影响的有益人际交往（Cohen and Kay，1984）。格拉诺维特（Granovetter）关于"社会连接"（social-tie）的界定，也具有社会支持的内涵，故可从社会连接的角度将社会支持定义为生活世界中能够给个体提供丰富社会资源的一切社会连接（Granovetter，1973）。综合以上观点，可以看出，社会支持的概念重在表达个人困境与社会支持性因素之间的关系，由此可以进一步推论出社会支持理论的基本理论假设，即个人社会困境的发生是基于既定社会连接的社会支持性系统缺失的结果。这为我们认识刑释人员的社会融入和重新犯罪问题奠定了基础。

社会支持系统是一个复杂的多维体系，一般而言包括社会支持的主体、社会支持的客体、社会支持的介体。社会支持的主体即社会支持的施者。不同的研究者从不同的角度定义社会支持的主体，从茨（Thoits）将社会支持的主体定义为"重要的他人如家庭成员、朋友、同事、亲属和邻居等"（Thoits，1982）；张文宏等研究者则关注社会支持的主体与客体的关系，他们认为，社会支持的主体是由具有相当密切关系和一定信任程度的人所组成的（张文宏、阮丹青，1999）；而陈成文则从社会网络的角度出发，认为社会支持的主体就是能提供支持性资源的"社会网络"（陈成文，2000）；李强也持类似观点，将社会支持的主体定义为各种社会联系（李强，1998）。从这些学者的论述中我们可以看出，社会支持的主体既包括具体的人，也包括与这些人的互动形成的各种社会关系网络。对女性刑释人员来说，社会支持的主体就包括家庭、工作单位、同伴群体和社区以及刑释人员与这些群体或组织的关系网络等。相关研究显示，良好的家庭关系有助于刑释人员更好地融入社会，在预防刑释人员重新犯罪方面有着显著的影响（夏宗素，1995）。由此可见，对刑释人员来说，支持主体的有效支持是影响刑释人员社会融入的重要因素，这为刑释人员的社会融入体系构建提供了重要的思路借鉴，即应当从哪些方面为刑释人员的社会融入提供服务。

社会支持的客体是指社会支持的受者。一般认为社会支持的客体主要是指社会弱势或者脆弱群体。如陈成文认为，社会支持是对社会弱者进行无偿援助的一种选择性社会行为（陈成文，2000：131）。在女性刑释人员社会融入体系中，社会支持的客体就是指女性刑释人员，刑释人员本身在社会中处于弱势地位，而女性刑释人员由于其自身的弱势特征，更是社会的弱势群体。

社会支持的介体是联结社会支持的主体与客体的纽带，是架设在社会支持的主体与客体之间的桥梁。根据社会支持的介体性质不同，可以将社会支持分为情感支持、信息支持、友谊支持和工具性支持（Cohen and

Wills，1985）。社会支持的介体是内容与手段的统一，在一定意义上，有什么样的社会支持内容就会有怎样的社会支持手段。对女性刑释人员来说，社会融入的社会支持就包括经济支持、技术支持、情感支持、信息支持等。

（二）社会支持理论对促进刑释人员社会融入的意义

社会支持理论不仅可以用于分析女性刑释人员犯罪的原因，也为我们思考如何促进其社会融入提供了新的思路。

首先，社会支持理论认为，人们的工作和生活陷入困境容易引发犯罪，而工作和生活陷入困境的重要原因是社会支持不足。因此，在促进女性刑释人员社会融入的过程中，应当为其提供充分有效的社会支持。尤其是关注作为女性的刑释人员的特殊的心理需求，采取有针对性的措施，帮助其更好地实现家庭融入、心理融入、社区融入和职业融入等。

其次，传统的注重社会控制的帮教工作将刑释人员视为需要控制的对象，导致目前的刑释人员帮教工作的效果大打折扣，也开始促使工作人员不断寻求社会安全稳定与刑释人员个人发展之间的最佳结合点。社会支持理论从刑释人员的个体需求出发，以刑释人员自身的发展为中心，通过对各类资源的挖掘和链接，有效促进刑释人员发挥自身优势，更好地适应社会，从而降低其再犯率，不仅有利于社会安定，也符合国际司法的人道主义理念。

再次，社会支持理论具有较强的实践可操作性，通过科学的分析框架，社会支持理论能够比较完整地揭示社会支持的客体可能面临的需求以及潜在的可利用的资源。现代社会生活中，人们的需求日益多元化和个性化，社会支持理论的理论和实务框架能够比较好地兼顾到客体的综合兼具个性化的需求。

最后，社会支持理论内含的社会支持是一种双向的支持。对刑释人员而言，为刑释人员提供相应的社会支持以实现刑释人员的个人价值，对社会整体而言，能协助发挥刑释人员对社会建设的积极作用，长期来看有助于减少社会控制费用，促进社会经济发展。

三 从社会支持理论看我国女性刑释人员的社会融入

为刑释人员提供社会支持也叫出狱人保护，这是源于西方的名词，但并不代表我国一直没有或不重视对刑释人员的社会支持。在我国，为刑释人员，尤其是女刑释人员提供社会支持的实践最早始于 1946 年 7 月，上海洋泾浜天主堂妇女公教进行会在虹桥弄天佑里一号创办了专门救助出狱女犯的机构——上海妇女出监人保护会，并订立章程，对女性出狱人开展一定的支持工作。此外，上海基督教慕尔堂、福音会、仁济堂、佛教会等宗教组织到上海监狱第一分监布道、传教。在圣诞节，耶稣教徒进监传教，并发给女犯少量食品。

新中国成立后至改革开放前，刑释人员社会政策大致可以分为以下几个阶段：第一，新中国成立初期至 1952 年，国家采用强制留场的政策；第二，1953 年至 1964 年，采取了多留少放的社会政策；第三，1965 年至 1976 年，实行的是"四留四不留"的政策，其中 1966 年至 1976 年的十年"文化大革命"是我们国家特殊的一个时期；第四，1976 年以后，我国开始采取全面社会安置的政策，安置帮教工作是以政府为主导，调动社会各方面力量，为刑满释放和解除劳动教养的人员提供帮助，解决其落户、就业、就学等问题。为刑释人员提供一定的社会支持是全面社会安置政策的应有之义。

自 1976 年以后，我国进入了一个社会主义现代化建设的新的历史时期，国家对刑释人员采取了全面社会安置的政策。这一时期，政府部门联合相关部门和社会组织为刑释人员的个人发展提供了更多支持。在女性刑释人员的社会支持方面，2006 年 11 月，天津市监狱管理局与中国民盟天津市委员会、市劳动和社会保障局、市妇女创业中心等有关部门共同开办民盟天津市女子监狱创业培训班，引进国际劳工组织专门为发展中国家妇女就业设计的就业课件，同时，对于符合创业要求、取得执照的刑满释放人员还将发放小额贷款，鼓励他们进行自主创业。

随着各类社会服务组织和非政府组织（NGO）的发展，国内为刑满释放人员提供社会支持的公益活动和社会实践也越来越多，在一些发达地区，还成立了专业为刑释人员提供社会支持的公益组织和社会机构，如深圳阳光下之家社会帮教组织的刑释人员司法社会工作介入工作就取得了很好的效果（杨慧茹，2015）。

总的来说，目前我国已经形成了从中央到地方的多级安置帮教工作网络，帮教工作队伍不断壮大，安置工作由过去主要依靠行政手段，逐步转向就业教育、技术培训、择业指导、推荐岗位、自主择业等多种形式。帮教工作人员还对刑释解教人员进行不定期谈话和家访，及时发现和解决他们的问题。

值得注意的是，我国的安置帮教工作尽管收到一定程度上的效果，但还是存在很多问题，没有能够为刑释人员提供贴近其需求的有效的社会支持。我国的安置帮教工作的着重点还是在于对刑释人员的安置、帮助和教育，是上位对下位、强者对弱势者的行为。而社会支持除了对刑释人员提供必要的物质性帮助外更强调对刑释人员个体发展所提供的一系列支持，包括信息支持、情感支持和心理支持等，它将刑释人员看作社会弱势群体，并在平等的地位上致力于刑释人员的社会融入。总而言之，我国的刑释人员帮教政策和实践为刑释人员提供了一定的社会支持，但是仍有许多进步的空间，主要表现在以下几个方面。

第一，欠缺统一的规范，缺乏相关配套制度，未形成完善科学的刑释人员社会融入体系。我国目前尚无一部统一的专门法律对刑释人员的帮教工作进行规定。安置帮教工作的布置多是各级司法行政机关在专门的工作会议上进行商讨并做出决议，然后下级或本级的工作人员据此完成或调整工作。

第二，对刑释人员社会融入的指导缺乏专业的工作人员。目前我国没有专员负责该项工作，很多工作人员本身就有其他公务，这项工作就成了兼职，各项管理活动就成了形式化的走过场，比如乡镇和街道司法所承担了对刑释人员的帮教工作，但是司法所自身还要忙于大量的日常纠纷，时间和精力与工作要求不配套，同时这种行政化的帮教专业性也不强，帮教效果有限。

第三，欠缺有针对性的刑释人员社会需求的评估体系。目前司法部门在刑释人员出狱前对其进行的测试更多关注刑释人员的个体素质，缺少对其需求，尤其是个体化的需求的调查，在出狱早期，如果能根据出狱人的需求提供有针对性的服务，将极大地增强刑释人员出狱初期的社会适应效果。

第四，没有充分发动民间力量。现代公共组织发展的重要趋势是"小政府、大社会"，单纯依靠政府力量不仅会带来巨大的财政压力，也不利于充分挖掘社会资源，目前我国在民间力量的运用这个领域，主要是发动建立安置帮教基地，较少在民众中扩大工作的影响力，不利于"犯罪分子"的去标签化。

第五，较少对出狱人进行心理帮教，帮教方式行政化色彩浓厚。安置帮教多为物质上的帮助或技能上的教导，心理层面的帮教比较缺乏。与此同时，目前我国的安置帮教工作多为形式和宏观上的指导，多做会议决策，从宏观上安排帮教工作，实施起来，刑释人员更像是一个被动的受体，并不能感受到双方地位的平等。

四 从社会支持理论看境外出狱人的社会保护及其启示

在西方，对刑释人员社会融入的社会支持多表述为出狱人的社会保护，经过上百年的发展，各国根据国情和社会需要进行了多方探索和长时间的实践，积累了大量的成功经验，尤其是西方国家发达的社会融入理论对实践的发展起到了重要的推动作用，社会支持理论也是其中之一。

（一）境外出狱人社会支持概况

1. 英国出狱人社会支持概况

世界上最早的出狱人保护组织是英国人 1772 年创立的，19 世纪中期，在英国出现了由志愿者组成的刑释人员帮助组织。1862 年，英国率先颁布《出狱人保护法》，规定了对民间调解保护组织的监督和费用补助。

英国的出狱人保护思想在宗教救赎的基础上吸收、融入了犯罪预防、社会救助观念，从而使出狱人保护观念不仅体现人道主义、功利主义，而且反映了 20 世纪特别是二战后社会福利主义的思想。因而，出狱人保护工作一直呈发展状态，成为当代国际社会体现人道主义、福利思想的重要社会景观，成为预防犯罪的重要措施。

20 世纪 60 年代后，社会机构开始大规模参与服刑人员矫正，中途之家迅速发展。这些机构的工作重点便是为出狱人提供更多更有效的社会支持以促进其社会融入，具体包括帮助刑释人员找房子、找工作，帮助其接受教育等，"重返社会"的概念与理论也在这时候产生。在英国，1966 年成立"全国服刑人员关心与安置帮助协会"（简称 NACRO），该组织的宗旨就是帮助在狱内外服刑的人员重返社会。由于帮助服刑人员重返社会在降低重新犯罪率上有明显效果，所以，其渐成西方国家降低重新犯罪率的重要策略。

2. 美国出狱人社会支持概况

在美国，出狱人保护工作源于 1776 年美国宾州的怀斯特（Richard Wister）创办的"费城出狱人保护会"，这是世界上最早的出狱人保护会组织，怀斯特因此而被尊为"更生保护之父"（古宁，1992）。而后，美国相继在各州制定了响应的政策和法规，建立了官方保护机构，专门提供经费，为出狱人生活和就业提供社会支持。如威斯康星州通过《公平雇佣法》来禁止仅仅基于犯罪记录而产生的就业歧视（沈敏，2016）。此外，在个体主义文化影响较深的美国，非政府组织（NGO）也发挥着重要作用。

3. 日本出狱人社会支持概况

日本的出狱人保护活动的萌芽大约是在 17 世纪，而出狱人保护制度则起源于 18 世纪后半期，当时基本上是私人或者民间团体以慈善保护为宗旨而发起的活动。日本政府对出狱人提供社会支持则从 1907 年开始，由国库拨款补助释放者保护团体，并于 1939 年颁布了《司法事业保护法》，以后被《更生紧急保护法》替代。1949 年日本制定的《犯罪者预防更生保护法》，是罪犯社会内处遇的基本法律。

为了从未成年人和女性角度防止犯罪及不良行为的产生，作为协作更生保护事业的民间合作组织，日本还建立了被称为"兄弟姐妹会"（BBS）的青年志愿者组织和"妇女更生保护会"。另外，为确保出狱（院）者和接受保护观察措施的人员就业，政府出台政策鼓励民间慈善家（企业家）雇用上述人员，协助其回归社会。各地区所设置的还有更生保护民间法人机构，为紧急更生保护对象（出狱者等）提供为期半年左右的住宿保障。

日本的保护观察所是专门为出狱人提供社会支持的政府机构，而负责更生保护事业实施的民间人士称为保护司，一般是较年长的成功人士，运用在家喝茶和吃饭等生活化的方式，对出狱人进行心理疏导，这样拉近了双方的距离，使刑释人员从感情上更能体会到社会的关爱，有利于释放出狱人不容易为社会重新接受的压力。

总的来说，与英美国家的出狱人保护制度不同，日本的更生保护制度主要由国家设立专门保护机构承担出狱人的管理和保护责任，同时吸纳符合资格的民间人士和民间组织进行专业性的保护。

4. 中国台湾地区出狱人保护概况

1976 年 4 月，我国台湾地区"更生保护法"公布施行，并依其 18 条规定，由司法行政管理部门订定"更生保护法施行细则"发布施行（张甘妹，1979：355~357）。2002 年，台湾重新修正"更生保护法"。台湾地区负责更生保护事业的主要是更生保护会，政府只起到补充作用。台湾地区的出狱人保护制度主要采取"民间主办，政府监督"的方式，有专门的出狱人基金会，并有相关产业，刑释人员生活无着落时，可申请最低生活补助。

此外，其他国家和我国香港地区针对出狱人的社会保护措施也很有特色，如挪威成立了类似安置办公室的专门机构，国家统一拨款，对无家可归、无业可就的刑释人员免费提供住所，直到他们找到工作为止。而我国香港则建立"中途宿舍"，利用政府投资接收刑释人员中生活困难、无家可归、生活无保障的人员，为他们提供过渡性安置。

（二）境外出狱人社会支持政策和实践带来的启示

尽管不同国家和地区关于出狱人社会支持的政策和实践不尽相同，但是都在本土文化的基础上发展出一套行之有效的服务方针和策略。总的来看，这些政策和实践对我国刑释人员社会融入支持体系构建的启示主要有以下几个方面。

第一，这些国家和地区基本都颁布了相应的法规对刑释人员的相关权益进行保护。

第二，重视帮扶机构的组织建设。

第三，重视相关工作人员的选拔和培训。

第四，各国都以社会支持理论等为基础，重视刑释人员的需求，并提供相应的社会支持，而且服务项目个性化、多样化。

五 社会支持理论视角下我国女性刑释人员社会融入的体系构建

社会支持理论认为，个人的社会支持不足，社会连接断裂，是造成其陷入社会困境的重要原因，对刑释人员而言，也是影响其社会融入和重新犯罪的重要原因，这为社会支持实务的开展奠定了理论基础。面对女性刑释人员在社会融入方面的需求及其困境，根据社会支持理论的理论和实务框架以及当前女性刑释人员社会融入的总体需求，本文试图提出促进女性刑释人员社会融入的支持体系的构建框架（见图1）。

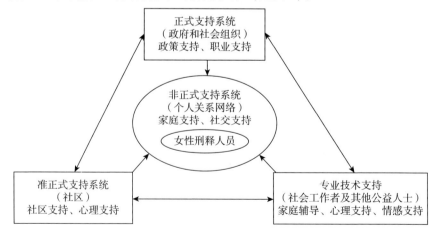

图1 女性刑释人员社会支持体系构建框架

具体来说，可以从以下几个方面入手提升女性刑释人员的社会支持。

（一）家庭支持

这是非正式支持系统中最重要的支持主体，家庭是刑满释放人员回归社会后的首先去处，家庭成员是其回归社会后最先见到的亲人，家庭成员的态度和教育方法会直接影响到刑满释放人员回归社会后的行为表现。费雪儿（Fisher）等研究者对犹他州的盐湖城和普罗沃的 51 名假释人员研究发现，其中 50 名被访者反映家庭给予了他们不同程度的支持，主要的支持是金钱（57%）、住处（55%）、情感支持和建议（53%）、交通（34%）。该项研究还特别注意到了其他文献关注不多的亲子关系对假释人员回归社会的影响。他们发现，亲子关系良好的假释人员有着更强的责任感，有利于抑制其重新犯罪，并且促进其更好地适应社会（Fisher，2005）。在家庭融入方面，需要社会工作者运用家庭社会工作的原则与方法，解决刑释人员家庭问题，改善其家庭关系，并帮助其增强家庭功能。

（二）职业支持

相关研究证明，从经济方面来讲，就业安置存在障碍是造成刑满释放人员与社会产生"经济隔离"的主要原因。一项有关福建省刑释人员的调查统计显示，84.3% 的罪犯认为有必要对刑满释放人员进行帮教，但是有 59.2% 的重新犯罪人员在第一次刑满释放后没有找工作，而且只有 4% 的人是通过地方政府与街道得到安置，其余的都是通过自身或亲戚朋友等渠道就业，安置工作没有落实到位，影响了刑释人员的社会融入（欧渊华、陈晓斌、陈名俊，2007）。现代社会的高速发展对现代人的素质提出了更高要求，而监狱内的封闭生活削弱了服刑人员的社会交往能力和适应能力，许多刑满释放人员文化素质低、无实用的专业技能，在监狱改造过程中又消极应付监狱组织的各种教育学习活动，或者所学的技术不适应个人性格和发展需要，最终导致他们在刑满释放时很难适应现代社会节奏，无法融入社会的正常生活，甚至重新走上犯罪道路。以刑释人员自身发展为目标的职业支持体系构建要求为刑释人员提供个别化的就业扶助，针对个人的特质和潜能而展开，通过充分的资源链接帮助其充分挖掘其潜能。

（三）社交支持

刑满释放人员的狱中生活对其社会交往产生巨大的影响，刑满释放人员的社会交往融入主要存在以下两方面的问题。首先是缺乏社会支持网络，许多刑释人员出狱之后都渴望重新建立曾经的社会关系网，甚至还渴望建立新的社会关系网。但是很多刑释人员都表示明显感觉到亲人、朋友支持的丧失，不得不承受世人异样的眼光。其次，社会排斥感强烈。经过服刑改造，多数刑满释放人员的身心往往比较脆弱，内心也十分敏感，经不起打击和歧视。如果他们在出狱之后能够感受到人们的包容，而不是强烈的社会排斥，那么他们则能够走回正途。但如果社会对他们的接纳程度较低，致使他们正常的社会交往受阻，则会增强他们的社会排斥感，提高他们的再犯率。

对于这种情况，社会工作者应以伙伴或朋友的角色来积极挖掘、培育案主身上所具有的优势，动员案主通过自己的力量来达到他们的目标和愿望。另一方面社会工作者能够整合、调动各种社会资源，帮助他们构建并学会利用广泛的社会支持网络，并充分发挥家庭、单位、机构、社区在扶助刑满释放人员中的整合与推动作用，丰富个人与社会的各种联系。

（四）心理和情感支持

Maruna 等人在对出狱人深入访谈基础上得出结论，成功实现从监狱向社会过渡的核心因素是个人改变犯罪轨迹的决心，这个决心是其身份转变的动力，也是出狱人解释当前身份和过去行为的脚本（Maruna，2001）。对于女性刑释人员来说，长期以来的传统性别文化影响到女性的主体意识发展。她们往往受到性别文化的负面影响。传统文化中固化的女性性别形象不利于女性主体意识的发展。很多女性在社会性别文化的影响下，为了顺应和迎合世俗而丢失了自己，丧失自信心和改变的动力。社会工作介入在帮助其心理融入方面，可以运用优势视角，增强刑满释放人员社会融入的信心。

（五）社区支持

有研究认为，出狱人回到社区后与社区邻里的联系纽带弱化，被排除在社区生活之外，因前犯罪人身份而遭受不同程度的歧视和污名，这些都可能不利于其适应社会，甚至使其重新走上违法犯罪之路（Visher and Travis，2003）。从精神方面来讲，社会歧视效应是造成刑满释放人员与社会产生"精神隔离"、导致其重新犯罪的特殊原因。社会歧视使刑满释放人员面临社会各方面的巨大压力，使他们自然而然地有了区别于社会正常群体的性质而受到社会的排斥。社会工作应该通过社区宣传等方式，为刑释人员的社会融入创造有利环境。

（六）政策支持

首先，中国目前没有一部专门的系统地规范出狱人保护的法律，使得出狱人的某些权利缺乏制度性保障，所以有必要加紧制定专门的出狱人保护法。其次，关于刑释人员的前科消灭制度，不同的学者有不同的看法，德国学者耶赛克认为，必须在国家和社会可信赖的关于刑法和保安处分判决的信息手段的利益与刑满人员的再社会化的利益之间找到平衡点（耶赛克、魏根特，2001：1098）。大部分研究者认为，前科制度的存在是有必要的，但是保留前科弊多利少（申柳华，2003），所以对哪些机构公开前科就成为了讨论的焦点，需要在实践中合理地把握。最后，专门性的出狱人保护组织并未普遍建立，在一定程度上限制了刑释人员获得更多的社会支持。

总之，随着女性刑释人员的社会融入要求由生存性融入向发展性融入转变，相应的社会融入体系构建也应当适应这种需要的转变，社会支持理论及其实务框架在服务于女性刑释人员的发展性融入需求方面有较强的理论指导意义和实践可操作性，所以促进女性刑释人员社会融入应当重视社会支持理论的运用，在社会支持理论框架下重新认识刑释人员犯罪和再犯的原因，促进其家庭生活的重建，加强个性化就业支持，提高社区认同，为刑释人员的社会融入提供多样化渠道，最终实现女性刑释人员个人发展、家庭稳定、社会和谐等多重目标的融合。

参考文献

陈成文，2000，《社会弱者论——体制转换时期社会弱者的生活状况与社会支持》，时事出版社。

程雷、吕晓刚、陈建军，2015，《我国女性在押人员处遇状况研究报告——以曼谷规则为出发点的分析》，http：//www. law. ruc. edu. cn/article/? 48916. html。

〔德〕汉斯·海因里希·耶赛克、托马斯·魏根特，2001，《德国刑法教科书》（总论），徐久生译，中国法制出版社。

古宁，1992，《出狱人保护制度溯源》，《现代法学》第 5 期。

李强，1998，《社会支持与个体心理健康》，《天津社会科学》第 1 期。

欧渊华、陈晓斌、陈名俊，2007，《福建省刑满释放人员重新犯罪问题研究》，《福建公安高等专科学校学报》第 3 期。

山东省女子监狱课题组、丰帆，2016，《女性犯罪发展态势与管理型矫正模式构建》，《中国司法》第 6 期。

申柳华，2003，《论出狱人的社会保护——前科消灭与出狱人的社会保护》，《重庆工商大学学报》（社会科学版）第 6 期。

沈敏，2016，《美国：帮刑释人员就业有个好模式》，《新民晚报》，http：//xmwb. xinmin. cn/lab/html/2016 - 08/29/content_29_3. htm。

夏兴清，2003，《女性刑释人员心理特征初探》，全国首届女性刑释人员安置帮教研讨会会刊，陕西省回归研究会。

夏宗素主编，1995，《出狱人保护》，四川大学出版社。

杨慧茹，2015，《回归之路：归正人员如何重返社会》，《深圳晚报》1 月 29 日。

张甘妹，1979，《刑事政策》，台湾三民书局。

张文宏、阮丹青，1999，《城乡居民的社会支持网》，《社会学研究》第 3 期。

Caplan, G. 1976. "The Family as Support System. " In G. Caplan and M. Killilea (eds.), *Support Systems and Mutual Help*：*Multidisciplinary Explorations*, New York：Grune & Stratton, p. 19.

Sheldon Cohen, G. M. Kay. 1984. "Social Support, Stress and the Buffering Hypothesis：A Theoretical Analysis. " *Handbook of Psychology and Heath* 4：253 - 263.

Mark Granovetter. 1973. "The Strength of Weak Ties. " *American Journal of Sociology* 5：1360 - 1380.

Thoits, P. 1982. "Conceptual, Methodological and the Oretical Problems in Studying Social Support as a Buffer against Life Stress." *Journal of Health and Social Behavior* 23: 145 – 149.

Sheldon Cohen, Wills, T. A. 1985. "Stress, Social Support, and the Buffering Hypothesis." *Psychological Bulletin* 2: 310 – 357.

Fisher, James K. 2005. *The Reentry Process: How Parolees Adjust to Release from Prison.* http://www.thefreelibrary.com/The + reentry + process% 3A + how + parolees + adjust + to + release + from + prison. – a0140489091。

Maruna, S. 2001. *Making Good: How Ex – Convicts Reform and Rebuild Their Lives.* Washington, D. C.: American Psychological Association.

Christy A. Visher, Jeremy Travis. 2003. "Transitions from Prison to Community: Understanding Individual Pathways." *Annual Review of Sociology* 29: 89 – 113.

农村社区在空巢老人医疗护理服务过程中的作用

——以江西省三个行政村为例*

王　峥**

摘　要　我国当前农村地区的医疗资源非常有限，农村空巢老人的医疗需求又存在着特殊性，医疗机构难以为农村空巢老人提供全部所需的医疗护理服务，农村社区在医疗护理服务过程中的必要性就凸显出来。本文对江西省内三个行政村的 29 户不同户居类型空巢老人进行了入户访谈，在明确空巢老人及家庭基本情况、空巢老人健康状况、医疗资源利用情况的基础上，发现了老老照护困境、就医陪护人员缺乏、急救机制不完善、农村社区卫生机构简陋、医保制度利用不充分、医疗保健知识匮乏等问题，并从农村社区建设的角度提出了社区调配老人照护人手、建立空巢老人社区急救机制、加强社区医疗卫生机构投入、加大社区医疗卫生知识宣传力度等意见和建议。

关键词　农村社区　空巢老人　医疗护理

一　引言

早在 2009 年初，全国老龄办就曾发布《农村空巢、类空巢家庭老人

---

　*　本文是国家社会科学基金项目"新型城镇化背景下农村空巢老人医疗保障机制研究"（项目编号：14BJY157）的成果。
　**　王峥，江西财经大学讲师，经济学博士。

状况调查报告》，结果显示，全国农村老年空巢和类空巢家庭共 3288 万户，占农村老人家庭总户数的 48.9%；空巢、类空巢家庭中的老人共 4742 万人，占全国 1.08 亿农村老年总人口的 43.9%。近十年，我国城镇化过程不断推进，农村劳动力继续流向城市，农村空巢老人比例也连年上升。农村空巢老人的医疗需求具有特殊性：农村地区恶劣的生活环境和简陋的卫生条件导致空巢老人的整体健康状况较差、慢性疾病和老年疾病发病率偏高；农村老人普遍知识水平不高，医疗保健知识欠缺，对医保政策的理解不充分，独立就医的能力不佳；子女多数外出务工，农村家庭的保障功能在逐渐弱化，子女在老人的照料护理方面严重缺位；农村老人的经济来源不稳定，空巢老人负担医疗支出的能力欠佳。然而，农村地区的医疗资源并不充足、医疗理念并不先进，农村医疗机构难以为空巢老人的独立就医提供完善的医疗服务。因此，重视农村社区在空巢老人医疗护理服务过程中的作用，分担农村医疗机构的服务压力，满足农村空巢老人特殊的医疗护理需求，是极其必要的。

二 文献综述

（一）国外相关研究

德国学者 F. 滕尼斯（F. Tönnies）于 1887 年首次提出了社区的概念，他将社区定义为以家庭为基础的历史共同体，是社会的理想类型。而社区卫生服务概念的提出，最早可追溯到 20 世纪 40 年代的英国。1945 年，英国议会正式批准了《国家卫生服务法》，并明确提出在英国实行由政府税收统一支付的专科医疗服务、社区卫生服务和全科医生制度，同时规定基本卫生保健服务主要由全科医生来提供。1948 年，英国正式实施该法，并建立国家健康服务体系（National Health Service），使英国的医疗卫生制度发生重大变革，促进了社区卫生服务的发展。此后，世界上许多国家和地区相继开展了社区卫生服务。如今，社区卫生服务已经成为世界普遍公认的、较为理想的基层卫生服务形式。

由于深层历史原因，欧美国家基本不存在严重的"城乡二元"问题，因此，国外学者对社区卫生服务的研究并不侧重于观察城乡基层卫生服务体系的差距，而是致力于医疗服务体系的完善，如医疗服务体系构成和布局、卫生服务的供给、医疗卫生管理、卫生费用筹措与支付、医疗保险及医疗服务体系改革等。国外研究成果主要集中在以下几个方面。

1. 社区卫生服务普及性研究

欧美发达国家的社区医疗服务研究侧重于扩大保险覆盖面以及提高卫生服务效率，从财政制度的层面进行研究以寻求更加均衡的解决方案。英国的瓦格斯塔夫（Wagstaff）等学者提出通过税收改革进行筹资，从而界定国家卫生服务的受益面和受益人群；而斯坦福大学的医疗保险专家 A. 恩托文（A. Enihoven）教授等提出有管理的竞争（Managed Competition）理论，阐述加强医疗服务供需双方的竞争与管理，实现更为普遍的医疗保障覆盖面，并有效降低卫生服务费用。

2. 社区卫生事业的社会经济效益研究

G. S. 比利克（G. S. Bilchik）通过在社区系统中，研究三个城市社区卫生合作关系，提出卫生联合体对卫生保健工作有积极的促进作用；L. D. 拉姆（L. D. Lamm）在此基础上提出社区卫生合作关系框架。R. L. 帕克（R. L. Parker）等在对社区卫生服务机构运行进行综合分析后，提出了包括人群医疗需求、投入、工作、产出、结果、自然及社会因素等在内的系统评价模型（Parker et al., 1972）。M. I. 罗默（M. I. Roemer）建立了社区卫生服务评价体系，包括结果和效果评价、卫生资源评价、卫生服务利用与接受性评价、医疗卫生服务需求量、工作活动和态度评价、工作过程评价、目标评价及费用与效益评价（Roemer, 1972）。

3. 卫生服务质量和体系研究

1997 年，美国国家质量保证委员会（The National Committee for Quality Assurance）推出了医疗效率数据和信息集（Healthcare Effectiveness Data and Information Set），通过收集电子健康记录和初级保健机构信息系统的数据来测量重要的绩效维度，已有超过 90% 的医疗卫生机构使用了这一工具。21 世纪初世界卫生组织颁布《2000 年世界卫生报告——卫生系统：改进绩效》，提出分析国家卫生系统的框架。M. N. 沙（M. N. Shah）通过使用紧急医疗服务系统（Emergency Medical Service）对农村社区的 1231 名老人进行筛查，以确定他们未满足的医疗服务需求。筛查结果显示，有 45% 的患者有跌倒相关的医疗护理需求；有 69% 的患者有药物管理的需求；有 20% 的患者有待确定的抑郁症可能性。其中有 171 名紧急医疗服务患者适合接受家庭评估。在完成评估的 153 名患者中，有 91% 的患者确定了医疗服务需求，并收到了转介或干预措施（Shah et al.，2010）。以家庭为基础的紧急医疗服务系统对常见老年综合征的筛查是可行的，该项目能够识别社区成员未满足的医疗需求，并向有需要的农村社区提供参考和干预。

（二）国内相关研究

1. 有关农村社区定义的研究

在我国，"社区"的概念最早是费孝通先生在 1933 年介绍帕克的社会学思想时，将英文单词"community"翻译为"社区"的，主要是指以地区为范围，人们在地缘基础上结成的互助合作的群体，用以区别在血缘基础上形成的互助合作的亲属群体。而关于农村社区的含义多种多样，部分学者总结出了一些较为权威的界定。

从生产方式来讲，蔡禾（2005：8）认为农村社区是一个社会区域共同体，这个共同体的特征在于内部居民的经济收入主要靠农业生产提供；从社区规划的角度来讲，刘君（2007）尝试把新型农村社区与传统自然村落区别开来，他认为农村社区是一个社会生活共同体。这个社会生活共同体的区域除了范围固定外，更是以中心村落为中心向外辐射扩展；人员除了以农村居民构成外，更是辅以多种社会关系和经济关系；最关键的是，这个社会生活共同体具有较完备的社区组织，能够提供完善的社区服务。

这种新型社区有几个显著的特征：一是社区文化丰富多彩，二是社区机构构建完整功能完善，三是社区服务内容广泛、方式多样。

2. 有关社区卫生服务内涵的研究

依据1999年卫生部等十部委在《关于发展城市社区卫生服务的若干意见》中的表述，社区卫生服务被认为是"社区建设的重要组成部分"，其具体定义为"在政府领导、社区参与、上级卫生机构指导下，以基层卫生机构为主体，全科医生为骨干，合理使用社区资源和适宜技术，以人的健康为中心、家庭为单位、社区为范围、需求为导向，以妇女、儿童、老年人、慢性病人、残疾人等为重点，以解决社区主要卫生问题、满足基本卫生服务需求为目的，融预防、医疗、保健、康复、健康教育、计划生育技术服务等为一体的，有效、经济、方便、综合、连续的基层卫生服务"。

王晓燕（2001）将社区卫生服务定义为，以一定社区为范围，以家庭为单位，以老年人、妇女、儿童和慢性病人等为重点服务对象，包括预防、医疗、保健、康复、健康教育和计划生育技术指导，即"六位一体"的城市基层综合服务。梁万年（2003）指出，社区卫生服务包括公共卫生服务、基层医疗保健服务和社区内的其他特需卫生服务。唐喻莹（2017）表示，在人口老龄化加速、护理人才紧缺、护理人才分配不均的背景下，实施护士多点执业有助于基层医疗护理资源的均匀分配，应将护理领域由医院延伸至社区和家庭，满足更多的老年人对专业的长期照护服务的需求。

3. 社区卫生服务模式的相关研究

自1997年《中共中央、国务院关于卫生改革与发展的决定》中提出"改革城市卫生服务体系，积极发展社区卫生服务，逐步形成功能合理、方便群众的卫生服务网络"之后，全国各地都在积极地探索和发展社区卫生服务体系。在社区卫生服务提供模式上，我国采取的是以政府为主导，以原有的初级医疗卫生保健网络为基础，中心对下设站实行一体化管理，但又相对独立、互相依赖、相互补充的模式。

张伟燕、李士雪（2005）将社区卫生服务的模式分为以下五类：①四级网络模式。即区医疗中心→街道社区卫生服务中心→居民委员会社区卫生服务站→家庭。主要在上海、北京等三级医疗卫生网络比较健全的城市出现。②三级网络模式，又称医院派出式，即二、三级医院社区卫生服务科→社区卫生服务站→家庭。以二、三级医院在社区直接建立社区卫生服务点。③二级网络模式，又称家庭病床式。以二、三级医疗机构设立家庭病床为切入点，由家庭医生定治疗方案，提供院外服务。④资源互补模式。该模式主要依托有条件的企事业单位卫生机构，和地方卫生资源形成互补，共同承担区域内的社区卫生服务。⑤联合服务模式，又称集团模式。在卫生资源丰富，机构种类繁多的地区成立医疗集团，以一家机构为中心，多家机构联合，组建社区卫生服务网络，共同承担区域内的社区卫生服务。

杜娟、郭爱民（2007）等人在分析我国农村社区卫生服务体系时总结说，目前，我国农村社区卫生服务体系主要从其服务网络上考虑，在农村三级预防保健网中参与农村社区卫生服务的主要是乡村两级，纵观全国各地区的试点，主要模式为：以原有的卫生院—村卫生室的方式开展社区卫生服务，以社区卫生服务中心—社区卫生服务站—社区卫生服务室的方式开展社区卫生服务，以社区卫生服务中心—社区卫生服务站的方式开展社区卫生服务，以镇级医院社区科—社区健康服务站的方式开展社区卫生服务。

罗乐宣（2010）在以深圳为例谈到社区卫生服务的管理模式和特点时认为，现在的社区卫生服务管理模式是政府主导、社会参与、院办管理。2016年，北京市民政局印发《2016年度"三社联动"服务指引（试行）》，建立以社区为平台、社会组织为载体、社会工作专业人才为支撑的新型社区服务管理机制，通过政府购买服务为牵引，以满足居民需求为导向，社会组织引入外部资源和社会力量，通过社工提供专业化、针对性服务，把矛盾化解在社区，把多元服务供给实现在社区。这是一种新型社会治理模式、社会服务供给方式和全新的社会动员机制。由社区居委会、社区社会组织、社会工作者一同发挥带动和桥梁的作用，推进社区服务管理和社区建设。

4. 农村社区卫生服务现状

杜娟（2007）在我国农村社区卫生服务现状的研究中指出，全国 31 个省（直辖市、自治区）全部开展了农村社区卫生服务的试点工作。在各地农村社区卫生服务工作的开展过程中，将逐步与乡村一体化管理相结合，巩固完善农村三级卫生服务网络；各社区卫生服务机构在服务内容上也将实现由分体或专科服务向六位一体的全科服务的转变；需加强社区医务人员全科医学教育；要将社区卫生服务与农村合作医疗相结合，扩大覆盖面。

于兰华（2010）也表示，我国的农村社区卫生服务软硬件设施大为改善；农民"看病难、花钱多"的问题有所缓解，平均每 3176 人左右拥有一个村级卫生服务站，基本形成了"小病在社区、大病进医院"的医疗卫生服务新格局；农村社区卫生服务与农村合作医疗制度充分结合，相互促进；实行乡村卫生组织一体化管理体系，构建了农村社区卫生服务的基本框架，为开展农村社区卫生服务的管理奠定了坚实基础。

刘珏曦（2012）以江西省崇义县为例，对欠发达地区的农村社区卫生服务在促进初级卫生保健的服务效果方面进行了研究，认为在经济欠发达地区开展农村社区卫生服务，能够有效促进初级卫生保健工作，经济欠发达地区的农村社区卫生服务模式是可行的。

综上所述，国内外学者已经对社区卫生服务体系做了大量的研究，肯定了社区卫生服务体系的作用，国外学者对社区卫生服务的评价体系做了诸多探索，国内学者也开始将目光聚焦到农村社区卫生服务上来。特别是国内学者近年的研究，明确了农村社区的定义、社区卫生服务的内涵，并就农村社区医疗卫生服务机构的运营模式、卫生服务现状进行了观察和分析。然而，现有研究大多集中在理论层面和政策实施层面，并没有从农村居民的医疗卫生需求角度进行社区具体卫生服务内容的细致观察，也没有针对农村居民中的特殊群体、弱势群体进行特殊需求分析和服务优化。本文拟针对农村空巢老人这一特殊群体，结合实地调研的情况，讨论农村社区在医疗卫生服务过程中的作用，并试图提出有针对性的意见和建议。

三 农村空巢老人医疗现状

（一）受访空巢老人基本情况

课题组采用入户访谈的形式，对江西省南昌市三个行政村（三房村、罗溪村、大溪村）的 29 位空巢老人进行了走访，共涉及空巢家庭总人数 161 人（不含女婿、媳妇及孙辈），调研选取的 29 户空巢老人覆盖了三个村不同户居形式、不同身体情况、不同经济收入、不同子女数量等不同特征，保证了每个地区调研数据的完整性。本次受访的空巢老人年龄范围在 60～90 岁之间，平均年龄 73.1 岁。其中，男性 22 名，平均年龄 71 岁；女性 7 名，平均年龄 78.6 岁。受访空巢老人普遍文化程度不高。其中，初中毕业 5 名（占 17.2%），初中肄业 1 名（占 3.4%），小学毕业 7 名（占 24.1%），小学肄业 7 名（占 24.1%），未受过教育 8 名（占 27.6%），1 名（占 3.4%）未作答。受访空巢老人的收入主要分为养老金、子女供给、其他收入三个部分（见表1）。29 名受访空巢老人全部都有养老金，每月养老金收入在 1000 元以上的老人 2 名（占 6.9%），在 500～1000 元之间的 4 名（占 13.8%），在 100～500 元之间的 5 名（占 17.2%），在 100 元以下的 18 名（占 62%）。每年有子女供给的老人共 12 名（占 41.4%），子女供给收入在 1000 元以上的老人 6 名（占 20.7%），在 500～1000 元之间的 2 名（占 6.9%），在 100～500 元之间的 2 名（占 6.9%），子女以实物形式供给的 2 名（占 6.9%），还有 17 名老人（占 58.6%）没有子女供给或未作答。有家庭其他收入的老人共 13 名（占 44.8%），主要来源于闲散零工收入及小范围的养、种植收入。这部分收入在 1000 元以上的老人 5 名（占 17.2%），在 500～1000 元之间的 2 名（占 6.9%），在 100～500 元之间的 2 名（占 6.9%），种口粮、务工等无法准确估值的 4 名（占 13.8%）还有 16 名老人（占 55.2%）没有其他收入或未作答（见表1）。

表1　农村空巢老人收入构成

单位：人

	养老金	子女供给	家庭其他收入
1000元及以上	2	6	5
500~1000元	4	2	2
100~500元	5	2	2
100元以下	18	—	—
实物形式	—	2	—
种口粮、务工	—	—	4
总计	29	12	13

（二）　受访空巢老人的家庭情况

在受访的29位空巢老人中，有24户为偶居（占82.8%），4户为独居（占13.8%），有7户属于隔代供养或老老照护的情况（占24.1%）。有16户拥有耕地（占55.2%），居住面积均在100平方米以上，但大多是条件较差的老旧房屋。

29位空巢老人中有子女在省内的共计20户（占69%），子女都在外省的有7户（占24.1%）。子女回家频率在一周及以内的有7户（占24.1%），一周至一年的有8户（占27.6%），一年及以上的有14户（占48.3%）。子女与老人打电话的频率多为一周到一月左右一次。

（三）　受访空巢老人的身体状况

从自理能力上来看，29名空巢老人中，有2名完全不能自理（占6.9%），1名部分不能自理（占3.4%），26名完全能自理（占89.7%）。有2名没有操持家务的能力（占6.9%），1名由老伴代劳（占3.4%），26名完全可以操持家务（占89.7%）。有10名老人的家庭其他成员身体状况欠佳，需要照顾（占34.5%）（见表2）。

表 2　农村空巢老人生活能力情况

单位：人

自理能力	人数	家务能力	人数
完全不能自理	2	没有能力	2
部分不能自理	1	老伴代劳	1
完全能自理	26	有能力	26

从图 1 的身体障碍程度上来看，29 名老人中有 13 名老人无身体障碍（占 44.8%），其余 16 名受访老人有不同程度的身体障碍（占 55.2%）。在这 16 名老人中，有一种身体障碍的为 8 名（占 27.6%），有两种及以上身体障碍的为 8 名（占 27.6%）。其中 7 名有视力障碍（占 24.1%），10 名有听力障碍（占 34.5%），6 名有肢体障碍（占 20.7%），1 名处于半瘫痪状态（占 3.44%）。

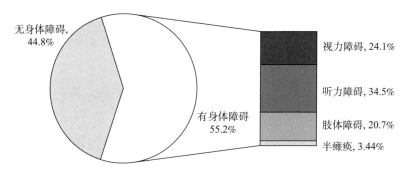

图 1　农村空巢老人身体障碍情况

从疾病情况上看，本次受访的 29 名空巢老人中有 18 名患有慢性病，慢性病患病率达 62.1%。其中，男性患病比例为 59.1%，女性患病比例为 71.4%。老人慢性病患病主要集中在高血压、高血糖、慢性支气管炎、心脏病、帕金森等常见慢性病。75 岁以下患有两项或两项以上慢性病的老人 3 名，75 岁以上的 11 位老人中，有 7 名患有两种或两种以上慢性病，高龄空巢老人患有多种慢性病的情况较多。

（四）受访空巢老人医疗资源利用情况

1. 受访空巢老人基本医疗情况

从门诊和取药情况来看，29 名受访空巢老人中，有 15 名较少利用门诊（占 51.7%），有 8 名经常利用门诊（占 27.6%），6 名未作答（占 20.7%）。有 13 名很少或偶尔取药（占 44.8%），有 9 名经常取药（占 31%），7 名未作答（占 24.1%）。其中自己取药的空巢老人有 6 名（占 20.7%），亲属取药的有 6 名（占 20.7%），村卫生所取药的有 1 名（占 3.4%），有 2 名老人表示没有取药需求（占 6.9%），14 名未作答（占 48.3%）。取药地点主要集中在医疗机构和药店，其中选择在市、县、村等各级医疗机构取药的有 8 名（占 27.6%），选择在药店取药的有 4 名（占 13.8%）。

从看病和住院情况来看，29 名受访空巢老人中，症状较轻时一般选择就近的医疗机构，有 21 名选择临近的村卫生所（占 72.4%），有 5 名选择县级医院（占 17.2%），1 名称其不看病（占 3.4%），2 名未作答（占 6.9%）。而大病时老人们一般选择更高一级的医疗机构，有 9 名选择市级医院（占 31%），有 16 名选择县、镇级医院（占 55.2%），有 4 名未作答（占 13.8%）。有 19 名老人有固定的医生（占 65.5%），其中有 13 名老人的固定医生是就近的村医生（占 44.8%）。住院频率方面，有 25 名老人称很少住院（占 86.2%），有 4 名老人称偶尔住院（占 13.8%）。

从表 3 的医疗费用和报销情况来看，29 名受访空巢老人中，每年医疗费用在 10000 元以上的有 6 名（占 20.7%），在 5000～10000 元的有 5 名（占 17.2%），在 1000～5000 元的有 5 名（占 17.2%），在 1000 元以下的有 2 名（占 6.9%），还有 11 名老人无法给出具体的医疗花费（占 37.9%）。医保和病历方面，有医保卡的老人 25 名（占 86.2%），有 4 名老人没有或不清楚情况（占 13.8%）。妥善保存了病历的老人有 24 名（占 82.8%），没有病历的老人 2 名（占 6.9%），还有 3 名老人没有或不清楚情况（占 10.3%）。医疗报销比例在 80% 以上的老人 4 名（占 13.8%），在 50% ~80% 之间的老人 4 名（占 13.8%），在 50% 以下的老人 4 名（占 13.8%），没有报销过的老人 7 名（占 24.1%），不清楚报销相关情况的 3 名（占 10.3%），未作答的老人 7 名（占 24.1%）。

表 3 农村空巢老人医疗费用及报销情况

单位：人

医疗费用	人数	报销比例	人数
10000 元以上	6	80% 以上	4
5000 ~10000 元之间	5	50% ~80% 之间	4
1000 ~5000 之间	5	50% 以下	4
1000 以下	2	没有报销	7
无法提供具体费用	11	不清楚	3

从表 4 的体检和康复训练情况来看，29 名受访空巢老人所在地区都组织了定期体检，其中 2 名老人没有或很少参加（占 6.9%），1 名老人曾经接受过上门体检服务（占 3.4%）。体检等级分为比较基础的一级体检（包括体温、五官、血压、心率）和更加全面的二级体检（包括体温、五官、血压、心率、验血、验尿、眼睛）。有 14 名老人接受了一级体检（占 48.3%），有 12 名老人接受了二级体检（占 41.4%），3 名未作答（占 10.3%）。体检频率在一年两次以上的老人 2 名（占 6.9%），一年两次的老人 17 名（占 58.6%），一年一次的老人 6 名（占 20.7%），没有或较少参加体检的老人 3 名（占 10.3%），1 名未作答（占 3.4%）。29 名老人中仅有 3 名进行了血压、脉搏等日常检测（占 10.3%），仅有 1 名进行了康复训练（占 3.4%）。

表 4 农村空巢老人体检情况

单位：人

体检等级	人数	体检频率	人数
一级体检	14	一年两次以上	2
二级体检	12	一年两次	17
未作答	3	一年一次	6

体检等级	人数	体检频率	人数
		没有或较少参加	3
		未作答	1
总计	29		29

2. 受访空巢老人医疗保健和急救意识

29名受访空巢老人中，9名老人存在医疗方面的担忧（占31%），5名老人希望家人能够关注自己的身体状况（占17.2%），2名老人感到很担忧但无奈（占6.9%），2名老人表示没有这方面的担忧（占6.9%），其余未作答。29名受访空巢老人中，有3人家中没有座机、手机等紧急呼救设备（占10.3%），22名（占75.9%）家中有紧急呼救设备的老人中，不能完全掌握设备使用方法的老人有4名（占13.8%），4名未作答（占13.8%）。

29名受访空巢老人中，有11名老人对保健知识有所了解（占37.9%）。其中5名老人从电视上了解保健知识（占17.2%），2名老人从医生处了解保健知识（占6.9%），4名老人从家人处了解保健知识（占13.8%）。有7名老人及其家人对慢性病有一定了解（占24.1%），有9名老人接受了用药指导（占31%），2名老人曾接触过商业医疗的宣传活动（占6.9%）。

29名受访空巢老人中，有10名老人发生过紧急情况（占34.5%）。其中，发生过中风、心脏病等较为严重的紧急情况的老人3名（占10.3%），晕倒过的老人有3名（占10.3%），摔倒过的老人有4名（占13.8%）。没发生过紧急情况的老人2名（占6.9%），17名未作答（占58.6%）。

3. 受访空巢老人的医疗护理需求

从表5的医疗需求达成情况来看，29名受访空巢老人中，有3名老人表示有不同程度的护理需求（占10.3%）。医疗需求方面，有9名老人表示亲属能满足自己陪同就医的需求（占31%），3名老人表示无人解决陪同就医这一需求（占10.3%）；5名老人表示医生满足了自己上门诊断的

需求（占 17.2%），3 名老人表示这一需求没能被满足（占 10.3%）；5 名
老人表示家人能够进行住院陪护（占 17.2%），1 名老人表示住院时无人
陪护（占 3.4%）；1 名老人表示实现了电话问诊这一愿望（占 3.4%）；1
名老人表示达成了转院的心愿（占 3.4%）；2 名老人称没有医疗需求（占
6.9%）；1 名老人对以上各项都有需要（占 3.4%）。

表 5　农村空巢老人医疗需求达成情况

单位：人

医疗需求	满足	未满足
1. 陪同就医	9	3
2. 上门诊断	5	3
3. 住院陪护	5	1
4. 电话问诊	1	—
5. 转院	1	—
6. 没有需求	2	—
7. 以上各项均有需要	—	1

四　问题发现

（一）老老照护困境

本次调研案例中共涉及 5 户老老照护家庭，分别为：第 16 户，65 岁
男性，和老伴一起照料 86 岁的父亲；第 18 户，60 岁男性，和老伴一起照
料 90 岁的父亲；第 19 户，68 岁男性，和老伴一起照料 89 岁的母亲；第
25 户，67 岁男性，与老伴一起照料 97 岁的母亲；第 28 户，71 岁男性，
独自照料 91 岁的母亲。第一代老人年龄均在 80 岁以上，生活自理能力较
差，慢性病高发，而第二代老人平均年龄也有 66.2 岁，身体机能逐渐下
降。有 55.2% 的受访老人有不同程度的身体障碍，这使得老人照护他人的
难度大大增加。同时，有 50% 的老人其子女回家的频率在一年以上，难以
兼顾家中老人，老老照护的问题面临困境。

（二）就医陪护人员缺乏

受访的 29 名空巢老人中，12 名明确表示自己难以独立外出就医，其中 9 名老人在亲属的陪同下实现了外出就医，另外 3 名老人表示无人解决陪同就医这一需求。农村地区居民居住较为分散，距离医疗机构较远，公共交通不够便利，老人独立外出就医存在障碍。同时，由于农村地区的老人受教育程度较低，独立挂号、检查、划价，以及和医生进行沟通的能力都不足，独立就医存在着诸多困难。此外，受访的空巢老人中，55.2% 的老人有不同程度的身体障碍导致出行不便，这也是难以独立外出就医的原因之一。受访空巢老人中仅有 20.7% 的老人有亲属陪同取药，生病和发生紧急情况时大多依靠本村的亲属或熟人。农村空巢老人子女大多在外务工，大病时会回到老人身边照顾，但平时的小病和日常检查无法陪同，日常也无法及时了解老人的身体状况。缺乏就医陪护人员，可能是空巢老人不按时就诊、不按需就诊的主要原因之一。

（三）急救机制不完善

受访空巢老人中有 3 人没有手机电话等紧急呼救设备。虽然 22 位受访空巢老人家中有手机电话等紧急呼救设备（其余 4 位此问题未作答），但其中不少老人不完全会使用或没有紧急呼救设备，3 人不会拨打电话，3 人不随身携带手机。有 31% 的老人发生过不同程度的紧急情况，涉及摔倒、晕倒、中风、心脏病、盲肠炎等。农村空巢老人居住相对分散，多是单独居住在独栋楼房内，尤其对于独居老人来说，发生意外很难被及时发现。且农村地区交通不便，道路闭塞，如发生紧急情况可能会在交通上浪费宝贵时间。农村老人高龄务农现象普遍，更是加大了紧急情况发生的风险。而农村地区缺乏系统的急救机制，为老年人的健康安全埋下了巨大隐患。

（四）农村社区卫生机构简陋

受访空巢老人慢性病患病率高达 64.2%，其中 27.6% 的老人经常看门诊，31% 的老人经常取药。虽然农村空巢老人健康状况不佳、医疗需求较高，但由于出行不便、经济条件不好、缺乏陪同就医人员等原因，老人们很少选择市、县医院。老人病症较轻时通常选择就近的医疗机构，72.4%的老人选择临近的村卫生所，44.8%的老人与村医生熟识。然而，村级卫生机构的医疗条件并不乐观：绝大多数村卫生所只有听诊和注射功能，不能进行检查检测；多数卫生所没有独立的注射区，药物储存环境不合规；多数村卫生所急救设备不完善，不具备急救能力，难以实现 24 小时服务；村卫生所配置专门护士的比例不高；村卫生所受过正规医学专业教育的医生比例也不高；仅有 10.3%的受访空巢老人在村级卫生机构进行了血压、脉搏的日常检测。

（五）医保制度利用不充分

受访空巢老人的医疗花费相对于收入水平来说较高，有 37.9%的受访空巢老人上一年度医疗花费在 5000 元以上，13.8%的受访空巢老人表示没有医保或不清楚情况。仅有 27.6%的老人医疗报销比例在 50%以上，还有 34.5%的老人表示没有报销过、不了解报销流程。82.8%的老人保存了病历，但有老人们反映大型医院有病历、村卫生所没有病历。空巢老人对农村医保制度的缴费情况、报销比例、报销流程等并没有充分了解，存在着"应报但未报、可报但不报"的情况。

（六）医疗保健知识匮乏

受访空巢老人普遍受教育水平较低，最高文化程度为初中毕业，75.9%的受访老人为小学及以下文化水平。62.1%的受访老人没有学习医疗保健知识的途径，75.9%的受访老人对慢性病缺乏了解，69%的受访老人没有接受过用药指导，仅有 6.9%的受访老人接触过商业医保的相关宣传活动。由于农村空巢老人受教育水平普遍偏低，自主学习医疗保健的能力不足，接受医疗保健知识的渠道有限，身边又无子女进行督促和叮嘱，多数空巢老人对医疗健康知识知之甚少，这不利于健康状态的保持，也不利于疾病的防治。

五 社区在空巢老人医疗服务中的作用

我国当前农村地区的医疗资源非常有限，因子女外出等原因农村空巢老人的医疗需求又存在上述诸多特征，医疗机构难以为农村空巢老人提供全部所需的医疗护理服务，农村社区在医疗护理服务过程中的必要性就凸显了出来。结合以上问题发现，建议农村社区在建设过程中做如下完善和调整。

（一）农村社区调配老人照护人手

城镇化进程还将进一步加快，农村青壮年劳动力流向城市仍是大的趋势。现阶段，无论采用市场机制提供农村护理服务，还是采用政策手段鼓励劳动力返乡回流，效果都是缓慢的，甚至是不确定的。针对调研中发现的老老照护和就医陪护人员缺乏等问题，社区应该发挥充分的作用调配照护人手。农村社区既可以近距离观察空巢老人家庭情况，又可以灵活机动地在社区内部组织人手。经济条件允许的社区可以设置照护专员，陪同社区内的老人外出就医，定期对社区内老老照护家庭进行上门服务。没有条件设置照护专员的社区，应尽可能做到早发现、早呼吁、号召邻里间的互助，使社区成为消息的集散地，有效解决老人外出就医的陪同问题和老老照护家庭的实际困难。

（二）建立空巢老人社区急救机制

此次受访的空巢老人中，许多没有手机电话等家用急救呼叫设备，还有部分空巢老人不能灵活使用现有通信设备，意外事故发生时很难发出求救，三个行政村也并没有相应的医疗急救机制。针对这一问题，建议农村社区建立完善的社区急救机制。农村社区可以设立专门的联络员，定期或不定期地对空巢老人家庭进行寻访。有条件的农村社区还可以为每一户空巢家庭配备便于使用的急救呼叫装置。农村社区应该同就近的医疗机构进行紧密衔接，确保发生紧急情况时可迅速就医和处理。同时，农村社区要加强基础设施建设，特别是道路和通信设施的建设，在急救时可节约宝贵的时间。建立村—县—市三级转诊制度同样重要,必要时进行快速转诊,确保老人得到最好最快的救治。农村社区还应注重空巢老人亲属外出信息登记,保证在老人发生意外的情况下能够及时联系到老人的亲属。

(三) 加强农村社区卫生机构投入

由于空巢老人大多行动不便、无人陪同、搞不清楚就医流程,生病时一般依赖就近的村级卫生机构,社区卫生机构的服务能力便显得尤为重要。政府应加强社区卫生机构的投入,尽量在社区范围内满足空巢老人的基本医疗需求。一是完善社区医疗机构的医疗设施,对医疗机构进行合理改造,加大医疗器械的供应,使社区医疗机构具备更为全面的功能;二是提高社区医疗机构从业者的职业素养,培养专业的全科医生进入社区医疗机构,为农村空巢老人带来更专业全面的医疗体验;三是整顿社区卫生机构内部管理制度,建立健全的病历、档案管理体系,简化报销流程;四是发展更人性化的社区卫生服务,如对行动不便的空巢老人实行上门问诊,定期组织空巢老人进行日常检测和全面体检等。

(四) 加大社区医疗卫生知识宣传力度

农村空巢老人受教育程度普遍偏低,身边又无子女进行督促和叮嘱,导致医疗保健知识匮乏,对医保制度的了解也少之又少,既不利于健康状态的保持,也不利于疾病的防治。这一点在此次访谈调研中得到了验证。老人文化水平有限,进行自主学习的方式并不现实;空巢家庭子女常年在外,由子女来进行监督和叮嘱的方式也无法实现。农村社区成为医疗保健知识和医疗保障制度宣传的最好承担者。社区可以探索适合农村老人文化水平的宣传方式,如口头宣传、上门介绍、日常咨询等,将医保制度内容介绍给老人,将保健知识传播给老人。从农村社区的宣传内容上来看,一要让老人了解医保报销范围、比例和流程,帮助老人维护自身利益;二要帮助老人建立急救防范意识,教会老人简单的自救及互救措施以及正确的求救方式,提醒有条件的老人随身携带通信设备;三是帮助老人预防常见慢性病,了解慢性病的病症和治疗过程。

参考文献

世界卫生组织，2002，《2002 世界卫生报告》，http：//www. whoint/publieations/list/whr 2002_overview/zh/.

闫昕、雷行云、李娟、高星，2015，《国外社区卫生服务绩效管理和信息技术应用的现状研究》，《中国全科医学》第 1 期。

蔡禾，2005，《社区概论》，高等教育出版社。

刘君，2007，《农村社区建设问题研究》，硕士学位论文，四川大学。

王晓燕，2001，《社区卫生服务是社会主义公益观的具体体现》，《中国医学伦理学》第 1 期。

梁万年，2003，《社区卫生服务的概念、功能与意义》，《实用全科医学》第 1 期。

张伟燕、李士雪，2005，《我国城市社区卫生服务发展的主要模式、问题和对策》，《中国全科医学》第 8 期。

杜娟、郭爱民，2007，《农村社区卫生服务的现状和开展模式及存在的问题》，《中国全科医学》第 10 期。

罗乐宣，2010，《全国城市社区卫生服务学术交流大会内容摘登——深圳市社区卫生服务现状、模式与发展》，《中国全科医学》第 13 期。

于兰华，2010，《我国农村社区卫生服务存在的现状与对策》，《社会工作》第 4 期。

刘珏曦，2012，《欠发达地区农村社区卫生服务促进初级卫生保健试点服务效果评价——以崇义县为试点》，硕士学位论文，南昌大学。

唐喻莹、徐杉、李娜、孙鸿燕，2017，《护士多点执业的利弊分析与建议》，《中华护理杂志》第 1 期。

Ferdinand Tönnies. 2011. *Community and Society*, Dover Publications.

National Health Service Act. 1945.

R. L. Parker, et al. 1972. Relating Health Services to Community Health Needs, *Indian J Med ResIndian* 60：1835 – 1848.

M. I. Roemer. 1972. Evaluation of Community Health Centres, *Public Health Pap* 48：1 – 42.

Performance Measurement, 2014. http：//www. ncqa. org/HEDISQualityMeasurement/PerformanceMeasurement. aspx.

M. N. Shah, et al. 2010. A Novel Emergency Medical Services：Based Program to Identify and Assist Older Adults in a Rural Community, *American Geriatrics Society* 58：2205 – 11.

城镇化、移动互联网时代的社会政策

新生代农民工教育培训体系建构[*]

黄文琳　　银平均[**]

摘　要　新生代农民工的人力资本状况，事关他们个体发展，也是影响我国城镇化进程以及产业结构转型升级的关键因素之一。当前新生代农民工受教育程度低，人力资本严重缺失。原因在于新生代农民工教育培训体系不健全。建构完善的新生代农民工教育培训体系，是全面提升新生代农民工人力资本的唯一途径，也是加速他们市民化进程、促进产业结构转型升级的必然要求和迫切需要。一是制定统一的新生代农民工教育培训法律，为新生代农民工教育培训提供政策和法律保障；二是健全社会建设预算法，为新生代农民工教育培训提供资金保障；三是健全专项购买机制与补贴机制，激活新生代农民工培训市场的主体活力；四是完善新生代农民工培训的监督管理机制，规范新生代农民工教育培训市场；五是转变教育培训政策理念，利用互联网、新媒体等创新培训形式，扩展农民工教育培训内容，全方位提升农民工综合素质，切实保障新生代农民工的社会融入。

关键词　新生代农民工教育培训　人力资本　城乡一体化

一　问题提出

受农村长期以来实行三十年"增人不增地，减人不减地"土地承包政

---

[*] 本文是国家社科基金项目"新生代农民工教育培训机制研究"（项目编号：12BSH015）的成果。

[**] 黄文琳，女，湖南邵阳人，江西财经大学现代经济管理学院讲师，主要从事管理学、公共事业管理研究；银平均，湖南邵阳人，江西财经大学人文学院副教授，社会学博士，主要从事社会工作与社会政策、社会问题研究。

策的影响，新生代农民工既无地可耕，也无田可种，外出经商或务工成为他们几乎唯一的出路。目前，农民工已经成为我国新兴产业工人的重要组成部分和城市建设的生力军，而且业已成为我国制造业所需的劳动力主体（王志华、董存田，2012）。虽然各级政府为解决农民工问题颁布实施了一系列政策措施，但是，农民工的"经济性接纳、社会性排斥"局面没有改变。不但如此，他们的人力资本严重不足的状况也并无明显改善。教育培训，作为一种发展型福利，可以为满足公民发展需要提供教育资源保障和服务支持。它不但是民生之基，而且是保障和支撑未来发展的基石。现阶段对教育培训的投资在很大程度上直接决定了一个国家或者地区未来的经济发展水平。福利国家之父贝弗里奇强调，教育培训可以预防贫困、降低犯罪率、为年轻人成为劳动力做准备并促进社会流动（Katz，2010）。教育和培训作为一种重要的人力资本投资，一直以来受到西方发达国家的高度重视。它既是一种社会福利，也是一种经济投资，在促进社会福利的同时提升了经济效率。它不但能起到预防和缓解贫困、阻断贫困代际传递恶性循环的作用，也是欧洲各国用以有效避免福利依赖、提升公民抗击贫困风险能力的基本手段，同时还是欧洲各国用以消除社会剥夺和社会排斥、促进公民实现向上社会流动的重要手段。我国学界也有观点认为，社会福利服务是一种包括社会保障、教育、医疗、住房等在内的面向全体公民的更广泛的项目（尚晓援，2001），现代公民的基本福利需求包括教育福利需求（景天魁等，2010：187）。无论是安东尼·吉登斯提出的积极福利，还是詹姆斯·米奇利的发展型社会政策或社会投资导向型的社会政策，都不约而同地强调教育和培训，主张支持有工作能力的成年人就业和参加培训。强调移民（农民工）教育培训和社会政策应重点关注人力资本与社会资本的投资，应将社会政策资金重点投向能够改善人力资本和社会资本状况、促进就业、提高劳动者技能的社会项目上，重在提高社会群体参与经济竞争的能力，致力于消除社会成员参与经济活动的障碍。英美等国以及欧盟都先后实施积极的福利政策，即运用政策，鼓励或迫使民众接受培训教育和寻找工作，政府的职责是积极提供职业培训、职业介绍，以及为他们创造公共就业岗位。

然而，我国农民工教育并没有在真正意义上得到足够的重视，这一点体现在城乡教育的巨大差距中。随着老一代农民工返乡，新生代农民工逐渐成为农民工群体的主体。和老一代农民工相比，新生代农民工受教育水平有所提升，但是，相对于经济社会发展需要，他们的人力资本依然严重不足。新生代农民工受教育水平低，人力资本匮乏，是我国长期以来不公平的教育政策体制使然，也是教育不公平的具体体现。如今，农民工已然成为我国制造业所需的劳动力主体。他们的人力资本不足的状况已经不仅仅是影响到个人发展的问题，更成为影响到我国产业结构转型升级的重大社会课题，已经到了不容忽视的地步。多年前开始出现的"民工荒"、"技工荒"等"用工荒"问题，本质上是新生代农民工人力资本严重缺失的反映。新生代农民工人力资本欠缺的状况既影响到他们在城市的发展，也阻碍了他们的市民化进程，同时也使得他们很难满足我国经济结构转型、升级的需要。积极探索新生代农民工教育培训体系的建构路径，无论是对于提升新生代农民工人力资本，促进他们在城市的发展，还是对于我国经济社会的长远发展，都具有十分重要的现实意义。

二 当前我国新生代农民工的受教育水平与教育培训现状

（一）新生代农民工受教育水平低，他们的受教育权没有得到有效保障

课题组的调查发现，农民工受教育水平普遍偏低。在调查的农民工中，平均受教育年限只有 9.74 年（见表 1），相当于初中毕业水平。调查发现，初中及以下水平[①]的农民工所占比例最高，为 52.71%（见表 2）。这一点与国家统计局调查的结论基本一致。国家统计局的数据表明，2009～2015 年，初中及以下文化程度的农民工占比分别高达：76.5%、74.8%、74.5%、73.5%、66.7%、74.0%、72.2%（见表 3）。

[①] 鉴于当前我国义务教育的普及，未接受任何教育的文盲越来越少，本研究把文盲和小学毕业水平合并为"小学及以下"，并未严格区分为"文盲"和"小学水平"。

表 1　被访者受教育年限

	最小值	最大值	平均值	标准差
被访者受教育年限	0	16	9.74	3.704

表 2　被访者个人和家庭受教育情况（N = 905）

变量	值	人数	百分比（%）
受教育程度	小学及以下	142	15.69
	初中	335	37.02
	高中	233	25.75
	中专	88	9.72
	大专及以上	107	11.82

表 3　2009～2015 年农民工文化程度构成

单位：%

	2009 年	2010 年	2011 年	2012 年	2013 年	2014 年	2015 年
未上过学	1.1	1.3	0.9	1.0		0.9	0.8
小学	10.6	12.3	10.7	10.5	6.1	11.5	10.9
初中	64.8	61.2	62.9	62.0	60.6	61.6	60.5
高中	13.1	15.0	12.7	12.8	20.5	16.7	17.2
大中专及以上	10.4	10.2	12.8	13.7	12.8	9.3	10.7

资料来源：根据国家统计局 2009～2015 年"全国农民工监测调查报告"数据整理。

无论是国家统计局数据，还是本课题组调查数据都显示，我国农民工文化程度非常低，初中及以下受教育水平的农民工占绝大多数。这种状况说明，农民工的受教育权没有得到有效保障。他们的人力资本严重不足，很难满足我国产业结构转型升级的需要。

（二）农民工的技能培训明显不足，影响到他们在城市的发展

农民工不但没有接受较好的教育，而且也没有接受足够的培训，难以满足他们在城市就业和发展的需要。课题组调查结果显示，参加农民工就

业培训（主要是简单的岗前技能培训）的农民工只占被调查对象的26.7%，不到三成（见表4）。说明农民工的技能培训普及面还比较小，存在很大的发展空间。这一发现与国家统计局数据基本一致。有相当一部分农民工没有参加任何培训。而且课题组的调查发现，没有参加任何培训的农民工所占比例（73.3%）远远高于国家统计局任何一年的数据。

表4　是否参加过技能培训

	人数	百分比（%）
有	242	26.7
没有	663	73.3
合计	905	100.0

国家统计局的数据表明，2009～2014年，没有接受任何形式培训的农民工占比分别高达51.1%、52.4%、68.8%、69.2%、67.3%、65.2%（见表5），而六年间接受过培训的农民工平均占比为37.67%，没有接受培训的农民工六年间平均占比为63.33%，除2009年、2010年外，其余年份当中，没有接受任何形式培训的农民工占比远远高于接受过培训的农民工所占比例。这点在表5和图1中得到明显反映。

国家统计局数据表明，从总体上看，接受过培训的农民工所占比例呈下降趋势，由2009年的48.9%降低到2014年的34.8%，降低了14.1个百分点。2013年、2014年稍有回升，但总体下降趋势并没有得到改变。在此期间，本课题组的调查发现，接受过培训的农民工占比只有26.7%，远低于国家统计局任何一年的数据。这种状况说明，随着经济社会的发展，中央一直在强调加强农民工培训，但实际接受培训的农民工比例不升反降，农民工的人力资本状况不但没有改观反而在进一步恶化。这使得原本受教育程度不高的农民工的人力资本严重欠缺，极大程度地影响到他们在城市的就业和发展。这也充分说明了一个问题，农民工的技能培训普及面还比较小，存在很大的发展空间。

表5 2009～2014年农民工接受技能培训情况

单位：%

年份	接受过培训的农民工	未接受任何形式培训的农民工
2009	48.9	51.1
2010	47.6	52.4
2011	31.2	68.8
2012	30.8	69.2
2013	32.7	67.3
2014	34.8	65.2

资料来源：根据国家统计局2008～2015年"全国农民工监测调查报告"数据整理。2008年、2015年国家统计局报告缺乏相关数据。

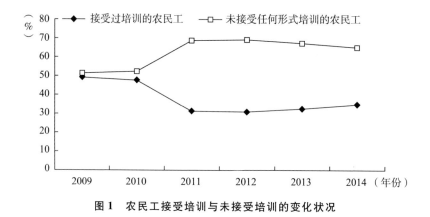

图1 农民工接受培训与未接受培训的变化状况

（三）农民工教育培训责任主体的责任分担不合理，难以调动社会各方力量的积极性

调查数据显示，农民工培训主办方在培训责任分担方面存在不合理的现象。在已经举办过的培训中，由工作单位主办的培训比例最高，占31.8%；由输出地政府举办的占14.0%；由输入地政府举办的占22.5%；社会机构主办的培训占16.5%。关于获取信息渠道这一点，由工作单位通知的比例最高，达45.8%；身边亲友告知的比例也比较高，占26.3%；通过媒体获得的占16.1%；而政府发布信息渠道仅占3.4%。虽然在被访者

参加的培训中，政府发挥了很重要的作用，但政府还应发挥更大的作用，同时社会机构参与培训的可能性还有待挖掘。

农民工缺少技能培训，既影响到农民工在城市的就业和发展，也影响到城市经济社会发展。最近几年的民工荒，已经说明了对农民工开展就业教育培训的重要性和紧迫性。农民工教育培训是公共产品，解决的是劳动力素质提升问题，理应由政府承担主要责任。企业作为劳动力使用的主体，应根据"谁投资、谁受益"的原则，切实承担起农民工岗前、岗中的教育培训责任。

（四）农民工教育培训费用个人负担太多、收费不合理等，影响农民工培训积极性

调查分析结果显示，有相当部分农民工是个人承担培训费用，影响到农民工参加培训的积极性。在已开展的就业培训项目中，有37%的农民工自己掏钱参加就业技能培训。三成的培训由单位负责出资。各地政府出资的培训合计占比为25.6%。虽然有将近40%的人是自己出资参加培训的，但五成（合计50.7%）的被访者认为应该由各级政府支付这笔费用；超过四成的被访者选择了必须由用人单位支付培训费用；只有15.9%的被访者认为自己需支付培训费用。另外，被调查者认为"当前大多培训机构的收费不合理（免费除外）"。55.2%的被访者认为大家不参加培训，主要原因包括培训费太贵了。另外，他们一想到培训就会产生焦虑的感觉。农民工虽然有参加培训的兴趣和动机，也有的自己参加了培训，但从内心来讲，他们是不太愿意自己出钱参加培训的[①]。自己承担太多的培训费用，会削弱农民工参加培训的意愿，影响到他们参加培训的积极性。

（五）农民工教育培训市场不规范，效果不佳，难以满足农民工教育培训需要

调查分析表明，目前农民工教育培训市场存在不规范现象，难以满足

---

① 访谈中了解到，部分农民工对于培训预期收益的不确定性心存疑虑，担心投入的时间和金钱不能带来足够的收益。因此，出现想培训又不愿意出钱培训的局面。

农民工教育培训需要。教育培训市场不规范主要表现在：第一，当前市场上的培训只是流于形式无实质内容。这点从 Likert 态度量表均值得分高达 2.53 可以得到说明。第二，当前培训机构的培训内容设置不合理，而且大多数培训机构的收费不合理。前后两项因子得分分别为 0.797 和 0.757。Likert 态度量表均值得分高达 2.54。有 1/4 多（占比 25.7%）的农民工认为去培训学不到什么东西。第三，不注重培训效果，效果不佳。首先是培训的后期回访工作做得不够。通过调查发现，在被访者中，高达 50.6% 的培训没有对参加培训的农民工进行回访，有一次回访的培训占比为 15.1%。甚至有 1/3 的培训结束后没有发放相关证书。其次是培训达不到预期效果。有超过四成的被访者认为收入没有增加。这在一定程度上说明，培训对于参训者来说，如果达不到既有的经济效益，则参训者的积极性会受到很大影响。第四，培训时间不符合农民工的实际需要。有 38.9% 的农民工认为培训时间太短，另外有 25.9% 的农民工认为培训时间太长。在涉及为什么不参加培训的回答中，50.6% 的被访者选择了培训时间太长没有时间参加培训。

三　新生代农民工人力资本缺失的原因分析

新生代农民工人力资本缺失是多种结构性因素交互作用的结果，既有受教育者个人因素、家庭原因，也有教育福利政策设计的问题，更重要的是教育政策执行不力导致的结果。具体看来，原因主要有以下几个方面。

（一）缺乏完善的立法来确保新生代农民工基础教育阶段受教育权的落实

虽然我国在公民受教育权的保护方面有各种法律，基本形成了由《宪法》、《教育法》、《义务教育法》、《高等教育法》、《残疾人保障法》、《妇女权益保障法》、《残疾人教育条例》等相关法律和教育行政法规组成的法律体系，但是，缺乏一部统一的较为完善的法律来确保农村孩子受教育权的实现。农村免费的义务教育真正落实是在 2006 年。从 20 世纪八九十年代开始，一直到 2006 年，包括义务教育在内的农村基础教育和非义务制教育都是实行收费制，使得相当部分新生代农民工父母因经济原因放弃子女继续接受教育的机会转而让他们外出务工以增加家庭收入。这种教育领域的过度商业化与市场取向，严重影响到国民教育应有的公平性、福利性与规范性，使得新生代农民工的受教育权被剥夺，客观上造成了农村人均受教育水平不高。加上国家教育投入的城市偏好和对学历教育的偏好，教育资源分配不合理，农民和农民工的素质和技能长期得不到提高，加剧了新生代农民工人力资本缺失的状况。

（二）各教育主体责任不明确，缺乏有效的监督管理机制，无法确保新生代农民工受教育权的实现

新生代农民工受教育水平低，他们的受教育权没有得到充分实现，虽然与个体原因有关，但更多的是社会性原因造成的。到目前为止，我国缺乏一部统一的权威法律来确保学龄期学生受教育权的行使。现行法律没有对于确保学龄期学生受教育权的责任主体做出明确规定，也没有明确哪些主体该承担什么样的具体责任。学生的教育全凭家庭自行安排。一方面，教育行政部门和学校没能切实履行好落实教育政策的责任。由于缺少强制性政策措施来确保学龄期学生必须完成国家规定的教育和学习，在我国大部分地区，尤其是农村地区，当处于学龄期的学生辍学的时候，除非恰逢上级政府要考核检查各地入学率情况，教育行政部门、学校在这种进行运动式检查之际会关注辍学的学生。当检查运动过后，一切归于"无人监管"的常态。如果辍学在家的是一些被认为学业不良、升学无望、不能给学校教学质量加分的学生，无论是学校还是教育行政部门都不会去关注他们，甚至为这类辍学感到轻松。因为这类辍学相对提升了升学率，能为学校教育质量排名加分。没有强制性的法律和政策措施的硬性规定，基层教育行政部门对于学生辍学在家的现状缺乏追踪了解和督查的动力和压力。学校和老师也不会或者无力进行及时的干预，对于学生辍学后的去向、生活和学习状况更无从知晓，或者认为不必要知晓，更不必要去主动干预。他们普遍认为，辍学在家是学生自己和家长们的事情。在这种情况下，教

育行政部门和学校等教育机构完全忽略了其作为教育福利政策执行主体的法定责任和义务。他们任由学生的这种主动或被动辍学现象发生。他们认为学生的辍学与自身无关。另一方面，基层的妇联乃至共青团等群团组织没有尽到法定责任和义务。在学龄期学生辍学的时候，他们也没有及时介入，没有为学龄期学生行使受教育权和享受受教育自由提供必需的保护。再有就是，在家长因为各种原因不送孩子接受教育的情况下，缺乏相关的措施来监督家长确保孩子受教育权的实现。这些都与教育政策和法律的不完善有关。无论从理论上讲，还是从现实层面来看，国家应该通过提供法律尤其是具体的社会政策来切实使各个教育主体的责任真正落实。

（三）对农村教育投入的不足，影响到农村居民尤其是新生代农民工受教育水平的提升

一方面，我国教育投入的总量不足，尤其是农村义务教育资源投入存在巨大缺口，很难满足农村居民尤其是新生代农民工的教育需求。衡量一个国家教育投入的重要指标是国家财政性教育经费占 GDP 的比例。联合国教科文组织数据显示，20 世纪 90 年代，世界平均的教育投入占 GDP 的比重已经达到 5.7%。其中，发达国家为 6.1%，发展中国家为 4%（陈鹏，2010）。一直以来，我国教育支出占 GDP 的比例长期低于 4%。农村义务教育投入更是严重不足。农村人均教育经费远远低于全国平均水平，农村尤其是中西部地区农村普遍存在物力资源和人力资源投入都不足的现象。另一方面，我国教育的财政投入结构极为不合理。政府对本应由财政性拨款投入的基础教育的重视程度远远不够（郑功成，2004），至今"重高等教育、轻基础教育"的基本格局没有得到改善。这样一来，本应重点投入的基础教育在办学经费方面更是捉襟见肘。2007 年，国家财政性教育经费在三级教育的分配情况为：初等教育 36.28%、中等教育 41.36%、高等教育 22.36%。而英国为 50%、40% 和 10%，日本分别为 42%、45% 和 13%，法国为 53%、39% 和 8%。这种不合理的教育投入分配结构，再加上城乡分配，使农村教育基础进一步被侵蚀。相当长的一段时期内，我国农村教育本质上只是由乡村集体或个人埋单的集体福利或自我福利，而城

镇教育是国家公共福利。在非财政性经费投入中，政府投入主要采取市场化手段来增加，个人、家庭或社会团体的教育投入均有大幅度增长，其中个人和家庭的教育投资增长幅度最大（郑功成，2004）。新生代农民工接受基础教育和非基础教育的阶段正处在我国教育市场化大力发展时期，他们成了最大的利益受损群体。

（四）新生代农民工职业教育培训制度不完善，加剧了他们的人力资本缺失状况

首先，我国缺乏完善的农民工职业培训制度，导致农民工尤其是新生代农民工教育权益受损。虽然我国有专门的《中华人民共和国教育法》，但并未涉及农民工教育培训。在农民工培训方面，我国也先后颁布实施了"阳光工程"、"农村劳动力转移培训雨露计划"、《2003—2010 年全国农民工培训规划》、《农村劳动力技能就业计划》等相关政策文件，但是，具体可操作性强的政策文件不多。现有法律也没有具体规定专门负责农民工培训的主体责任单位，同时还存在部门机构重叠、多头管理、缺乏协调的问题。另外，在培训经费投入、筹措方面缺乏权威的强制性法律。农民工培训经费投入没有纳入地方经济社会发展规划当中，缺乏常规性财政预算机制和长远规划，培训经费投入长期得不到有效的制度性保障。比如，虽然《2003—2010 年全国农民工培训规划》规定了"农民工培训经费实行政府、用人单位和农民工个人共同分担的投入机制。中央和地方各级财政在财政支出中安排专项经费扶持农民工培训工作"。但是并没有对中央与地方财政各自承担的比例，政府部门、用人单位与新生代农民工各自应承担的经费比例等做出明确规定（周小刚、李丽清、钱芳，2014）。法律没有清晰厘定各培训责任主体的责权和义务，导致农民工培训市场的混乱和不正常的市场逐利行为。还有，各类职业技术学院等高等院校在农民工培训领域存在相当程度的缺位，这在很大程度上既浪费了宝贵的教育资源，又是对农民工教育培训权益的剥夺和损害。

其次，作为教育投入的两大责任主体，政府和企业在农民工教育培训方面的作用有待进一步提升。一方面，从责任主体上看，在政府、市场和

社会三方主体当中，主要是政府的行为造成了中国农民工受教育水平低下和人力资本不足问题。尽管我国教育经费近些年来有所增长，但依然十分不足。而且这种增长实际上是个人、家庭或社会团体的教育投入等非政府财政性投入带来的增长，其中，个人和家庭的教育投资增长幅度最大。在我国，无论是农村还是城市，地方基层政府的相关部门对新生代农民工教育培训工作重视不够，经费来源和财政投入不足。新生代农民工未被纳入城镇职工教育培训的组织管理与规划体系，新生代农民工无缘于城镇职工可以享受的各种免费的职业培训、转岗培训和再就业培训等教育培训，无法成为城镇教育培训制度的受益人（周小刚、李丽清、钱芳，2014）。另一方面，企业是教育投资的另一个重要责任主体。但是，企业在教育投资尤其是对农民工的教育投资方面表现不佳。有数据显示，国有企业中，有30%以上的企业只是象征性地拨一点教育培训费用于人力资本投资，年人均不到10元；年人均教育、培训投入在10~30元的企业占20%左右；大多数亏损企业甚至已经停止了人力资本的投资；部分有能力的企业也已经放弃或准备放弃岗前与中长期的教育培训。过去附属于国有企业的职业教育机构近几年来被撤销与合并的合计占总数的92%（被撤销的占总数的45%，被合并的占总数的47%）（郑功成，2004）。也就是说，本应作为国民教育投资的重要主体的政府和企业，它们在教育投入方面缺位非常严重，承担的责任非常有限。这些与我国农民工教育培训制度不完善有着非常密切的关系。

四　新生代农民工教育培训体系的建构

新生代农民工的受教育水平和人力资本状况，已经难以满足我国制造业发展的需要，不但影响到农民工自身的发展，也造成新的社会不公。教育是提高人们学习和理解知识与信息能力的关键（银平均，2008：184），也是促进社会阶层合理流动的进阶，有助于增促社会进步与公平（银平均，2008：195）。建构完善的新生代农民工教育培训体系，无论是对新生代农民工自身发展，还是对于我国经济社会的长远发展，都很有必要，而且是非常紧迫的任务。

（一）制定统一的新生代农民工教育培训法律，为新生代农民工教育培训提供政策和法律保障

作为社会学者，我们知道，人力资本缺失以及由此引致的贫困，是重要的社会问题，而不只是个人的失败。我国应在原有的法律基础之上，制定统一的新生代农民工教育培训法律。明确政府、企业、教育培训等社会服务机构、个人之间的责任和义务，厘清教育行政部门、学校、家庭等各个主体的责任，将各类职业技术学院等高等院校纳入新生代农民工教育培训体系当中。以法律形式强制规定各个教育主体的责任，同时明确专门负责农民工培训的主体责任单位，避免机构重叠、多头管理和缺乏协调的问题，确保新生代农民工受教育权的真正落实。

（二）健全社会建设预算法，为新生代农民工教育培训提供资金保障

党的十七大以后，中央提出以改善民生为重点的社会建设。为保障各项民生事业的顺利发展，建议制定健全社会建设预算法。在社会建设预算法里，明确民生建设的各项预算开支，把新生代农民工教育培训列入各级政府的经济社会发展规划中进行预算，切实提高国家财政性教育经费占GDP的比例。同时，规定用人单位、职业技术学院等把农民工培训经费纳入预算计划之中，为新生代农民工教育培训经费投入提供法律保障。

（三）健全专项购买机制与补贴机制，激活新生代农民工培训市场各类主体的活力

除法律规定用人单位的教育投入主体责任之外，为调动企业参与新生代农民工教育培训的积极性，允许企业税前列支或对他们实行培训补贴。同时，通过专项购买服务或财政补贴等优惠政策激励职业技术学院、各类教育培训服务机构参与到新生代农民工教育培训工作中来。一方面可以调动社会资源以减轻财政压力，另一方面可以激活各类市场主体的活力，满足新生代农民工教育培训经费投入的需要。

（四）完善新生代农民工培训的监督管理机制，规范新生代农民工教育培训市场

政府应通过完善法律法规，对新生代农民工教育培训在组织领导、制度安排、经费保障、资源整合、规划管理、培训机制、培训主体责任与义务、资金运营、激励举措、培训证书与薪酬晋级管理、评估与监督等各个方面做出强制性规定，引导和约束各主体自觉履行职责，促进新生代农民工教育培训市场的规范运行，切实提高培训实效。

（五）转变教育培训政策理念，扩展农民工教育培训内容，创新培训形式

首先，要转变现行新生代农民工教育培训中单一的就业技能培训理念和导向，努力扩展新生代农民工教育培训内容，着眼于提升新生代农民工综合素养，服务于农民工市民化进程。对于新生代农民工而言，他们未来的出路在于逐渐融入城市，彻底实现真正的市民化。如前文所述，新生代农民工目前处在一种既不属于农村，也不属于城市的"夹心层"状态，是一个未完成市民化的半无产阶级群体。他们在城市发展，不但需要掌握一定的就业技能，更需要掌握现代城市经济社会发展所需的综合知识，提升综合能力。因此，必须创新培训形式，充分运用各种传统的渠道以及互联网、新媒体等智能手段和载体，为新生代农民工教育培训增添新的内容。突破传统技能培训的局面，将卫生健康知识教育、性知识教育、性病防治教育、生育知识教育、权益教育、政策教育、法律知识教育、公民意识教育、民主意识教育、协商谈判技巧教育、利益诉求方式教育、金融知识教育、风险理财教育、保险意识教育、安全教育、人际交往知识和技能教育、文化教育、城市生活知识教育以及抗逆力提升教育等纳入新生代农民工教育培训的内容体系，拓展培训内容。2010年发生的富士康员工"十二连跳"的根本原因在于，企业管理过于僵化，缺乏对新生代农民工的全方位教育和人性化服务，忽视了劳动者作为人的全方位需求和发展需要。劳资双方地位的不平等，加上相关法律法规不健全，全方位教育和人性化服

务的缺失，使得他们的人格尊严、利益诉求和心理健康等正当利益得不到有效保护，进而出现持续的绝望和心理困扰或压力，引发一系列自杀等过激行为。富士康"十二连跳"的血的教训应该让我们警醒，新生代农民工教育培训不仅仅只是让他们掌握工作技能，绝不是让他们变成机器的附属品，而应考虑到新生代农民工作为新一代产业工人的全方位需要。

其次，要扩展新生代农民工教育培训的对象。新生代农民工教育培训，不只是为新生代农民工本身提供相关教育和培训，各级政府官员、用人单位管理者以及广大员工和城市居民，都应该纳入受教育的对象当中。通过教育培训，让他们更加科学地认识到新生代农民工群体的巨大贡献，认识到新生代农民工拥有平等的公民权益、人格尊严和合法的利益诉求，动员社会各阶层积极主动地为新生代农民工营造友善的工作环境和友爱的生活环境，改变农民工"经济性接纳、社会性排斥"的局面，扭转同城不同待遇的格局，真正建成和谐社区与和谐社会。

最后，健全新生代农民工劳动权益保障的法律制度，增强对新生代农民工的人力资本投资。人力资本是人的体力、智力、能力等各种素质的总和。是通过各种方式对人力进行投资形成的资本。这种投资表现为提高人力的各项开支，包括学校教育支出、在职培训支出、保健支出、劳动力迁徙的支出等所耗费的资金、物质、时间、脑力与体力等。因此，新生代农民工的人力资本投资不仅仅是增加对他们的教育培训投入，还包括他们的健康投入和居住条件的改善，以及其他各项权益的保护等。健康和教育同等重要，健康不仅能提高劳动者的劳动生产率，还可以增加他们的劳动时间。健康本身是一种重要的人力资本形式，不仅有助于个人获得更多的就业机会，提升就业的质量，而且对社会经济发展具有基础性作用。加强对诸如劳动时间、生产安全、劳动保护、职业病防治等方面的法律保护，加大用工单位对劳动权益损害的法律责任承担成本；劳动执法部门须加大对务工人员工作场所的监管力度，督促用工单位根据工作环境的现实要求设置必要的劳动保护设施，努力改善农民工的生产条件和劳动环境；通过各种手段规范企业用工行为，合理控制工作时间，保障农民工的休息权益；通过开展讲座、发放健康教育宣传资料等途径来维护农民工自身健康的相关权益，提高其健康风险意识和维权意识等。这些都是对新生代农民工人力资本投资的重要手段和形式。

总之，通过完善立法，重建政府和企业责任，健全保障机制，强化监督管理，创新培训形式和内容，建构由政府、市场（企业）、高校、社区、家庭、个人组成的责任分担、协同共治的多层次、全方位新生代农民工教育培训体系，打造以政府为责任主体、市场为补充、社区为依托、民间社会为辅助、家庭为归宿、专业团体为服务主力的多元参与、相互补充的农民工教育培训服务网络，以满足新生代农民工全方位发展的需要，为建成制造业强国提供高素质的劳动力。

参考文献

陈鹏，2010，《我国农村义务教育福利存在的问题与对策》，《教学与管理》第 9 期。

景天魁等，2010，《福利社会学》，北京师范大学出版社。

尚晓援，2001，《"社会福利"与"社会保障"再认识》，《中国社会科学》第 3 期。

王志华、董存田，2012，《我国制造业结构与劳动力素质结构吻合度分析》，《人口与经济》第 5 期。

银平均，2008，《社会排斥视角下的中国农村贫困》，知识产权出版社。

郑功成，2004，《从福利教育走向混合型的多元教育体系》，《清华大学教育研究》第 5 期。

周小刚、李丽清、钱芳，2014，《构建新生代农民工教育培训体系的发展对策研究》，《中国职业技术教育》第 9 期。

Michael B. Katz. 2010. "Public Education as Welfare." *Dissent* 57（3）.

新生代农民工返乡创业的政策支持研究

——基于重庆市 L 县的个案调查

吴时辉　石梦頔*

摘　要　经济新常态背景下中国经济发展模式转型正重塑农民工进城务工的情境与场域。越来越多的新生代农民工返乡创业。本文基于重庆市 L 县的个案调查,发现新生代农民工创业过程中面临贷款融资、技术培训、企业经营等诸多方面的难题。要从统筹城乡发展、破解"三农"难题等战略高度出发,推动新生代农民工创业,支持政策创新:利用互联网和新媒体技术,打造农民工创业教育培训体系,推动小额信贷和农民工创业基金等金融制度改革,打造农民工创业金融支持体系,创新税收等帮扶政策,打造农民工创业服务体系,让新生代农民工创业成功成为可能。

关键词　新生代农民工　返乡创业　创业支持政策

一　问题的提出

农民工返乡创业行为伴随农民工进城务工而始,2008 年全球金融危机冲击下农民工进城务工环境的重塑是农民工返乡创业大潮兴起的重要契机,而当下国家"大众创业,万众创新"战略和经济新常态下农民工行为选择场域的转型,使越来越多的农民工加入返乡创业的大潮。

2008 年肇始于美国的全球性金融危机既给中国经济发展带来严峻挑

---

* 吴时辉,讲师,江西财经大学社会工作与社会管理研究中心;石梦頔,江西财经大学人文学院 2013 级学生。

战，也成为中国经济发展模式转型的战略机遇。随着中国经济发展进入产业结构调整、传统发展动力弱化、经济增速减缓的新常态，农民工外出务工环境和行为选择场域加速重塑。返乡创业农民工规模越来越大，返乡速度越来越快。根据农业部网站有关数据，截至 2015 年底，中国返乡创业农民工总数近 450 万，约占农民工总数的 2%。而作为农民工群体的绝对主体，新生代农民工返乡创业已成为一个日益重要的经济和社会现象，积累了资金、技术、阅历和梦想的新生代农民工返乡创业，必将深刻改变中国农村的经济版图，也有助于农村空心化等社会问题的解决，甚至推动乡土社会的重塑和乡土文明的再造。因此，从国家层面来看，因势利导、大力支持新生代农民工返乡创业具有重要的社会意义。

新生代农民工返乡创业既有大众创业的一般特点，也具有其群体自身的特殊性。虽然与第一代农民工相比，新生代农民工在人力资本方面有显著提高（王春光，2001；朱永安，2005；任艳，2014），但与大学生和其他重点创业群体相比，仍然存在人力资本相对低下、社会资本总体匮乏、创业资金普遍不足、融资渠道相对狭窄、创业能力总体欠缺等先天不足，这些问题深刻影响了新生代农民工返乡创业成功的概率，因此，建构富有成效的创业支持政策体系尤为重要。

本文通过对重庆市 L 县 10 个新生代农民工返乡创业样本的深入访谈，试图总结新生代农民工创业过程中遇到的难题，并分析创业支持政策对其创业行为的影响，以期构建更完善更有效的新生代农民工返乡创业支持政策体系。

二 文献综述

新生代农民工返乡创业热潮兴起首先与其群体性特征密切相关。相比第一代农民工，更高的人力资本、更超前的消费观念、更自我的价值追求以及更高的生活目标都是推动新生代农民工返乡创业的动力（刘力荣，2012）。新生代农民工返乡创业离不开经济新常态背景下务工环境的变化，也与务工地和家乡之间新型推拉力结构密切相关。"双创"战略下国家政策的重视和支持推动了新生代农民工返乡创业，经济新常态背景下我国经济发展模式转型导致城市务工环境的变化与我国农村经济社会发展加快所形成的城市推力和农村拉力也加快了农民工返乡创业的步伐（黄蓉，2013；张克荣，2015）。对于新生代农民工而言，务工城市融入成本高也是促使其返乡创业的因素之一，就新生代农民工返乡创业现状来看，返乡创业人数总体呈上升趋势，创业领域多集中于服务业，创新程度普遍不足（纪飞飞，2016）。

新生代农民工返乡创业遇到的困难总体涉及个体因素和外在环境两个层面。从个体因素来看，主要是受限于较低的人力资本和经营管理能力。普遍偏低的学历、创业观念的落后、创业知识及技能的匮乏、管理经验的缺失及能力不足都容易使创业陷入困境（谢勇才，2013；罗琼，2013；刘松涛，2015）。从外在环境来看，融资难首当其冲，而各级政府的创业支持政策不够完善、相关管理部门服务意识淡薄、服务平台不健全导致现有支持政策难以完全落地。而创业所在地经营环境较差也成为制约新生代农民工创业成功的重要因素（黄晓勇，2012；任艳，2014；王思思，2016）。

任何创业活动都离不开创业政策的支持（赵都敏、李剑力，2011），创业政策作为宏观创业环境的一部分，对青年创业行为具有引领、调控和保障的功能（薛志谦，2012）。中国近年来大众创业行为方兴未艾，各级政府陆续出台了丰富多样的创业政策，但主要针对的是大学生群体（叶映华，2011）。近年来农民工返乡创业人数日趋增长，从中央到地方出台了一系列扶持返乡创业的政策，但是普遍制度创新不足，导致返乡农民工创业发展机遇有限，空间不足（林斐，2016）。

农民工问题是中国经济社会发展过程中独有的社会现象。国外创业研究大多集中于大学生和外来移民两大群体，有关创业影响因素主要从微观的个体资本和宏观的创业环境两个方面展开。Bojas（1987）对美国外来移民的调查及 Kader（2009）对马来西亚农村创业的系列调查都强调人力资本对创业成功的重要性。而 Nerys Fuller - Love 等（2006）则是从社会资本的角度来探讨农民创业的影响因素。西方发达国家大多建立了较为完善的创业政策。在政策实施方面，创业项目是各国创业政策关注的重点，如美国的贷款担保项目、欧盟的欧洲伙伴计划、日本的小企业协会培训计划等。在创业政策实施管理上，西方国家都为此专门成立了管理机构，比如美国的小企业管理局（SBA）专门负责制定和实施创业政策、荷兰的经济事务部负责协调创业政策的执行等。对于具体实施的创业政策，西方发达国家主要集中在三个方面：一是通过各项措施来营造创业氛围，激发民众的创业激情；二是通过降低门槛、提供优惠、建设公共硬件等措施为创业者减轻创业负担，提供更多的发展机会，营造更好的创业环境；三是加强创业教育，提升创业者的创业技能和素养。

国内外研究表明，创业政策是任何群体创业成功的重要保证，对于人力资本和社会资本双重匮乏的新生代农民工而言，其返乡创业行为面临的风险和挑战更为严峻，更加需要完善高效的创业政策体系保驾护航。中国从中央到地方出台的系列农民工返乡创业支持政策普遍存在创建时间短、体系化程度低、支持力度不到位等诸多问题。因此，推动新生代农民工返乡创业支持政策的创新成为一个十分重要的课题。

三 新生代农民工返乡创业现状与困境

本文采用个案访谈法访谈了 10 位新生代返乡创业农民工，力争还原其创业历程，并探讨其创业面临的困境及创业支持政策存在的问题。

本文个案选取于重庆市农民工输出典型县区 L 县，L 县地处重庆市东北部，总人口 100 万，面积 1892 平方公里，是"中国名柚之乡"和"中国特色竹乡"。2016 年 GDP 为 271 亿元。L 县外出务工人数众多，为 29.2 万人。近年来，返乡创业农民工日益增多，2017 年返乡创业农民工为 4792 人。

近年来，L 县积极响应国家"大众创业，万众创新"战略，针对农民工返乡创业日渐增多的趋势，采用多种方式，为新生代农民工返乡创业搭"后"台、搭"钱"台、搭"舞"台、搭"平"台，全面营造良好的创业氛围和创业环境。先后出台多项政策鼓励和支持农民工返乡创业。L 县大力建设农民工创业园区筑巢引凤，在市级特色工业园区双桂工业园区内专门设立农民工返乡创业园区，已吸引百名返乡创业农民工入驻。还建成了面积 10 万平方米的微型企业创业园，年销售收入近 10 亿元。同时还在各乡镇先后设立了 4 个创业基地和 27 个创业点，成功打造了 2 个市级微型企业示范村。L 县还充分调动社会资源，积极完善创业培训机制，政府牵头组建创业导师团已培训返乡创业农民工 5000 余人次。创业培训积极顺应"互联网＋农业"发展趋势，高度重视农村电子商务发展，专门建设电子商务产业园，打造线上农产品特色馆以及特色产品网络交易平台。L 县还充分整合资源，做好配套物流体系和网络通信基础设施建设，行政村光纤通达率 90.7%、宽带通达率 100%。近三年来，累计有 1947 名农民工返乡创业成功，并带动 2 万余人实现就业。农民工返乡创业在 L 县已蔚然成风。

从访谈看出，返乡创业农民工得到了各级政府创业政策的大力支持。例如 2008 年重庆市政府办公厅出台《引导和鼓励农民工返乡创业的意见》，2015 年国务院办公厅出台《关于支持农民工等人员返乡创业的意见》。L 县依照国务院和市政府的文件精神，结合当地实际，进一步细化了促进新生代农民工等群体返乡创业的政策实施方案。工商部门对返乡创业农民工免收登记类、证照类、管理类等行政事业性费用。对入驻农民工返乡创业园的企业给予土地使用最低价、税收扶持、行政事业规费全额免收等系列优惠政策。同时在创业资金补贴、创业贷款担保、创业技能培训等方面给予全方位扶持。力图营造良好的创业氛围与创业环境，吸引越来越多的新生代农民工返乡创业。在金融服务、创业培训和创业环境营造等方面取得了显著的效果。

XB 夫妇的蛋鸡养殖场是小微企业，享受简化办证程序、免税、资金扶持等优惠政策。初期修建厂房时，政府很快就批准了厂房用地。在后期遇到养殖技术难题时，县农委还会到养殖场进行现场技术指导。蛋鸡被列为特色产业，乡政府多次来到养殖场指导工作，XB 夫妇还多次参加了县农委组织的养殖培训指导班。

"好多事情都是政府帮我们解决。建厂房，政府帮我们协调用地；

差资金，政府平台帮我们担保贷款；差人力，劳动部门帮我们招工人搞培训。记得有次厂里停电，工商局还直接帮我们拉来了一台发电机……"作为微型企业，TS 说自己享受到了一系列的免税、优先办理执照、资金补贴等政策，同时自己的员工还多次参加了县社保局组织的就业培训。之后政府还积极帮助工厂入驻县工业园区，在场地设备提供方面给予了大力支持。

当时 SF 准备返乡从事泥鳅养殖时，正值 L 县明达镇正在建设万亩生态泥鳅产业园，在选址、项目申请等方面，政府都为他做了铺垫工作。之后在镇党委、政府帮助下，结合返乡创业农民工优先用地政策，SF 顺利返租土地 400 余亩。

从上述访谈内容可以看到，L 县在吸引和支持新生代农民工返乡创业上做出了巨大的努力，也取得了可喜的成绩。

从访谈可以看出，新生代返乡创业农民工群体存在诸多共同点。一是都有丰富的城市务工经历，掌握一定专业技能的同时也积累了丰富的人生阅历，务工经历还培养了他们一定的管理能力和商业头脑。二是外出务工积累了一定的创业资金。几乎所有受访对象都是在外出务工过程中积累了创业启动资金，大部分还会向亲朋好友借款，一部分达到条件的微型企业会获得政府的资金扶持，然而在创业初期进行商业贷款的新生代农民工少之又少。三是创业规模普遍较小，基本都是小微企业。四是返乡创业投资规模较小，多以小微企业为主。受访者初期投资多集中在 5 万 ~ 50 万元。创业领域基本以特色养殖、农产品加工、餐饮服务业和电商为主。

表 1　访谈对象创业项目及规模

创业者	创业项目	创业规模
XY	农产品电商	微企
DM	兔子养殖、餐饮	微企
XYOU	电商	微企

续表

创业者	创业项目	创业规模
XD	核桃种植、电商	微企
MZ	榨菜加工、电商	微企
KF	豆筋加工、电商	微企
TS	电子元件加工	小型企业
XB	蛋鸡养殖	微企
SF	泥鳅养殖	微企
XH	火锅餐饮	微企

从表1可以看出，受访的新生代农民工返乡创业大多与农村主要产业和地域优势密切相关。他们种养殖的都属于当地政府重点扶持的特色农产品，比如SF养殖的泥鳅、XB夫妇养殖的蛋鸡都被L县政府出台的《关于加快发展特色效益农业的实施意见》列为特色产业，XD种植的核桃也被评为L县绿色产品。这些受访者在特色农产品种养殖基础上还延伸了农产品深加工环节，并且大多实现了"互联网＋"战略，电商与特色农产品种养殖及深加工的结合，明显扩大了产品销路，增加了创业成功的概率。

新生代农民工返乡创业热潮的到来，大大提高了农村经济发展速度，更有助于新农村建设和城乡一体化发展战略的落实。农民工返乡创业，激活了农村经济发展的活力，也带动了邻里农民创业就业，甚至推动了相关产业的蓬勃发展。比如豆筋生产带动了本地大豆种植的发展，榨菜加工带动了青菜头种植的发展，泥鳅养殖带来了更多就业岗位等。

在SF的带动下，9户业主先后入驻万亩泥鳅产业园，发展泥鳅养殖3000余亩；周边农户也发展稻鳅、藕鳅养殖2000余亩，解决了农村剩余劳动力540人就业。

最近这几年L县政府越来越重视当地的就业创业发展，也非常鼓励在外务工的农民工返乡进行创业，提出了很多相关的政策：税费减免，提供担保贷款、创业培训等，确实在很多方面都不断地完善对返乡创业农民工的扶持工作。这样的环境确实吸引了不少青年人回到家乡来，因为大家原本都不愿意背井离乡，如今政策好了，在家乡也能挣钱。TS没想到自己创业不仅圆了当年的梦想还带动了一大批家乡人在家门口就挣到了钱，他觉得这样的氛围很好，家乡人聚在一起做事，政府做引导工作，老百姓使劲出力，一起为家乡致富出力。

SF和TS等新生代农民工返乡创业的初步成功，有力推动了精准扶贫、城乡一体化等战略目标的实现，深刻改变了农村的经济社会发展图景。

深入访谈和调查过程中，笔者深刻感受到新生代农民工返乡创业给农村发展带来的活力与改变。但喜人成绩的背后，是无法忽视的新生代农民工返乡创业的难题与困境。新生代农民工在返乡创业过程中，除了其自身人力资本和社会资本方面的先天不足之外，创业支持政策本身的局限与不足也成为影响其创业行为的重要因素。新生代农民工返乡创业面临的困境有以下几个方面。

一是创业支持政策缺乏系统性和实效性。现有农民工返乡创业支持政策尚不健全，大多出自中央和省级政府，县乡基层政府因地制宜政策较少。笔者随机查询了我国多个县级政府网站，发现大部分县都没有出台基于自身经济社会发展特点的农民工返乡创业支持政策，多是遵照或照搬了国务院、相关部委以及省市两级政府制定的相关政策。就笔者所调查的L县而言，该县自身制定的农民工返乡创业政策仅有两项，在创业支持政策落实过程中，更多是通过文件转发到相关部门，缺少政策实施前后的评估以及实施监督。相关政策与该县实际多有脱节，难以衔接和匹配新生代农民工返乡创业过程中的实际困难，极大影响了政策的效果。

二是贷款融资政策尚不健全，资金筹措仍是农民工创业的头号难题。访谈对象大多谈到，他们在创业过程中遇到的最大困难就是资金问题。即便政府出台了一系列财政扶持和优惠贷款政策，但是较多的限定条件将大多数农民工企业排除在外。如小微企业的创业资金扶持政策，对所属行业要求是被政府鼓励行业或者是特色发展农业，而且资金的下发要农民工主动提出申请，但一部分新生代农民工并不了解这项政策。而对关贷款融资政策，普通小企业几乎难以达到商业贷款的申请门槛，一方面缺少担保人，另一方面也难以达到"效益好、市场前景好"的贷款评估要求。更重要的是这些贷款要求量化度不高，有关贷款政策解释宣传不具体，更加凸显了返乡创业农民工社会资本匮乏的窘境。过高的贷款门槛和单一的贷款渠道，使新生代农民工创业无法摆脱融资难题。下面的几个个案访谈也验证了这一观点。

由于 DM 没有固定资产，家里面也没有亲戚可以作为担保人，达不到银行商业贷款的要求，所以资金来源是个很大难题。

2007 年，XB 夫妇用打工的积蓄和从亲戚那里借来的十多万元建起了一栋 400 多平方米的蛋鸡养殖厂房，并购进蛋鸡鸡苗 1800 多只，开始了创业。他们没有抵押资产，在资金上都是靠自己的储蓄和向亲戚朋友借钱，感觉自己也达不到贷款条件。

XH 拿出自己在外打工这几年的积蓄，再加上亲戚朋友借来的钱一共七八万元在当地镇上开了一家火锅店。

当最初 KF 在遇到资金周转问题时，他企业的员工们都自发向他借出了一万元、几千元不等的血汗钱，鼓励他继续坚持下去。

贷款政策方面，MZ 由于没有担保人和自身抵押物，没有商业贷款，没有享受过这方面的政策。在企业遇到资金困难时，通过向亲朋好友借资，完善了榨菜厂基础设施。在金融政策方面，MZ 觉得支持力度还不够，目前的大部分贷款政策、资金扶持政策都集中在重点企业或者是效益较好的企业上，这对于急需帮助但是处于起步阶段的小企业来说就很难达到条件，而且目前 L 县的民间借贷机构也没有发展起来，这对于小企业来说融资就是个很大的问题。

XD 觉得贷款的申请程序和批准程序还有待改善和简化。成立公司需要前期资金的投入，最大困难就在于前期资本不够，以及在后续生产过程中出现的资金周转困难。

从上述访谈对象的经历和遭遇可以看出，新生代农民工返乡创业过程中头号难题就是资金问题，而现有农民工创业贷款融资政策门槛过高和定位不准问题尤为明显，贷款融资政策没能真正成为农民工创业路上的助力。因此，在实际创业过程中，获得贷款支持的农民工尚不多见，他们更多依赖于自身打工所得和家庭以及亲友的支持。

三是创业园区产业标准及入园要求过高，新生代农民工大多难以达标。L 县先后建设了多个创业园区，处于产业结构调整战略目标，基本要求入园企业为制造业企业，而农民工由于多种因素的影响和制约，返乡创业大多不在制造业之内。与此同时，创业园在具体运营上仍然存在较多问题，很难真正成为吸引新生代农民工返乡创业的"梧桐树"和"孵化器"。

我的企业入驻了创业园，目前创业园的发展还没有很完善，政府更多的是将工业园的模式直接照搬过来，没有针对性地进行扶持和建设；目前获得大力推广的微型企业创业园其实更多的是由政府招商引资的外来商家入驻，本地创业企业入驻的很少，也没有开展切实的创业孵化。（KF）

从 KF 的访谈可以看出，创业园大多是国家政策号召下的产物，虽然扛起了"创业园"的大旗，实际大多名不副实，很多企业都是招商引资而来的成熟企业，创业园管理者并没有做好为农民工返乡创业竭力服务的准备。

四是政策宣传不到位，政策执行不彻底。已有创业支持政策大多宏观指导性强，微观操作性差。政策往往停留在文件传达和学习层面，宣传力度不够，政策普及度不高。在政策实际执行过程中相关部门往往浮于政策表面，而未领会落实政策具体内涵。因此，在实际政策执行过程中效果往往不尽如人意。

在资金扶持方面，XY 对相关政策并没有很了解，对于自己获得的资金补贴来源也没有非常的清楚，对自己应当享受的优惠政策了解很模糊。

对于各政府部门给予的支持，XB 夫妇表示在技术指导上农委很关心他们，多次组织培训，就是希望培训的内容可以更加实用一些。他们还提到在多次去到镇上农业部门反馈情况和办事时，有些工作人员的接待态度有些消极，对于他们提出的申请难以给予肯定的回应。由于 XB 夫妇的文化程度不高，也不太会使用网络，所以对于返乡创业的相关政策都不是很了解，在享受政策处于比较被动的地位，自己也不知道要从什么渠道去了解。

从访谈对象 XY 和 XB 的创业经历可以看出，地方政府有关部门没有将政策宣传落到实处，相关创业支持政策的宣传解读都很不到位，没有深入返乡创业农民工群体开展政策解读和宣传工作。与此同时，由于新生代农民工自身文化程度偏低，对创业政策认识存在误区，他们没有主动了解相关政策和支持服务的意识。双向沟通的不顺畅和政策宣传的脱节，使相关创业支持政策的实效被大打折扣。

五是创业支持政策重前期引进，轻后期帮扶支持。地方政府各个部门以及金融机构出于政绩考核等需要，高度重视新生代农民工创业前的引进和鼓励，在后续创业过程中则缺少持续关注和支持。以政府提供的创业技能培训课程为例，课程大多数属于创业前的理论教学，缺少创业过程中的创业实践能力培训及问题解决方案的提供。

KF 提到，他觉得在许多的政策支持上政府提供的不够"恰到好处"，企业在最开始最困难的时候得不到政府的重视，达不到政策的要求，反而是在自身慢慢发展好了以后才获得资金奖励和补贴，虽然这确实一方面扩大了创业后期的积极影响和正面效应，但是在创业初期的扶持上还需要一定的改善。

DM 提到政府会开展很多相关培训，这对于自己的文化程度来说接受起来有一定的难度，同时培训课程结束之后也没有后续的跟进，自己在消化理解和后续实践过程中出现的问题无法解决，将这个问题向政府反映之后，相关部门也没有及时给自己一个具体答复。

"政府会锦上添花，但很少雪中送炭"，XD 说这是目前政府在关注返乡创业者方面的一大特点，真正存在困难不起眼的小企业得不到实质性的帮扶，自己熬过困难期已经很有起色的企业才会受到政府的重视。

从上述访谈可以看出，针对新生代农民工返乡创业的支持政策需要更精准的定位，从而从"锦上添花"变成"雪中送炭"，帮扶更多的创业农民工度过艰难的创业历程。

四　新生代农民工返乡创业支持政策的完善与创新

新生代农民工返乡创业在经济新常态背景下随着经济发展形势的变化会成为社会流动的一种新常态。应不断创新和完善新生代农民工创业支持政策，"都说家乡风光好，栽下梧桐引凤来"，基层政府要在深入领会国家和省市政策战略引领基础上，因地制宜建构符合地方实际的创业支持政策。要充分利用互联网和新媒体技术，打造农民工认同而高效的创业教育培训体系；要大力推动小额信贷和农民工创业基金等金融制度改革，为返乡创业农民工量身打造创业金融支持体系；要积极创新税收等帮扶政策，打造满足农民工实际需求的创业服务体系。

一是立足地方实际，深入了解农民工创业困难，打造因地制宜、实用高效的创业支持政策体系。

在创业支持政策的制定上，必须立足地方实际、深入调研、科学论证，切实了解新生代农民工返乡创业的真实需求。同时要深化政策的操作性和实用性，政策要可分解，操作方式要明确，各部门之间要分工明确，互相配合，加强联系，多管齐下，使创业支持政策成为政府各部门之间协调配合、对农民工创业有用的"真"政策和"好"政策。

创业支持政策要从创业用地、创业补贴、税收优惠、贷款融资、公共服务等多维度着手，打造全方位的支持政策体系。政策支持还要杜绝"朝令夕改""一时兴起"等不良现象，必须具有长远的眼光，能随着创业发展的进程可持续性地跟进扶持。同时在传统信息传播渠道基础上，充分发挥互联网新媒体技术，做好创业支持政策的宣传工作，并努力改进政府工作作风，将"真"政策和"好"政策落到实处。

二是充分利用互联网和新媒体技术，打造农民工认同而高效的创业教育培训体系。

首先要建立长效培训机制，制订完善的培训计划。新生代农民工自身文化素质不高，因此对于他们的培训是一项长期而艰巨的任务。地方政府和相关部门应该成立一个专门负责统筹安排创业培训的工作小组，建立长效的培训机制，制订完善的培训计划，同时在培训计划的制订上，应该根据不同的创业项目和培训对象的创业阶段，分层次、分阶段地进行系统培训。

其次要开展多样化的培训方式，丰富培训内容。目前大多数的培训模式都是开班的形式，邀请相关领域的专家学者为返乡创业者授课。然而这种不分对象、没有针对性、过于单一的培训形式已经不能满足当下新生代农民工返乡创业的需求。因此，应该结合新生代农民工的特点，改变当下单一枯燥的培训形式，打破传统"老师讲、学生听"的培训课堂，鼓励更多的课堂互动交流活动，激发新生代农民工在培训中的主动性。此外，要加大理论与实践的结合，除了单一的课堂培训，应该组织培训学员参与实践，比如参观考察优秀的创业基地、实地学习创业成功经验等，将理论更好地融入到实践中去。

最后要加强培训监督检查，注重培训质量评估。为了保证每次培训的教学质量和培训效果，应该定点对培训机构进行定期或者不定期的监督检查，用明察暗访的方式监控教学质量，同时注重培训学员的满意度和反馈意见，并将以上综合结果作为对培训机构考核的重要依据。同时对于培训机构一样要做到随时考核和后期跟进，通过一系列考查方式来了解学员对知识和技能的掌握程度，从而调整培训的方式和进度，并在培训之后保持对学员的跟踪调查，帮助他们更好地将培训内容运用到实际创业活动当中。

三是大力推动小额信贷和农民工创业基金等金融制度改革，为返乡创业农民工量身打造创业金融支持体系，要稳步构建金融支持体系，夯实农民工创业基石。资金难是农民工返乡创业头号"拦路虎"，也是创业支持政策体系的重点攻克目标。

首先，在政府牵头下成立新生代农民工返乡创业专项基金。成立专项基金的做法在其他省市已经有了先例，如北京市的"富平农民创业基金"，对富平学校所培养的农民工采取以个人信用担保为主、无须抵押、每月发放小额贷款方式来支持其创业；贵州省遵义市的"返乡农民创业基金"，对贷款给突出创业项目的金融机构给予贷款总额1%的奖励；江苏省镇江市将5000万元作为信用担保基金存在银行，只要贷款给农民工进行创业，担保金可直接划走。L县政府也可以借鉴以上的成功经验，从财政预算中拨出一部分成立创业基金，更加灵活、简便、快速地为有需求的新生代农民工提供资金短缺上的支持。

其次，在农村商业银行的带领下，完善金融信贷机制。重庆被列为全国首批农村信用社改革试点省市之一后，重庆市农村信用社改制成为重庆农村商业银行，作为以"服务三农"为宗旨的商业银行，应该大力发挥其带头作用，鼓励其他银行也参与到服务新生代农民工返乡创业的支持体系中来，为新生代农民工返乡创业提供针对性的贷款产品和贷款服务。比如适当增加新生代农民工贷款抵押形式，例如自建房屋抵押、自留地抵押，在担保贷款方面引入商业担保公司等担保方式，为新生代农民工拓宽贷款渠道等。

最后，要规范和引导民间融资，形成多方参与的融资渠道。鼓励成立符合规范的民间合作金融组织，集中社会闲散资金，发动民间借贷资本，为返乡创业的新生代农民工提供更多融资的选择；同时促进各信贷机构之间的积极竞争，互相监督，规范信贷市场。政府还要对社会化的金融组织进行严格的审查和监督，保证一切手续齐全，严禁一切私自违法行为。

四是积极创新税收等帮扶政策，打造满足农民工实际需求的创业服务体系。

积极创新农民工返乡创业税收减免等优惠政策，切实减轻农民工创业风险，提振农民工创业信心和创业成功率，打造科学实用的农民工创业服务体系。加强创业孵化基地和服务平台的建设和完善，通过举办创业训练营、创业创新大赛、组建创业联盟、创新成果和创业项目展示推介等方式拓宽农民工创业思维，提升其创业技能。推广各地农业部门实施的"候鸟回归"计划、"春风行动"和"农创客行动"等经验，让新生代农民工返乡创业蔚然成风。

经济新常态背景下我国产业结构升级加快，经济发展模式转型加速，农民工的务工情境与场域也加速转型，在国家"双创"战略的引领下，在城乡新推拉力的作用下，新生代农民工返乡创业正方兴未艾、蔚然成风。基层政府作为农民工返乡创业大潮的见证者和参与者，要在国家宏观政策指导下，深入创新新生代农民工创业支持政策体系，推动和帮助新生代农民工返乡创业，以创业带动就业，以创业改变农村，以创业推动城乡一体化进程。有关新生代农民工返乡创业支持政策体系的创新是一个需要进一步思考和探索的现实命题。

参考文献

《重庆市人民政府办公厅关于引导和鼓励农民工返乡创业的意见》，2005，《重庆市人民政府公报》第 20 期。

《重庆市人民政府办公厅关于印发促进农民工等人员返乡创业实施方案的通知》，2006，《重庆市人民政府公报》第 5 期。

韩长赋，2007，《中国农民工的发展与终结》，北京：中国人民大学出版社。

李树苗，2008，《农民工的社会支持网络》，北京：社会科学文献出版社。

叶映华，2011，《大学生创业政策的困境及其转型》，《教育发展研究》第 1 期。

赵都敏、李剑力，2011，《创业政策与创业活动关系研究述评》，《外国经济与管理》第 3 期。

薛志谦，2012，《我国青年创业扶持政策的现状、价值及优化》，《中国青年研究》第 2 期。

李培林、田丰，2011，《中国新生代农民工：社会态度和行为选择》，《社会》第 3 期。

刘美玉，2013，《创业动机、创业资源与创业模式：基于新生代农民工创业的实证研究》，《宏观经济研究》第 5 期。

罗琼，2013，《新生代农民工返乡创业影响因素研究》，《农业经济》第 8 期。

孙富安，2012，《农民工返乡创业社会支持体系建构研究》，《农村经济》第 2 期。

袁云，2014，《新生代农民工返乡创业的新特点及金融支持研究》，《理论与现代化》第 6 期。

张克荣，2015，《安徽省农民工返乡创业的动机与困境分析》，《区域经济》第 12 期。

Fan, Y, Chen, N, Kirby, DA, 1996, "Chinese Peasant Entrepreneurs : An examination of Township and Village Entreprises in Rural China", *Journal of Small Business Management*, Oct: pp. 72 – 76.

Nerys Fuller – Love, Peter Midmore, Dennis Thomas, 2006, "Entrepreneurship and Rural Economic Development : A Scenario Analysis Approach", *International Journal of Entrepreneurial Behavior and Research*, Vol. 5: pp. 289 – 305.

Kader, R. A, 2009, "Success Factors for Small Rural Entrepreneurs under the One-District-One-Industry Program in Malaysia", *Contemporary Management Research*, Feb, pp. 147 – 162.

经济新常态下青年员工社交情感类
社会服务需求研究[*]

——以深圳龙岗区企业员工为例

洪泸敏[**]

摘　要　深圳市龙岗区9898份企业青年员工需求问卷调查结果显示，新常态下青年员工遭遇的社交情感问题依次是"业余/课余生活单调"、"交际圈较窄"、"困惑和烦恼无处诉说"、"心理压力大"、"情绪控制能力不足"等。其原因在于员工人际关系的疏离感严重、当前企业组织承受的外在压力转化而来的员工个人压力增大等。尽管在解决上述困扰时，青年员工更加倾向于"与亲朋好友倾诉"和"尝试自我调节"，但可能是由于客观条件受限，如部分企业"没有开展活动"、"资金支持"不到位、"服务模式和内容"不够创新等而较少寻求社会支持。调查中青年员工非常期待参加"个人时间规划与管理"、"同辈群体交友与联谊服务"、"团体心理减压小组/活动"、"情感/压力/情绪类讲座"等活动。针对该需求，建议高度重视青年员工群体心理健康，畅通其情绪疏导渠道，帮助其形成良好的社会支持体系，开展各项文化活动提升其组织归属感，多渠道增加社

＊　本文特别鸣谢深圳市龙岗区关心下一代工作委员会、深圳市龙岗区至诚社会工作服务中心的支持。本研究使用的数据来自深圳市龙岗区关心下一代工作委员会、深圳市龙岗区至诚社会工作服务中心联合开展的"龙岗区青工现状及需求调研"，见中共深圳市龙岗区委员会《龙岗区青工现状及需求调研报告》，《理论信息与研究》2017年第5期。
本文系国家社科基金青年项目"新常态下珠三角企业劳动关系状况及社会工作介入研究"（项目编号：16CSH035）、国家留学基金委公派访问学者项目（项目编号：201708360035）、江西省社科规划项目"江西私营经济劳动关系评价指标体系研究"（项目编号：K02712018）的成果。
＊＊　洪泸敏，女，江西南昌人，江西财经大学人文学院讲师，博士，硕士生导师，主要从事劳动关系、企业社会工作研究。

会服务供给，进一步完善社会服务形式。

关键词 经济新常态　青年员工　社交情感　社会服务需求

党的十八大、十九大报告中，习近平同志多次强调青年兴则国家兴，青年强则国家强。青年是经济发展和社会进步的重要推动力量，是我国各年龄层次人群中最富有朝气和活力、最具备创造性和发展潜力的一个群体，受到了广泛的社会关注。青年员工作为企业的新鲜血液和生力军，是企业保持生机的源泉，决定了企业未来能否持续、稳定、健康地成长。认识青年员工在企业中担当的重要角色，引导其形成正确的思想观念、价值取向和行为方式，塑造其健康的社交情感生活，有助于建立青年员工成长的持续有效机制，发挥青年员工的积极作用，促进企业基业常青。

当前在以"速度变化、结构优化、动力转换"为特征的新常态下，我国经济环境发生巨大改变，经济下行压力巨大。"世界工厂"在产业结构和职业结构上面临着很多新议题和新局面。企业的经营与发展受到挑战和冲击，经营绩效出现普遍性下滑，转型升级、驱动创新、提质增效、强化管理等各项任务艰巨而迫切。为降低成本，提高竞争力，不少企业纷纷削减员工福利，降低员工的薪酬待遇，甚至直接裁员，导致员工的心理和情绪问题日益凸显，人才流失现象严重（林新奇、苏伟琳，2017）。尤其对于刚步入社会不久的青年员工来说，残酷的现实和激烈的竞争使其无法避免职业压力、个人压力、社会压力以及人际关系紧张等问题，各种矛盾冲突无法得到释放和排解，他们的心理往往不堪重负。而中国人力资源开发网的调查结果显示，目前大多数青年员工几乎没有有效的方法去缓解各种压力，实现工作与生活的平衡（徐明，2016），相关的社会服务极为缺失，相关的需求也亟待被关注和满足。

就目前文献对于员工需求的理论关切来看（孙新波、范美丽、刘博等，2012；何源、许红，2011；白瑷峥，2011），大多数研究在美国玛汉·坦姆仆模型的基础上（Scarbrough，1999），聚焦于知识型员工或 IT 类员工的薪酬福利需求、知识获取需求、归属和信任需求、工作自主需求和自我实现的需求等，而对于普通员工尤其是青年员工的社交情感类社会服务需求并没有予以重视和深入挖掘，导致鲜有文献涉及该方面的问题。

本文通过文献研究法获取科学、准确的研究数据，充分分析深圳市龙岗区关心下一代工作委员会（以下简称龙岗区关工委）、至诚社会工作服务中心（以下简称至诚社工机构）进行的"龙岗区青工现状及需求调研"的成果，结合实际情况描述当前企业青年员工存在的社交情感类问题，分析青年员工解决该类问题的途径，探索青年员工社交情感类的社会服务需求，并对该区相关社会服务存在的问题进行统计分析，在此基础上有针对性地提出青年员工社交情感类问题的服务建议，以期为新常态下青年员工的激励与管理实践工作提供参考，对当前企业青年社会工作予以启示，为现代企业的持续健康发展提供动力。

一　调查背景介绍与统计结果呈现

学历层次高、学习能力强、思维活跃、价值多元的青年员工对企业的经济效益增长和竞争力提升的作用显而易见，深圳市企业青年员工中不乏大量的大学生人才、专业技术人才、创新型管理人才等极富实力的群体，为其提供高品质的社会工作服务，使其安心留下为深圳市建设添砖加瓦是深圳市政府相关工作部门和企业社工机构的一贯宗旨。为提高服务的实效性，更好地为龙岗区400万来深建设者创造良好的职业发展环境，营造"企业爱青工（即青年员工，下同）、青工爱企业"的和谐氛围，龙岗区关工委和至诚社工机构于2017年7月在全区72个工业园区内开展了大规模问卷调查、多次深度访谈和专题座谈会，收集了9898名16~35岁青年员工的基本信息、个人层面的生活服务需求、家庭系统服务需求、企业支持网络服务需求等信息。调查对象中，除缺省值外，25~35岁员工6000人（61.5%），18~25岁3305人（33.9%），18岁以下451人（4.6%）；园区内企业员工6202人（65.8%），园区外3228人（34.2%）；民营企业员工7589人（78.7%），国有企业1079人（11.2%），其他所有制企业972人（10.1%）；来深工作2~5年的员工4072人（41.9%），5~10年的2847人（29.3%），2年以下的1495人（15.4%），10年以上的1309人

（13.5%）；非深圳户籍员工 6940 人（72.4%），深户 2651 人（27.6%）；已婚员工 5638 人（57.5%），未婚 3611 人（36.8%），离异 476 人（4.9%），丧偶 87 人（0.9%）。

（一）青年员工的社交情感问题

调查结果显示，青年员工认为目前自己学习、生活中社交情感方面最大的困扰因素依次是"业余/课余生活单调"（35.1%的员工选择了此项，下同）、"交际圈较窄"（30.7%）、"困惑和烦恼无处诉说"（27.3%）、"心理压力大"（23.8%）、"情绪控制能力不足"（19.4%）、"与异性关系的处理"（11.2%）和"其他"（3.3%）。从中可以看出，青年员工在社会交往方面资源较为欠缺，情绪较为压抑，访谈内容显示由于工作繁忙，节奏较快，且周边的生活配套设施并不完善，娱乐活动较少，年轻人相互认识、沟通的机会不多。很多青年员工属于非深户的外来人口，在地社会联系较少，一旦遭遇压力和烦恼，缺乏可以求助的人和可链接的社会资本。

调查将青年员工按照年龄、户籍、婚姻状况、文化程度、来深年限、所属企业位置和企业性质等人口统计学变量进行了分类。交叉分析和相关分析的结果呈现如下。"业余/课余生活单调"一项中，①年龄越大的员工对生活单调的感觉越强烈，如 25～35 岁员工（36.1%）和 18～25 岁员工（35.3%）感觉生活单调的比例高于 18 岁以下员工（23.1%）。这可能是因为年长的员工已经建立了稳定的朋友圈和自己的家庭，生活方式较为单一，对新鲜事物的参与和接受程度以及对娱乐的敏感度不如年轻的员工。②非深户员工（37.7%）明显要比深户员工（28.6%）感到生活单调。因为外地员工的家人、亲属、朋友等"强连接"（Granovetter，1973）往往都不在身边，生活比较枯燥，情感上较为脆弱，缺乏关爱，难免感到孤独无聊。③丧偶（43.7%）和离异（41.6%）员工比已婚（35.1%）和未婚（34.3%）员工更加感觉生活单调。由于丧偶和离异员工大多是单独生活，并经历过生活和情感的挫折，所以交往的圈子可能较为狭窄，其参与社会的活跃度会受到影响；而已婚和未婚员工通常过着群居生活，社会交际广泛，业余生活更加丰富多彩。④企业在工业园区外的员工更容易感觉生活单调（37.9%），比例高于企业在园区内的员工（33.8%）。由于街道关工委和园区关工委经常会在园区组织思想文化宣导活动、线上线下教育课堂、"四点半课堂"等活动，因此园区内的员工的生活相对丰富一些。⑤其他所有制企业（39.6%）和民营企业（35.1%）比国有企业（30.4%）的青年员工更容易感觉生活单调。可能的原因是民营企业和其他所有制企业面临的压力较大，生存空间狭小，工作重心更倾向于提高企业经营绩效，开展的员工关爱和服务项目不如国有企业多。

"交际圈较窄"问题分析结果显示：①员工年龄越大，交际圈越窄。25~35岁员工认为自己"交际圈较窄"的比例为32.0%，明显高于18~25岁员工（29.0%）和18岁以下员工（26.7%）。原因在于较年长的员工一旦成家立业，时间和精力必然更多地分配于自己的小家庭，客观上较难去拓展交友圈，主观上也更为接受现状，缺乏动力与外界频繁联系。②深户员工（37.7%）的交际圈比外地户口员工（39.4%）更窄。这一看似有悖于常理的结论其原因在于，随着社会流动速度的加快，很多深圳老原住居民的亲朋好友外迁，导致其朋友圈变小。而新入深户的居民因迁入新社区，融入周边的环境尚需时日，且工作繁忙，私人交往时间有限，则认为自己交际圈很小。③丧偶（43.7%）和离异（41.6%）员工比已婚（35.1%）和未婚（34.3%）员工更加感觉交际贫乏，这是由于丧偶和离异员工大多独来独往，无法通过婚姻伴侣延伸和覆盖更广阔的朋友圈，且部分丧偶和离异员工因生活的变故影响了情绪和性格，减少了与人交往的热情。④企业在工业园区内的员工（33.1%）比园区外员工（26.9%）交际圈更窄。可能是由于园区内员工通常都是集中住宿，每天过着企业一宿舍"两点一线"的生活，周围熟悉的都是工友、室友，认识和交往的人群有限。

"困惑和烦恼无处诉说"选项分析结果如下：①18~25岁员工最深刻地感觉到"困惑和烦恼无处诉说"（29.5%），高于25~35岁员工（26.5%）和18岁以下员工（23.7%）。可能的原因是18~25岁正处于青年的初入职场期和婚恋高峰期，工作、生活和际遇带来的冲击增多，劳动权益、企业福利、社会保障、文化娱乐、子女教育、人际关系、社会融入和社区参与等一系列问题都可能造成内心的矛盾和困扰，但因社会经验缺乏又不知如何消解，向谁求助。而 25～35 岁员工已在职场历练了一段时间，很多已走入稳定的婚姻，在处理人际关系、实现事业和家庭的平衡方面已较为成熟，遭遇问题时知道如何有效地应对。18 岁以下员工则是初出茅庐，"初生牛犊不怕虎"，意识不到太多的问题。②深户员工（29.9%）比非深户员工（26.2%）更加感觉到"困惑和烦恼无处诉说"。相比于非深户员工，深户员工发展起点较高，对工作和生活期待也更高，一旦发现理想与现实落差较大，容易产生各种困扰。加上其认为自己"交际圈较窄"，因此在面对工作、学习、生活中的困难时，不知向谁倾诉。

分析"心理压力大"选项，可以发现，首先，随着年龄的增长，员工心理压力增加。25～35 岁员工（25.1%）和 18～25 岁员工（22.2%）的心理压力明显高于 18 岁以下员工（14.4%）。可能的原因是 25～35 岁员工处于组织和建立家庭的阶段，上有老下有小的情形使得经济压力增加，工作上积累了一定的经验和年限，是企业晋升提拔的主要对象，再上一个台阶的诉求造成其事业压力凸显。18～25 岁员工适逢结婚生子的高峰期，人生大事让其倍感压力。18 岁以下员工心智尚未成熟，尚无负担和牵挂，压力体验不深。其次，非深户员工（25.6%）的心理压力明显高于深户员工（19.4%）。由于非深户员工背井离乡，生存压力较大，如想在进入门槛较高的深圳当地买房、抚养子女甚至赡养老人，则需要付出高额的生活成本。同时户口往往会影响个人的身份认同，非深户员工要想在深圳站稳脚跟，实现安居乐业，真正融入当地社会，需要具备一技之长和吃苦耐劳的品质，其自我驱动力必须较强，而现实中随处可见的激烈竞争容易使非深户员工缺乏安全感和对企业及城市的认同感，由此带来的心理压力也必然较大。

深入探究青年员工的社交情感问题，可以发现其原因在于员工人际关系的疏离感严重，当前社会严重的阶层分化、不合理的资源配置结构已经在某种程度上异化了传统的社会规范与社会成员关系，阻碍了个体的分层流动与发展预期的实现。青年员工与老一辈员工相比，人生观、价值观、生活方式和权益诉求截然不同，前者更加个性化，更加以自我为中心，更加关注工作的体验，他们尽管文化素质较高，心理却比较脆弱，虽满怀理想却容易脱离实际，虽思维活跃却容易走向激进，虽热爱生活却容易因挫折而悲观失望，虽自我意识感强却难以对自己进行准确客观的定位。在外界压力、环境变化、人际关系、情感纠纷等问题面前，青年员工的自我调节能力不足，在生存能力、抗逆力等方面相较老一辈员工更弱。而现实中单一化的家庭结构与多样化的网络沟通媒介，阻碍了亲密关系的建立和人与人之间的真实沟通。这种社会背景和成长环境深刻地影响了青年员工的心理状态，当其进入职场，面对愈益险峻的职场生态和错综复杂的冲突矛盾时，情感支持和精神慰藉的缺失很可能使其逐渐迷失。

加之当前新常态背景下，企业组织承受的外在压力无形中会转化为对员工的个人压力，随着经济压力、工作变动等状况频繁出现，员工的心理亚健康问题呈增多趋势。工作对员工的生理和心理要求不断提高，造成员工的工作安全感和工作控制力不足，增大生理疾病和心理压力（如焦虑、抑郁和衰竭）的风险，在损害员工身心健康的同时还会影响员工的工作效率。而在以内敛和集体主义为特征的东方企业文化背景下，员工往往崇尚内省和追求极致，这常常也会影响员工的情绪，甚至容易导致更多的抑郁、强迫症状（李小平、王建玉、蒋春燕等，2015）。

（二）问题解决现状：以员工内在调节为主，较少寻求社会支持

在解决上述困扰时，青年员工更加倾向于选择"与亲朋好友倾诉"（45.2%）和"尝试自我调节"（36.5%）的方法，表明青年员工更倾向于运用传统的个人内部系统解决问题，自我或熟人网络资源对于个人来说意义非凡，最值得信任，而对外界资源的信任程度和链接程度不高。这与中国"熟人社会"的人际信任方式有关。部分员工选择的处理方式是"参与所在企业的活动"（24.8%）和"寻求第三方支持"（10.0%）等选项，说明随着时代的发展和社会的进步，人们开始逐渐向外部寻求解决问题的途径，面对挫折调整心态，不断努力寻找机会，选择用社会化的方式解决个人问题。调查中19.5%的员工表示对上述困扰"不予理会"，这一现象

值得引起重视，说明该部分员工尚未正视自我的问题，对其听之任之，为将来爆发大的危机埋下了隐患。富士康"十几连跳"的教训应当谨记，若加强前期干预可以防止很多悲剧的发生。

通过对人口统计学变量和解决个人学习生活困扰的方式变量进行交叉分析发现，25～35岁员工中选择"参与所在企业的活动"来解决困扰的比例为26.5%，高于18～25岁员工（23.0%）和18岁以下员工（14.9%）；同时，38.3%的25～35岁员工选择通过"尝试自我调节"来解决困扰，比例高于18～25岁员工（35.5%）和18岁以下员工（16.2%）。这说明年龄越大的员工随着社会阅历的增加，视野更加开阔，思维更加活跃，解决问题的个人才干也更强，不但更能够通过自我能力解决问题，正确对待自己和他人，克服认知偏见，而且更愿意积极地凭借外部力量提高生活质量，完善自我。

从不同婚姻状况的员工来看，离异（31.7%）和丧偶（29.9%）员工比已婚（26.9%）和未婚（20.4%）员工更愿意通过参与企业活动解决困扰，可能是由于离异和丧偶员工更加感到自己生活单调，交际圈小，较难寻求亲朋好友帮助，因此只能借助企业的力量来改善问题。同时，未婚（39.3%）和已婚员工（37.2%）比离异（15.5%）和丧偶（5.7%）员工更愿意进行自我调节。可能的原因是未婚和已婚员工自我效能感更高，更加能够坦然面对，尤其是已婚员工还可以从配偶处获得支持，能够通过与伴侣进行沟通和相互扶携减轻心理压力。而离异和丧偶员工在经历了人生的转折后易被挫伤锐气，较容易否定自我的能力，难以及时调整心理状态与反应。

从青年员工解决社交情感问题的方式来看，当初怀着激情和梦想的年轻人来到深圳，期待在这片蓬勃的热土上大展身手，但繁重枯燥的工作、或多或少的家庭负担，以及离别故土的伤感寂寞，都不同程度地困扰着这些脆弱的年轻人。由于从小缺乏磨炼，在面对现实中的心理压力和烦恼困惑时往往显得无所适从。尤其我国长久以来心理健康知识普及教育滞后，人们对情绪和心理问题往往存在认知误区，青年员工也没有掌握科学的调节方法和运用广泛的外部资源来平稳度过思想和情感的彷徨期和失意期，尽管渴望交流和倾诉，渴望被接纳、被关爱，但在陌生的、孤独的务工城市，只能自我压抑或找亲朋好友倾诉。当他们处于环境并不友好、工作强度大、薪酬不乐观和管理程式化的企业氛围中，一旦找不到发泄负面情绪的出口，容易出现焦虑急躁、退缩逃避、痛苦沮丧，甚至暴怒敌对或消极厌世等情绪，心理极易失衡。

（三）青年员工社交情感类服务需求现状

为了解决以上社交情感类问题，青年员工希望开展的服务依次如下："个人时间规划与管理"（48.9%）、"同辈群体交友与联谊服务"（35.6%）、"团体心理减压小组/活动"（26.2%）、"情感/压力/情绪类讲座"（19.1%）、"情感热线"（12.5%）、"婚恋交友小组/活动"（9.8%）、"其他"（2.7%）。与前述突出的社交情感问题严格对应，正是由于业余生活的单调性，青年员工才希望更好地利用时间，进行更合理的规划管理，以在工作、生活中取得更多的收获；也正是由于交际圈狭窄，他们才急切地想参加交友联谊活动；由于烦恼无处倾诉，心理压力凸显并感到自身情绪控制能力不足，所以期待开设心理减压小组和情感情绪类讲座；因为无法处理好与异性的关系，对两性交往感到不适及缺乏处理感情纠葛的能力，所以期望参加婚恋交友活动。

交叉分析和相关分析结果显示，①民营企业员工（49.5%）和其他所有制企业员工（49.1%）对"个人时间规划与管理"项的感兴趣程度高于国有企业员工（43.3%）。可能的原因是，调查中已显示民营企业员工和其他所有制企业员工比国有企业员工更加感到业余生活单调。②深户员工（42.5%）对"同辈群体交友与联谊服务"感兴趣的比例高于非深户员工（33.6%），这与深户员工交际圈更窄的现实相吻合，朋辈群体交往方面的缺失使其在交友需求上高于非深户员工。③年龄越大的员工对"团体心理减压小组/活动"和"情感/压力/情绪类讲座"与"情感热线"越感兴趣，25～35岁员工选择减压小组、讲座、热线的比例分别是26.7%、19.6%和12.8%，高于18～25岁员工的比例（26.1%、19.1%、12.6%）和18岁员工的比例（21.5%、13.5%、10.9%）。这一方面对应了25～35

岁员工心理压力更大的结论，说明该群体的心理问题更加突出且亟待解决，另一方面说明随着心智的成熟，个人会更加重视心理和精神的健康，希望通过各种方法恢复心理的平衡和适应。④非深户员工愿意参加"婚恋交友小组/活动"的比例为10.4%，高于深户员工（7.9%），这是由于非深户员工远离故乡，到陌生的城市打拼，熟悉的异性可能较少，加上工作压力大等因素，接触异性的时间和机会相对不多，而本地员工则可以通过亲属介绍、从小到大的同学、邻居等朋友圈认识更多的异性。

不难看出，尽管青年员工在面临社交情感困扰时，更多地选择"与亲朋好友倾诉"和"尝试自我调节"，但事实上他们非常愿意采用社会化的方法，参与各项公共活动，寻求外部支持，只是苦于没有合适的渠道去获取相关的资源，因此在后期的服务中我们应该重视该类资源的投入，以真正满足服务对象的需求。

（四）当前相关社会服务存在的问题

1. 部分企业没有开展员工活动，无法满足青年员工的参与需求

调查发现部分企业尚未开展员工活动。4060名青年员工（42.8%）反映近一年来从未参加过企业活动，这些员工中有78.53%来自民营企业，12.43%来自其他所有制企业，9.04%来自国有企业，说明非国有企业的员工参加企业活动的比例明显低于国有企业员工。1910名员工（21.2%）提出"企业没有安排"是他们没有参加活动的原因。当问到企业活动对工作学习生活是否有实际帮助时，只有6.6%的员工（619人）的认为"基本没有什么帮助"，其他员工都对企业活动持肯定态度，认为活动对自己有实际帮助。因此，可以认为，企业开展的绝大部分活动都受到了员工的认可，但仍然有部分企业没有开展活动，无法满足青年员工的参与需求。

2. 开展活动存在着各项困难

在调查中，街道关工委、园区（企业）领导/关工委负责人提到当前开展活动存在着以下困难："缺乏资金支持"（59.3%），"需要创新服务模

式"（51.1%），"缺乏合理的时间安排"（50.3%），"需要更新服务内容"（42.4%），"需要加大活动宣传力度"（35.6%），"内容空洞枯燥，引不起大家注意"（35.4%），"参与者时间和活动时间错位"（27.5%），"开展服务受场地限制"（25.5%）。显然，在今后的活动中，时间地点安排、内容模式和宣传设计，以及资金保障等环节都需要完善。

二　新常态下开展青年员工社交情感类服务的建议

当前和今后一个时期我国经济发展的大逻辑是整个国家处于增速换挡期、转型阵痛期和改革攻坚期的"新常态"，在此背景下，青年员工的利益诉求、思想观念、价值取向面临着巨大的冲击，因对变化的环境难以适应和工作压力大、人际关系紧张、情感复杂化，容易出现心理问题和情绪问题，甚至出现一些极端事件。然而，国家经济增长需要发挥青年劳动力的潜力，新常态下企业突破管制性壁垒所能获取的边际收益已趋于递减，人口老龄化趋势更是将企业可持续发展的动力从低成本的人力资源转向高质量的人力资本和技术进步（程虹、宋菲菲，2016），因此我们应当摒弃改革开放初期"人口红利"下低成本劳动力充足供给的意识惯性，注重当下青年员工的身心健康，保证他们良好的工作状态，帮助他们实现从生存需求向发展需求的转变。

（一）高度重视青年员工群体心理健康，促进整个群体的心理素质提升

青年员工作为社会的中坚力量，对外是企业的生力军，对内是家庭的主心骨，该群体的行为直接影响着家庭、企业和整个社会架构。政府、企业和相关社会组织应当高度重视该群体的心理动态，组织专门力量针对不同年龄、性别、职务、工种、户籍、工作地、学历、婚姻状况等的员工细化分类，加强调研。

积极探索青年员工心理教育、疏导、干预、救助的有效方法和途径，进行员工心理健康知识宣传与普及工作，邀请专家学者举办企业员工感兴

趣的心理健康专题讲座，帮助员工掌握心理调适方法，了解心理帮扶渠道，全面提高员工心理素质。建立员工心理健康档案，做好心理健康体检，准确把握员工心理活动规律。整合内外专家资源，组织企业的管理层尤其是人力资源、工会干部等参加员工心理帮扶培训班，在企业制订并实施员工心理健康援助计划，营造共同关注、积极促进员工心理健康的浓厚氛围。成立员工心理援助中心，开通情感热线和心理咨询门诊，为员工提供心理疏导与调适，尽可能帮助其减轻压力，促进整个群体的心理素质提升。

对"心理压力大"的 25～35 岁员工、非深户员工要进行重点关心，及时跟进。对于因重大自然灾害、群体性事件、责任事故、生活变故、岗位变化、长期患病而造成突出问题的个案，要整合各方面资源及时介入，通过心理辅导、组织谈话、结对帮扶、调整岗位、强制休息等方式，建立健全预测预防机制，防止心理危机事件等各种不良后果发生。

（二）畅通青年员工情绪疏导渠道，有效引导他们形成良好的社会支持体系

工会应积极促进和谐劳动关系的建立，畅通员工情绪疏导渠道，帮助其提高道德判断能力和行为选择能力，科学管理情绪，有效地进行自我情绪控制、自我情绪调节和自我情绪完善，自觉主动地适应社会发展的需要。帮助员工掌握有效的沟通方式，引导员工在受挫时，通过选择合理的途径、合法的手段表达自己的诉求，避免过激和极端行为发生，尽量将员工的问题解决在基层，避免群体暴力事件。

调查中三个年龄段的青年员工在面临困惑时选择最多的方式均是"与亲朋好友倾诉"。因此，在服务的过程中，应拓宽他们被亲朋好友倾听、安抚的渠道，引导员工向最亲密、最信任的人诉说工作、生活中的烦恼，在快节奏、高压力的工作之余加强与亲朋好友的沟通与交流，帮助员工充分利用和拓展身边的社会支持体系，消除青年员工在深圳生活的陌生感和孤单感，满足他们的亲缘需求，以便使青年员工在社会支持网络中获得健康、良性的支持，尤其是调查中感到自己"交际圈较窄"的 25～35 岁员工、深户员工、丧偶离异员工和园区内企业员工，以及感到"困惑和烦恼

无处诉说"的 18～25 岁员工和深户员工。帮助员工培养、保持良好的人际交往和沟通能力，提高其个人修养，充实其情感体验，增长其个人自信，弥补其在人际交往中的认知缺失，避免方法欠妥或个性缺陷，拓展青年员工人际交往的渠道和交际范围，鼓励其与更多人相识、相知和相交，建立朋友间的信任，发展更亲密的人际关系，以产生积极的情绪，提升自身的幸福感。

（三）开展各项文化活动，加强和谐企业建设，提升员工组织归属感

研究表明，青年员工在求职择业时非常看重组织氛围、社交价值和组织认同（Lievens，2007）。建议通过各项文化活动加强企业和谐氛围建设，提高企业管理层对举办企业活动意义的认识，注重企业文化培训、岗位心理融入培训、团队培训、人际关系培训、压力管理培训等。加强企业文化设施建设，以年轻人喜闻乐见的形式有针对性地举办各类文体活动，尤其是本调查中员工要求最强烈的"个人时间规划与管理"、"同辈群体交友与联谊服务"、"团体心理减压小组/活动"、"情感/压力/情绪类讲座"等活动，并鼓励员工积极地加入园区社团或参与园区与企业组织的集体活动，重点关注感到"业余生活单调"的 25～35 岁员工、非深户员工、丧偶离异员工、园区外企业员工、民营与其他所有制企业员工。为青年员工创设更多的社交机会，搭建员工互动的平台，拓展和重建青年员工的社交关系网络，改变他们人际交往的封闭性，丰富员工业余生活，增强员工的组织归属感、组织承诺和组织忠诚度，提升团队凝聚力。

针对未来发展性需求，服务应以组织群体性活动为主，加强企业和员工之间的联系。结合青年员工的实际需求和人群特点，提升活动的实用性、有效性、丰富性、包容性和可选择性，以吸引青年员工广泛参与。可以采取定期座谈的形式，把企业愿景和成就传达给员工，让其感受到企业前景，对新常态下的企业仍然信心十足，使其可以专心工作。还可以以满意度调查问卷的形式，让员工表达对企业的不满、期望及建议。企业对员工的合理化建议要做到及时反馈，不断改进，从而可以达到增强员工满意

度、成就感和对企业忠诚的效果。

（四）多渠道增加社会服务供给，进一步完善社会服务形式

随着时代的进步，青年员工的文化程度、公民意识都在不断提升，他们对社会服务给予了更高更多的期待。但是目前绝大多数社会服务还停留在满足员工需求的最初阶段，对员工发展性的需求还没有给予应有的重视。建议不断拓展社会工作实务领域，多渠道增加社会服务供给，针对调查中发现的活动"缺乏合理的时间安排"、"缺乏资金支持"、"需要创新服务模式"等各项困难，政府应从场地、资金、技术等各个方面予以支持和保障。进一步完善社会服务形式，创新网络学习模式，通过微信公众服务平台、工会职工网站等媒介，传送社交情感类知识，方便员工随时随地学习。

社工机构也应主动走入园区、走入企业、走入员工群体。关注员工的社交需求和情感需求，了解员工的先天禀赋、成长环境、情感和生理特征，为员工提供正确的价值导向和精神动力，帮助员工解决重大的人生观、价值观问题。有条件的外部项目可以建立心理健康咨询服务站，设立员工援助计划试点、心理咨询室、心理测量室、团体活动室、音乐放松室等，进而帮助员工消除心理困惑、焦虑、抑郁、恐慌等不良情绪，防止个别员工出现心理严重失调、崩溃甚至自杀倾向。

三　结语

新常态背景下我国经济下行压力增大，企业需要重新审视其经营目标，从过去重视数量、速度和扩张转变为重视质量、效益和内涵。青年员工由于缺乏磨炼，耐挫力不强，缺乏心理调节的技巧，在当前严峻的经济态势下容易产生社交情感类困扰，影响了工作和生活的正常进行。满足青年员工的心理素质健康和人际交往和谐的需求，以提升其工作绩效是实现企业经营新目标的必经之路。我们应当坚持组织和个人协同发展、良性互动和融合共生的理念，在强调组织目标实现的同时，尊重员工个人成长和

发展的诉求，注重员工情绪健康、精神健康，帮助员工增强心理健康意识，丰富心理知识，学习心理调节的基本技能，提高自身心理素质，及时进行情绪疏通，使消极情绪得以合理宣泄。帮助其塑造正确的人生观和积极的人生态度，发展良好的社会适应能力，提高人力资本质量。通过多样化的企业文化活动和投入充分、形式多样、长期跟进、细致服务的柔性治理机制，保证青年员工正常地工作和生活，以此为企业提供稳定、丰富、优质的人才储备资源。

参考文献

白瑷峥，2011，《基于员工需求满足的人性化工作设计》，《山西财经大学学报》第4期。

程虹、宋菲菲，2016，《新常态下企业经营绩效的下降：基于企业家精神的解释——来自2015年广东制造业企业—员工匹配调查的经验证据》，《武汉大学学报》（哲学社会科学版）第69期。

何源、许红，2011，《基于激励的IT企业员工需求特征分析》，《特区经济》第5期。

李小平、王建玉、蒋春燕，2015，《外企青年员工心理健康和职业倦怠状况分析》，《上海交通大学学报》（医学版）第35期。

林新奇、苏伟琳，2017，《经济新常态下企业员工福利管理创新研究》，《中国劳动》第7期。

孙新波、范美丽、刘博等，2012，《产学研知识联盟中知识员工需求结构的实证研究》，《东北大学学报》（自然科学版）第9期。

徐明，2016，《职场中的社会人——国有企业青年员工雇佣关系管理的问题与对策》，《中国人力资源开发》第18期。

Filip Lievens. 2007. "Employer Branding in the Belgian Army: The Importance of Instrumental and Symbolic Beliefs for Potential Applicants, Actual Applicants, and Military Employees." *Human Resource Management* 46: 51 – 69.

Granovetter, M. 1973. "The Strength of Weak Ties." *American Journal of Sociology* 78: 1360 – 1380.

Scarbrough, H. 1999. "Knowledge as Work: Conflicts in the Management of Knowledge Workers." *Technology Analysis and Strategic Management* 1: 5 – 16.

家庭因素对进城创业选择的影响

——基于 2013 年 CGSS 数据的分析[*]

陈文超[**]

摘　要　家庭因素影响进城经济活动的选择。通过对 CGSS 2013 数据的分析，本研究探究了家庭因素在进城创业经济活动中的影响及其作用机制。与已有研究有所不同，本研究发现，家庭组织对进城创业经济活动的影响并非在于提供情景，如由于照顾家庭未成年子女等而选择进城创业经济活动，抑或是父辈职业影响子代进城创业经济活动的选择，均不是家庭发展倒逼的影响，而主要是在于家庭组织能为进城创业经济活动提供必要的人力要素和物质要素。具体来说，家庭子女数与进城创业经济活动选择间的倒 U 形的曲线关系告诉我们，家庭子女数保持在 3 个左右，则进城劳动者选择创业经济活动的可能性最大；家庭物质条件较好，则家庭成员选择进城创业经济活动的可能性较大；等等。可见，家庭因素对于进城创业经济活动的影响在于家庭组织能为其提供必要的生产要素。

关键词　家庭因素　进城创业　经济活动选择　生产要素

一　问题的提出

经济组织的创办需要必要的生产要素。即使对于进城农民所创办的经

---

　*　本文为国家社科基金项目"进城农民自主经营行动研究"（项目编号：14CSH023）和华中科技大学自主创新研究基金（人文社科）项目"进城创业主体的市民化趋势及行动研究"（项目编号：2016AB018）阶段性成果。

　**　陈文超，湖北襄阳人，华中科技大学社会学系副教授，主要从事人口流动与劳动力市场治理（进城创业相关问题）方面的研究。

济组织来说，虽然市场门槛较低，但创业也需要相应的人力要素、物质要素等，否则缺少必要的生产要素，进城创业可谓是"巧妇难为无米之炊"。在实践中，进城创业者的个体禀赋能够满足创业经济行动的部分需要，但是并不能满足创业经济活动的全部之需。在传统文化结构的作用下，个体所依附的家庭单位往往成为他们经济活动实践的支撑性力量。在已有的研究中，相关文献已经证实，作为初级组织的家庭与创业经济活动之间有着较高的正相关关系，家庭可以为创业经济活动提供必要的物质资本和人力资本等（Sanders，Wee，1996）。相对而言，家庭因素影响创业经济活动的生成和进城农民的经济活动相联系。在理论层面，与非农户籍的城市居民相比，进入城镇劳动力市场中的农民处于相对弱势的状态，如难以适应并融入到城市生活之中等。尤其对于进城创业的劳动者来说，一方面，与城市居民直接接触，存在着文化适应难题；另一方面，处于市场经济中面对自负盈亏等诸多风险，他们处在矛盾和问题更多的困境之中。对于在城镇经济市场中诸多问题的解决，由于难以获得来自于家庭组织之外的支持，他们更为需要获得来自于家庭内部的支持。

可见，在应然状态下进行判断，家庭因素在进城创业经济活动中扮演着重要的角色。根据国家统计局抽样调查显示，2013 年 27395 万人的城乡流动人口中有 4437.51 万进城创业者，大约占总量的 16.5%（国家统计局，2014）。在实然中，进城创业者很好地解决了应然状态中的问题。相对来说，家庭组织有效解决了进城创业者在城镇劳动力市场中所面临的诸如生产要素的组织等困境。结合经验资料，我们不得不思考应然问题的解决过程，家庭因素如何影响进城农民的创业经济活动，即家庭如何支持进城农民创办经济组织，为进城农民创业提供了什么方面的支持，等等。对于这些问题的回答，将促使我们不断思考作为初级组织的家庭为何能够为进城个体创业提供必要的支撑，其作用机制何在。因此，回顾有关家庭因素和创业组织的文献，呈现家庭因素对创业经济活动的影响，探究家庭因素对进城创业的影响机制，也成为本研究的立意所在。在研究操作过程中，根据研究需要，我们首先回顾已有文献中有关家庭因素与创业经济活动间关系的内容，并在此基础上与本土社会中的经验相联系，提出本研究的假设。通过对我们所掌握的中国综合社会调查（CGSS）数据进行整理和分析，描述城镇劳动力市场中进城农民的劳动现状，尤其注重进城创业者的经济活动特征，以期通过与进城打工者的对比，展现家庭因素对于进城创业经济活动的影响，并厘析家庭因素影响进城创业经济行动的机制。

二　文献回顾及假设的提出

有关家庭因素和创业经济行动间的关系探讨较多，主要形成了三种研究路径，我们将其归纳为家庭背景论、家庭发展工具论、家庭资源说。以下我们将从这三个方面回顾家庭因素如何影响创业经济行动。

在家庭背景论的研究路径中，许多研究者视家庭为创业经济活动选择的背景，强调家庭结构中的关系、家庭地位等对创业经济行动选择的影响。在家庭结构中的关系方面，已有经验研究显示代际的关系影响创业经济活动的选择，比如父代从事创业经济活动将影响子代从事创业经济活动的概率等（Laferrere，2001）；在家庭地位方面，社会结构中不同的家庭拥有着不同的创业经济活动选择情况，如社会地位较低的家庭通常倾向于选择的创业经济活动一般是自雇型创业经济活动。在文献分析中，我们可以看到许多经验研究给予了较多材料进行验证，比如对移民群体和非移民的分析，对不同地区中移民群体内部结构中的分析，强调家庭社会地位影响创业经济活动的选择等。可见，家庭背景下有关创业经济活动的分析主要凸显了家庭情境的重要性。

在家庭发展工具论研究路径中，许多研究强调家庭因素与创业活动的关系在于创业活动为个人和家庭的发展提供了有效的工具。一方面，从家庭整体发展层面来说，创业经济活动能为家庭发展带来巨大的经济效益（Carr，1996）等；另一方面，从家庭内部的不同群体进行分析，特别对于有小孩的家庭来说，相对于家庭中的男性来说，女性更容易选择创业（Boden，1991）——之所以创业活动存在着性别差异，主要是因为家庭中的女性要处理好家庭结构中的关系，如婚姻的状况、孩子的数量以及孩子的年龄结构等（Carr，1996）。可见，在性别因素作用下，比较打工和创业活动的结果，妇女选择非专业技术和非管理类创业经济活动是为了平衡工作和家庭的需要（Boden，1991）。通过创业活动，家庭中的女性协调了个人职业发展和照顾家庭的关系（Taniguchi，2002），平衡了劳动和生活间的冲突。一般情况下，对于拥有家庭的女性而言，只能选择劳动和生活其中的一项，当两者都选择的时候则是冲突不断（Parasuraman，Simmers，2001）。因此，创业活动可谓家庭和职业发展的平衡点（Budig，2006）。对于家庭中的老年人而言，选择创业活动则也是为了应对提前退休问题（Hakim，1988）。与中国现实状况相联系，对于农民工返乡创业现象的理解，许多学者认为，农民工的职业发展还受到家庭完整性的影响（魏万青，2015），在劳动－生活均衡的社会机制作用下，他们将返乡创业作为一种生活方式（陈文超，2016）。归纳上述研究内容，在此类文献中，创业活动被视为相应的工具或者是解决某类社会问题的策略。

作为与其他两种不同的研究路径，家庭资源说的研究路径立足于家庭分析单位，强调家庭结构的功能性作用。从最为直接的微观层面来说，家庭内部有着较为丰富的资源，由于共同体的利益与强关系的作用，家庭组织为创业者提供了劳动力、资金等所需要的资源（Sanders，Nee，1996）。概而言之，通过家庭结构关系网络等，创业经济行动得以成为现实。将资源概念进一步具体化和类型化，家庭结构中存在着丰富的资本，家庭结构中不同的人力资本、社会资本以及经济资本影响个人的行动选择（石智雷、杨云彦，2012），如父母之前的职业和受教育状况对创业主体活动产生影响，父亲的职业是自主创业者以及父母的收入较高将导致子代有更高的创业率（Hundley，2006）。简而言之，个体创业经济行动的选择受到家庭的影响。这种影响主要表现在家庭资源的让渡和传递，而得到资源的个体便在创业过程中获得了相对应的生产要素，这决定或促进了创业经济组织的生成。与中国经验相联系，一些研究显示，父亲的职业在子代选择自主经营活动方面并未有多大的显著性影响，而母亲的职业技术水平越高越能促进子代通过自主经营追求更高的收入（Linda，2009）；边燕杰通过对珠三角企业家的访谈分析证明家庭为创业过程提供了必要的社会网络或者社会资本，进而为创业者提供创建企业的商业情报、创业资金和首份订单等（边燕杰，2006）。

在家庭因素与创业活动的关系中，无论是背景论的研究路径、工具说的研究路径，还是资源说的研究路径，都展现并强调了家庭因素与创业活动之间有着较为重要的联系，或是作为创业活动的情境，或是创业活动平衡了劳动和生活的关系，或是作为初级组织的家庭为创业活动提供了必要的资源，即家庭因素都影响着创业活动的选择。如果缺少必要的家庭初级组织，那么创业经济行动则难以发生。尽管创业经济行动是家庭因素作用的结果，细致分析三种不同的研究路径，其间也存在着较大的分歧，有的是直接对家庭成员的创业经济活动产生作用，有的则是间接对家庭成员的创业经济活动产生作用，如家庭背景说更为重视家庭因素给予创业经济活动创造的情境，强调家庭组织中文化因素的影响；工具说重视创业经济活动的效用，能解决家庭发展过程中所存在的问题；而资源说更为重视家庭因素给予创业经济活动提供的基础条件，它强调家庭组织在创业过程中扮演着生产要素提供者的角色等。

将已有的理论认识和现实经验联系起来，对于进城创业经济活动而言，已有的认识似乎都能够解释家庭组织和创业组织之间存在的关系，或是依赖的关系，或是被依赖的关系。基于资源假说，从个体层面来说，由于进城个体能力的有限，难以解决处于市场经济中的诸多问题，如创办经济组织时需要必要的生产要素等。进城创业者为了解决这个问题，将家庭作为寻求庇护的有效组织。在传统文化中的家庭伦理作用下，家庭组织也倾向于对家庭成员的经济行动进行庇护，为其正常生产提供一定的生产要素等。基于工具说，进城农民的经济行动效用指向个体或家庭。为了满足自我和他者的期望，特别在与其他劳动形式优势比较下，进城个体创办经济组织。基于背景说，社会化环境因素的影响培养了家庭成员的创业意识，耳濡目染家庭成员中的创业经济活动，尤其是父辈的创业经济活动等促进了家庭成员进城创业经济活动。针对上述解释，哪种假说的解释更为可靠，更为贴近实践中进城个体的创业经济活动状态，即家庭因素在其中主要扮演着什么角色，家庭组织和进城创业经济活动组织之间具体呈现着什么关系？相对来说，检验哪一种关系更为拟合进城创业经济活动和家庭因素之间的关系成为本研究主要解决的问题。

基于以往家庭因素和创业组织之间关系研究的路径或假说，本研究分别提出以下假设。

假设1　相对于其他类型进城经济活动，家庭背景对进城创业经济活动发生了积极的影响作用，父辈职业因素影响了子代选择创业经济活动。

假设1a　基于家庭背景说，在个体社会化成长中，若父亲进行过创业经济活动，则子代选择进城创业经济活动的可能性高于选择其他类型进城经济活动。

假设1b　基于家庭背景说，在个体社会化成长中，若母亲进行过创业经济活动，则子代选择进城创业经济活动的可能性高于选择其他类型进城经济活动。

假设2　相对于其他类型进城经济活动，家庭发展倒逼选择进城创业经济活动。

假设2a　婚姻状态影响进城农民选择创业经济活动（McManus，2001）。为了保持家庭（拟家庭）的完整性，基于工具说，相对于其他进城经济活动，拥有配偶（也包括已同居的男、女朋友，后同）的进城劳动者比没有配偶的进城劳动者选择创业经济活动的可能性稍高。

假设2b　基于工具说，家庭组织中有未成年小孩，则个体选择进城创业经济活动的可能性高于选择其他类型进城经济活动；[①]尤其对于女性进城劳动者而言，拥有未成年小孩的女性，比没有未成年小孩的女性进城劳动者更倾向于选择创业经济活动。

假设3　家庭组织能为创业经济活动提供必要的生产要素，促进创业经济活动从想象走向现实。

假设3a　作为家庭组织中成员，家庭中的子女也可以成为创业经济活动中的劳动力予以使用。因此，基于资源说，相对于其他类型进城经济活动，家庭中的子女数量越多，则进城农民越倾向于选择进城创业经济

[①] 家庭中是否有老人不仅仅影响选择进城创业的可能性，而且也影响其他类型进城经济活动。因此，在这里我们并不对这一因素进行详细分析。

活动。

假设 3b　创业经济活动的实现不仅需要必要的人力要素，也需要一定的物质资本。基于资源说，家庭经济条件越好的进城劳动者则选择创业经济活动的可能性越大。在现代"以车代步"的社会中，家庭中的交通工具一方面成为家庭财富的象征，另一方面影响着经济活动的实现。因此，家庭中是否拥有现代交通工具影响进城农民创业经济活动的实现。具体而言，家庭中拥有小汽车者选择进城创业经济活动的可能性高于选择其他类型进城经济活动。

假设 3c　家庭组织的经济地位是家庭物质条件好与差的表现，家庭经济地位越高，说明家庭物质条件越好；家庭经济地位越低，说明家庭物质条件相对越差。因此，家庭的经济地位影响进城农民创业经济活动的选择，即家庭经济条件较好，则选择进城创业经济活动的可能性高于选择其他类型进城经济活动。

三　数据、变量与方法

（一）研究数据

本研究的实证分析依据来源于"全国综合社会调查"（CGSS 2013）数据。该调查采取多阶段分层随机抽样的方法，抽样框涵盖全国城镇地区。它搜集了被访者在城镇劳动力市场中的工作状况以及家庭状况等详细信息，并能较好地满足本研究的需求。

（二）研究变量

因变量

本研究将进城创业的劳动形式作为因变量。细致剖析进城创业概念，主要包括两个方面的主要内容——劳动主体和劳动形式。其一，作为进城的劳动主体，他们主要是在城市中工作的具有农业户籍的劳动者。该概念强调三个方面，一是所拥有的户籍类型是农业户籍；二是从事的职业是非农业生产的劳动形式；三是劳动的空间处于城镇之中，既包括大都市，也包括乡镇（乡镇政府所在地）。其二，以是否受雇佣为分类指标，在城镇劳动力市场中，进城农民的劳动形式主要分为三类。第一类是进城务工的劳动者，经验中俗称受雇于他人的打工者。第二类是进城经商、办服务业的自主经营者，制度安排中被界定为自己做老板的创业者。从实体经济规模角度进行判断，创业组织的经济实体小型的可以是流动摊贩，大型的可以是具有上千人规模的工厂与企业等。第三类是进城的自由职业者与零工、散工等。从经验来看，散工等介乎于自主经营（创业）者与打工者之间，独自成为城镇劳动力市场中的某一类型，关键在于其既无固定的雇主，也缺少必要的经营决策权等。[①]

控制变量

根据研究主题的需要，我们将区域因素、性别、年龄和受教育水平设置为控制变量。其中对区域因素的界定，根据既有研究经验以及统计习惯，本文将北京、天津、河北、上海、江苏、浙江、福建、山东划分为东部地区，山西、安徽、江西、河南、湖北和湖南划分为中部地区，内蒙古、广西、重庆、四川、贵州、云南、陕西、甘肃、青海和宁夏划分为西部地区，辽宁、吉林和黑龙江划分为东北地区等。

自变量

在 CGSS 2013 调查问卷中，有关父亲、母亲的职业划分较为细致，并且主要涉及被调查对象 14 岁时父辈职业状况。根据研究需要，我们将其操作化为两类，即创业经济活动和非创业经济活动。其中，创业经济活动者主要包括个体工商户、自己是老板（或者是合伙人）等。

结合现实状况，对于婚姻状态，按照是否与配偶生活在一起，我们将其操作化为两种类型，一类是没有配偶生活在一起的婚姻状态，另一类是有配偶生活在一起的状态。其中，前者主要包含未婚、分居未离婚、离

---

① 对于城镇劳动力市场中的散工现象，周大鸣认为，散工队伍日益扩大，却并未引起政府部门和学术界的关注。他将散工界定为外来人口中从事各种"自由"职业的人。具体可参见周大鸣、周建新、刘志军《"自由"的都市边缘人——中国东南沿海散工研究》，广州：中山大学出版社，2007，第 9~11 页。

婚、丧偶；后者包含同居、初婚有配偶、再婚有配偶等。

未成年子女主要指 18 岁以下的孩子，也包括继子继女、养子养女等。

家庭中的孩子主要指家庭中的子女，也包括继子继女、养子养女等。

家庭经济状况指在所在地的相对水平，主要划分为五类：远低于平均水平、低于平均水平、平均水平、高于平均水平和远高于平均水平等。

（三）分析策略

在本研究中，我们主要比较进城创业、进城打工和进城自由择业等经济行动之间所受家庭因素的影响差异。通过对既有差异的理解来明确进城创业和家庭因素间的关系。在具体研究过程中，我们一方面主要采用多分类的回归分析方法，根据不同自变量做嵌套回归分析；另一方面根据性别差异，做二分类的回归分析。

四　描述分析

经过数据整理，我们获得了 1014 个符合本研究需要的样本。其中，进城创业者 329 个样本，进城打工者 588 个样本，进城自由职业者 97 个样本，变量设置具体情况见表 1。

表 1　进城劳动者基本状况描述统计表

变量	创业	打工	自由职业	变量	创业	打工	自由职业
性别 （男性 = 1）	35.21%	52.73%	12.07%	婚姻状态 （有配偶 = 1）	36.14%	53.11%	10.74%
年龄	41.02	37.23	43.55	受教育年限	9.39	10.24	7.92
	9.84	11.39	11.27		2.83	3.43	3.07
父亲职业 （创业 = 1）	25.86%	72.41%	1.72%	子女数量	1.58	1.07	1.58
母亲职业 （创业 = 1）	22.22%	74.07%	3.70%		0.86	0.96	0.81
子女特征 （未成年 = 1）	37.45%	52.83%	9.57%	家用汽车 （有 = 1）	49.25%	46.27%	4.48%

变量	创业	打工	自由职业	变量	创业	打工	自由职业
家庭经济水平				区域			
远低于平均水平	16.22%	67.57%	16.22%	西部	37.85%	52.80%	9.35%
低于平均水平	24.76%	62.86%	12.83%	中部	37.19%	50.00%	12.81%
平均水平	36.20%	55.70%	8.10%	东部	27.45%	65.53%	7.02%
高于平均水平	43.64%	50.91%	5.45%	东北	32.95%	52.27%	14.77%
高于平均水平	100%	0%	0%				
个案数（个）	329	588	97	个案数（个）	329	588	97

注：连续变量报告的是均值和标准差，分类变量报告的是百分比。

从表 1 所显示的信息可知，本研究所获得的样本分布于中国东部、中部、西部和东北部四个区域，其中东部样本数量较多，占 46.35%，东北部样本相对较少，占 8.68%。在四个区域中，进城打工者数量居多，占据一半以上，自由职业者样本数量相对较少。在样本构成中，男性样本所占比重为 59.66%，女性占比为 40.34%。其中，进城男性创业经济活动者占比 64.79%。样本的最大年龄为 82 岁，最小年龄为 19 岁，平均年龄为 39.05 岁。其中，男性样本的平均年龄为 39.91 岁，女性样本的平均年龄为 37.78 岁。进城创业者的年龄处于进城打工者的年龄和进城自由职业者的年龄之间，比前者的平均年龄大约 3 岁，比后者的平均年龄小约 2.5 岁。在教育水平方面，样本的平均受教育年限为 9.74 年。其中，男性样本的平均受教育年限为 9.84 年，最高受教育年限为 16 年，女性样本的平均受教育年限为 9.61 年。进城创业者的平均受教育年限低于总样本的平均水平。从数据所显示的信息来看，在进城创业者 14 岁时，样本之中大约有四分之一的父辈正在进行创业，其中父亲为创业者的占样本总量的 25.86%，母亲为创业者的占样本比重为 22.22%。从相关系数判断，父母是否创业与子女进城创业行为的相关性并不大。对于这一关系的显著度以及父辈的职业对个体进城创业经济活动的选择影响关系，我们在后面将会进一步说明。在进城创业者的家庭结构中，约有 80.77% 的样本处于拥有配偶的状

态，其中同居者占 0.79%，初婚有配偶者占 78.40%，再婚有配偶者占
1.58%。79.45% 的样本有孩子，最多的为 6 个，最少的为 1 个，其中，
53.94% 的样本所在的家庭有年龄小于 18 岁的未成年人。在家庭经济水平
方面，大多数样本所在的家庭经济水平较为一般，34.72% 的样本所在的家
庭经济水平低于所在地平均家庭经济水平，其中有 3.65% 的样本所在的家
庭远远低于当地平均经济水平。

五　分析结果

比较家庭因素对进城创业经济活动、打工活动和自由职业经济活动的
影响差异，我们将家庭因素操作化为父辈的职业因素、子女因素和家庭经
济因素等，并进行多分类的嵌套回归分析。在分析过程中，我们将进城打
工经济活动界定为参考类型，具体分析结果见表 2。

模型 1 主要分析进城劳动者样本的个体特征等控制变量对选择进城创
业经济活动的影响。回归分析结果告诉我们，在样本所在区域方面，保持
其他变量不变，与选择进城打工经济活动情况相比，进入东部地区城镇劳
动力市场中的农民，比进入中部地区城镇劳动力市场中的农民选择创业经
济活动的可能性低；进入西部地区的城镇劳动力市场及东北部地区的城镇
劳动力市场，与进入中部地区城镇劳动力市场选择创业经济活动并无显著
差异。在个体特征变量方面，在控制其他变量不变的情况下，与选择进城
打工经济活动相比，性别、年龄和受教育年限因素影响进城农民选择创业
经济活动，并且年龄和受教育年限对选择进城创业活动的影响呈现倒 U 形
的曲线关系。

在模型 2 中，我们加入了父辈职业的变量，以此来检验家庭背景说的
研究结论是否适合于进城创业者。回归分析结果显示，无论是父亲的职业
还是母亲的职业，都对进城创业选择的影响不显著。据此，我们可以得出
结论，家庭背景说的假设皆不成立，即假设 1 不成立。

表 2　家庭因素对进城经济活动影响的回归分析

变量	模型 1 进城创业 vs. 进城打工	模型 1 进城散工 vs. 进城打工	模型 2 进城创业 vs. 进城打工	模型 2 进城散工 vs. 进城打工	模型 3 进城创业 vs. 进城打工	模型 3 进城散工 vs. 进城打工	模型 4 进城创业 vs. 进城打工	模型 4 进城散工 vs. 进城打工
0. district	0.056	-0.281	0.055	-0.291	0.094	-0.271	0.081	-0.311
	(0.210)	(0.329)	(0.210)	(0.329)	(0.211)	(0.330)	(0.222)	(0.341)
2. district	-0.455*	-0.636*	-0.457*	-0.639*	-0.418*	-0.610*	-0.409*	-0.592*
	(0.182)	(0.285)	(0.182)	(0.286)	(0.183)	(0.286)	(0.194)	(0.293)
3. district	-0.173	0.018	-0.170	0.018	-0.104	0.048	0.141	0.122
	(0.285)	(0.392)	(0.285)	(0.392)	(0.288)	(0.395)	(0.305)	(0.410)
male	0.434**	1.029***	0.433**	1.039***	0.430**	1.028***	0.458**	1.110***
	(0.149)	(0.261)	(0.150)	(0.261)	(0.150)	(0.261)	(0.157)	(0.266)
age	0.194***	0.139*	0.198***	0.133*	0.139**	0.096	0.081	0.013
	(0.041)	(0.060)	(0.042)	(0.060)	(0.046)	(0.065)	(0.051)	(0.073)
agesq	-0.002***	-0.001*	-0.002***	-0.001	-0.001*	-0.001	-0.001	-0.000
	(0.000)	(0.001)	(0.000)	(0.001)	(0.001)	(0.001)	(0.001)	(0.001)
edu_yr	0.197*	0.110	0.199*	0.109	0.176*	0.095	0.202*	0.074
	(0.088)	(0.117)	(0.088)	(0.117)	(0.088)	(0.118)	(0.092)	(0.118)
edu_yrsq	-0.013**	-0.019*	-0.014**	-0.019*	-0.012*	-0.018*	-0.014**	-0.016*
	(0.005)	(0.008)	(0.005)	(0.008)	(0.005)	(0.008)	(0.005)	(0.008)
focc			0.198	-1.350	0.244	-1.315	-0.083	-1.237

续表

变量	模型 1 进城创业 vs. 进城打工	模型 1 进城散工 vs. 进城打工	模型 2 进城创业 vs. 进城打工	模型 2 进城散工 vs. 进城打工	模型 3 进城创业 vs. 进城打工	模型 3 进城散工 vs. 进城打工	模型 4 进城创业 vs. 进城打工	模型 4 进城散工 vs. 进城打工
mocc			0.055 (0.384)	1.060 (1.186)	0.148 (0.391)	1.151 (1.190)	0.524 (0.418)	1.007 (1.195)
spou			(0.568)	(1.229)	0.381 (0.580)	0.370 (1.237)	−0.132 (0.601)	0.073 (1.254)
kids_1					0.331 (0.252)	0.141 (0.430)	−0.046 (0.278)	−0.297 (0.451)
kids					(0.181)	(0.282)	1.296*** (0.320) (0.217)	1.488** (0.553) (0.318)
kidsq							−0.207** (0.074)	−0.346* (0.141)
1.econ_le							−1.283** (0.492)	0.209 (0.518)
2.econ_le							−0.588*** (0.173)	0.135 (0.250)
4.econ_le							0.015 (0.332)	0.113 (0.676)

续表

变量	模型 1		模型 2		模型 3		模型 4	
	进城创业 vs. 进城打工	进城散工 vs. 进城打工	进城创业 vs. 进城打工	进城散工 vs. 进城打工	进城创业 vs. 进城打工	进城散工 vs. 进城打工	进城创业 vs. 进城打工	进城散工 vs. 进城打工
5. econ_le							13.387	1.808
							(413.861)	(1315.528)
car							0.931***	-0.208
							(0.200)	(0.400)
Constant	-5.468***	-4.710***	-5.566***	-4.525**	-4.911***	-4.134**	-3.799***	-2.722
	(0.953)	(1.399)	(0.967)	(1.412)	(0.986)	(1.442)	(1.075)	(1.547)
Observations	1014	1014	1014	1014	1014	1014	1014	1014

注: Standard errors in parentheses
*** $p<0.001$, ** $p<0.01$, * $p<0.05$

表3　进城经济活动选择的性别差异回归分析

变量	模型5		模型6	
	进城创业 vs. 进城打工	进城散工 vs. 进城打工	进城创业 vs. 进城打工	进城散工 vs. 进城打工
0. district	0.223	−0.982	0.233	−0.995
	(0.332)	(0.713)	(0.349)	(0.745)
2. district	−0.311	−0.516	−0.146	−0.382
	(0.294)	(0.509)	(0.315)	(0.551)
3. district	−0.139	−0.580	0.253	−0.466
	(0.494)	(0.854)	(0.517)	(0.901)
age	0.177	0.191	0.101	0.021
	(0.091)	(0.136)	(0.103)	(0.162)
agesq	−0.002	−0.002	−0.001	0.000
	(0.001)	(0.001)	(0.001)	(0.002)
edu_yr	0.122	−0.068	0.156	−0.045
	(0.130)	(0.176)	(0.134)	(0.187)
edu_yrsq	−0.012	−0.006	−0.015	−0.008
	(0.007)	(0.013)	(0.008)	(0.014)
focc	0.009	−13.356	−0.592	−13.253
	(0.705)	(1,599.226)	(0.809)	(1,308.456)
mocc	0.255	−12.539	0.770	−11.593
	(0.956)	(1,919.391)	(0.998)	(1,584.994)
spou	0.966*	0.226	0.539	−0.051
	(0.432)	(0.638)	(0.465)	(0.696)
kids_1	0.331	0.016	−0.286	−0.672
	(0.302)	(0.550)	(0.375)	(0.661)
kids			1.843**	3.488*
			(0.610)	(1.626)
kidsq			−0.368*	−0.902*
			(0.155)	(0.448)
1. econ_le			−0.668	−0.141
			(0.732)	(1.157)
2. econ_le			−0.177	−0.357

续表

变量	模型 5		模型 6	
	进城创业 vs. 进城打工	进城散工 vs. 进城打工	进城创业 vs. 进城打工	进城散工 vs. 进城打工
			(0.274)	(0.526)
4. econ_le			0.547	1.153
			(0.556)	(1.254)
car			0.917*	− 0.282
			(0.356)	(0.840)
Constant	− 5.500**	− 6.121	− 4.399*	− 3.938
	(2.044)	(3.726)	(1.857)	(3.247)
Observations	409	409	409	409

注：Standard errors in parentheses

*** $p < 0.001$, ** $p < 0.01$, * $p < 0.05$

我们在模型 3 中加入了家庭关系变量，即是否拥有配偶和是否拥有未成年子女的变量。我们发现，在控制其他变量不变的状态下，相对于选择进城打工经济活动而言，进城劳动者是否拥有配偶对于选择进城创业经济活动的影响并不显著。与之相似，家庭中是否有未成年子女对于进城农民选择创业经济活动没有显著的影响。具体到女性群体而言，模型 5 显示，与进城打工经济活动相比较，是否拥有未成年子女并不影响她们选择进城创业经济活动。由此可以得出结论，假设 2b 不成立。但与之不同，在保持其他变量不变的状态下，拥有配偶的女性进城劳动者选择创业经济活动可能性是没有配偶的女性进城劳动者的 1.63 倍。

模型 4 为本研究的全模型。与其他三个模型相比，在原有模型基础之上加入了家庭资源要素，一是家庭组织中的人力要素，一是家庭组织中的物质要素。回归分析结果表明，相对于选择进城打工经济活动而言，在控制其他变量的情况下，人力要素和物质要素都对进城创业经济活动有显著的影响。其中，人力要素对进城创业经济活动的影响呈现倒 U 形曲线关系，即随着家庭中子女数量的增加，选择进城创业经济活动的可能性不断提高；当子女数量达到 3.13 个时，选择进城创业经济活动的可能性达到最大；接着，随着子女数量不断增加，选择进城创业经济活动的可能性则开始下降。由此可知，假设3a成立。与实践相联系，正如恰亚诺夫所言，在农民家庭组织中，为了保持劳动与消费的均衡关系，作为家庭成员的家庭子女不仅是家庭组织中的消费单位，也是家庭组织中的生产单位，但并非家庭子女数越多则越有利于创业经济组织的生产，而要考虑创业经济组织的承受能力，即负担家庭子女生活的能力（恰亚若夫，1996）。因此，在协调劳动力数量和生活要求方面，进城创业组织中最为理想的家庭子女数是3个或4个。基于此观点，在控制其他变量不变的情况下，与选择进城打工的可能性进行比较，我们预测家庭组织中子女数量对选择进城创业经济活动的影响趋势，具体如图1。

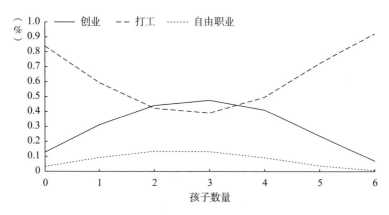

图1　子女数量对进城创业经济活动选择的影响

从图2所给出的信息可知，子女数量与进城经济活动之间有着较强的相关关系，并且三种经济活动与子女数量之间的关系表现出一定的差异性。在没有子女时，即子女数量为0时，进城劳动者选择打工经济活动的可能性最大，选择创业经济活动的可能性次之。随着子女数量的增长，达到2个时，则选择进城创业经济活动的可能性大于进城打工经济活动的可能性，选择进城自由择业经济活动的可能性最小。当子女数量达到4个时，则选择进城打工经济活动的可能性超过选择进城创业经济活动。

在家庭的物质能力方面，在控制其他变量不变的状态下，与选择进城打工经济活动相比，家庭组织是否拥有家用小汽车对选择进城创业经济活动具有显著的作用。拥有家用小汽车的家庭比没有家用小汽车的家庭选择进城创业经济活动的可能性高54%。与实践相联系，条件较好的家庭可以给家庭成员提供较多的物质要素，如创办企业的资金和其他物质资本等。因此，在物质条件的支持下，物质条件较好的家庭内成员则具有较大的可能性选择创业经济活动，而物质条件较差的家庭成员则很可能选择进城打工经济活动等。结合上述分析，我们能验证假设3b成立。

为了更进一步验证假设3，我们在模型4中同时加入了家庭在当地的经济状况等变量。数据分析显示，家庭的相对经济水平对进城创业经济活动和进城打工经济活动的影响有显著的差异。在保持其他变量不变的状态下，与选择进城打工经济活动相比较，经济水平非常差的家庭内成员比一般经济水平的家庭成员选择进城创业经济活动的可能性低82.29%，经济水平较差的家庭内成员比一般经济水平的家庭成员选择进城创业活动的可能性低44.46%。反过来说，若家庭经济水平相对较好，则选择进城创业经济活动的可能性将高于选择进城打工经济活动的可能性。与进城创业经济组织的生产要素筹集相联系，经济水平较差的家庭难以获得创办经济组织的生产要素，即使个人能力以及创业愿望非常强，可"巧妇难为无米之炊"。然而，从数据分析结果看，并非家庭经济相对水平越高，选择创业经济活动的可能性越大。在保持其他变量不变的状态下，与选择进城打工经济活动的可能性相比较，经济水平相对较好和非常好的家庭内成员与经济水平一般的家庭成员在选择进城创业经济活动方面并无显著的差异。相应的，也并非家庭组织所能给予的物质支持越多则选择创业经济活动的可能性越大，而是家庭组织要为家庭成员提供一定的必要物质支持。由此可见，在一定条件支撑下，假设3c成立。综合上述分析，经过多方面的检验，我们发现，假设3成立，即家庭物质条件较好的家庭组织内成员选择进城创业经济活动的可能性较大。进一步延展其中所涵盖的信息可知，家庭组织为进城创业经济活动提供了必要的物质条件支撑。

通过解读模型4，我们还可以看出，随着加入的自变量增多，原有的一些变量对于选择进城创业经济活动的影响也在发生变化。如年龄与选择进城创业经济活动间的倒 U 形曲线关系没有发生变化，但是相对于选择进城打工经济活动而言，选择进城创业经济活动的年龄峰值由 48.61 岁转变为 40.91 岁。相对来说，当进城农民 40.91 岁时选择进城创业经济活动的可能性逐步下降。同样，在保持其他变量不变的状态下，与选择进城打工经济活动相比较，受教育年限与选择进城创业经济活动间的倒 U 形曲线关系也没有发生变化，但顶点峰值由 7.37 年变为 7.11 年。

此外，就女性群体内部的差异而言，模型 6 的结果告诉我们，家庭中是否有未成年子女因素已经从之前微弱的影响变成不显著的影响。因此，假设 2b 不能够成立，即家庭组织内是否有未成年子女与是否选择进城创业经济活动没有多大的必然性。结合假设 2a 的结论，我们能够得出家庭关系并不倒逼进城劳动者，尤其是女性进城劳动者选择创业经济活动。

六　结论与讨论

家庭因素在创业活动过程中扮演着重要的角色，对创办经济组织产生了较为重要的影响。分析已有研究的经验材料和结论，其对家庭因素在创办经济组织过程中的作用分析大致可以归纳为家庭背景说、家庭工具说和家庭资源说三个方面。将已有研究观点和本土社会中的进城创业经济活动相联系，利用中国综合社会调查 2013 年的数据资料进行分析，我们发现，与进城打工经济活动相比较，父辈的职业对选择进城创业经济活动并没有显著的影响，是否组成实质性的家庭即是否有配偶的因素对于选择进城创业经济活动也没有显著的影响，家庭组织内是否有未成年子女对于选择进城创业经济活动同样没有显著的影响。而且，有无未成年子女的家庭成员在选择进城创业经济活动方面也没有性别差异。与之不同，家庭的子女数量、物质条件和经济水平等则明显影响着选择进城创业经济活动。相对于选择进城打工经济活动而言，家庭组织内子女数量与选择进城创业经济活动间呈现出倒 U 形的曲线关系，家庭组织内是否拥有家用小汽车和选择进城创业经济活动间呈现直线关系，家庭组织的相对经济水平也同样显著影响选择进城创业经济活动。简而言之，家庭因素对于进城农民选择创业经济活动产生重要的影响，即家庭在进城农民创办经济组织过程中扮演着较为重要的角色，但其不是背景的角色，也不是分享者角色，而是资源提供者角色。与已有的研究相联系，家庭背景说的研究、家庭工具说的研究较为不适合本土社会中的进城创业经济活动，而家庭资源说能更好地解释家庭因素与进城创业经济活动之间的关系，并能更好地解析家庭因素如何影响进城创业经济活动。

在实践中，以家庭为单位的进城创业经济活动将核心家庭从原来的农村区域迁移到城镇区域之中，但家庭组织的功能并没有发生变化，仍需要满足家庭成员的日常生活需求及维护家庭组织的完整性等。在日常经济实践中，与以往农业生产组织发挥的功能相似，进城创业经济组织也需要有效运转，予以实现既定家庭组织目标。从某种意义上说，在城镇经济场域之中，家庭组织的目标和创业经济组织的目标相统一[①]，家庭组织的存在与发展状况和创业经济组织的运转状况有效关联。从联系的角度而言（Zelizer，2010），家庭组织中的物质条件服务于创业经济活动，家庭内部成员在生活需求的目标下参与家庭劳动安排。即在进城创业经济组织的创办和运转过程中，家庭组织提供生产要素中的物的要素和劳动力的要素。对于一个经济组织而言，当其具备生产要素中的人的要素和物的要素时，在个人创业能力的作用下则将有较大可能创办经济组织。可见，家庭为进城创业经济活动提供了必要的生产资源，促进了进城创业经济活动的实现。若从创办经济组织的能力层面而言，进城农民的个体能力较小，难以聚集必要的生产要素，但是在家庭因素的作用下，或者借用家庭能力则能够直接或间接获得创业的必要生产要素。简而言之，家庭因素在创业经济活动过程中扮演着重要的角色，为创办经济组织提供了必要的生产要素。本研究揭示了家庭因素和进城创业经济活动间的关系，对于家庭因素在创业过程中的影响机制则需要我们进行深入的观察和研究。

---

① 韦伯曾区分了家计和营利内容的异同。与本研究相联系，进城创业者的目标已经超越了传统小农的劳动诉求，在"自给自足"的制度安排下，其不仅仅在于家计，而更多则在于营利。对于家计和营利的具体区分可参见韦伯《社会学的基本概念/经济行动与社会团体》，桂林：广西师范大学出版社，2010，第158页。

参考文献

边燕杰，2006，《网络脱生：创业过程的社会学分析》，《社会学研究》第 6 期。

陈文超，2016，《劳动－生活均衡：返乡创业者的选择机制》，北京：社会科学文献出版社。

国家统计局，2014，《2014 年全国农民工监测调查报告》，http：//www. stats. gov. cn/tjsj/zxfb/201405/t20140512_551585. html.

恰亚若夫，1996，《农民经济组织》，萧正洪译，北京：中央编译出版社。

石智雷、杨云彦，2012，《家庭禀赋、家庭决策与农村迁移劳动力回流》，《社会学研究》第 3 期。

魏万青，2015，《从职业发展到家庭稳定性：基于稳定城市化分析视角的农民工入户意愿研究》，《社会》第 5 期。

Boden R J. 1991. Flexible working hours, family responsibilities, and female self-employment. *American Journal of Economics and Sociology*，（1）：71 – 83.

Budig M J. 2006. Intersections on the road to self – employment：Gender, family and occupational class. *Social Forces*，（4）：2223 – 2239.

Carr D. 1996. Two paths to self-employment? Women's and men's self-employment in the United States, 1980. *Work and Occupations*，（1）：26 – 53.

Hakim C. 1988. Self – employment in Britain：recent trends and current issues，*Work，Employment & Society*，（4）：421 – 450.

Hundley G. 2006. Family Background and the Propensity for Self – Employment. *Industrial Relations：A Journal of Economy and Society*，（3）：377 – 392.

Laferrere A. 2001. Self-employment and intergenerational transfers：liquidity constraints and family environment. *International Journal of Sociology*，（1）：3 – 26.

Linda Y. 2009. Self – employment in urban China：Networking in a transition economy. *China Economic Review*，（3）：471 – 484.

McManus P. A. 2001. Women's participation in self – employment in western industrialized nations. *International Journal of Sociology*，（2）.

Parasuraman S，Simmers C A. 2001. Type of employment, work – family conflict and well-being：a comparative study. *Journal of Organizational Behavior*，（5）：551 – 568.

Sanders J M，Nee V. 1996. Immigrant self-employment：The family as social capital and the value of human capital. *American sociological review*, （2）: 231 – 249.

Taniguchi H. 2002. Determinants of women's entry into self – employment. *Social Science Quarterly*, （3）: 875 – 893.

Zelizer, Viviana A. 2010, *Economic lives*: *How culture shapes the economy*. Princeton University Press.

农民工工伤保险制度存在的问题及对策评析

张秋洁[*]

摘　要　用工单位为农民工上工伤保险的情况不容乐观。本文从覆盖对象、缴费模式、统筹水平、工伤偿付等维度对我国的工伤保险政策进行了剖析。结果表明，由于各地区社会经济情况的差异，主要依赖地方政府在政策实施中起主导作用，工伤保险政策呈现地区分割和碎片化态势，给政策的整合和工伤保险体系的建立造成了一定的困难。最后，有针对性地提出了建议。

关键词　农民工　工伤保险政策　统筹水平　工伤偿付　地区分割

一　前言

工伤保险对农民工具有重要意义。农民工从事的职业主要集中在厂矿、建筑、装修、市政建设、餐饮娱乐等低层次低收入行业（黄永、黄芬等，2007），工作性质使其更易于遭受职业疾病和职业伤害。2006年国务院研究室发布的《中国农民工调研报告》显示，全国每年因工伤致残人员近70万人，其中农民工占大多数。职业伤害和职业病造成了生产率的损失，增加了必需的医疗和福利服务，也给劳动者本人和家庭带来了痛苦和经济困难。而农民工收入水平较低，根据国家统计局2007年《城市农民

---

* 张秋洁，女。现为北京市科学技术研究院助理研究员、北京师范大学博士研究生，主要研究方向为社会保障、社会政策等。

工生活质量状况调查报告》的调查结果，一半以上的农民工月收入在800元以下，只有一成的农民工月收入超过了1500元。在这样的收入水平下，农民工一旦遭受职业疾病或职业伤害，仅凭自己的收入将难以承担康复所必需的费用。

工伤保险在我国是一种强制型社会保险，为职工办理工伤保险的责任主要在用人单位一方。尽管国家政策明确规定，用人单位必须给包括农民工在内的劳动者办理工伤保险，缴纳工伤保险费，同时全国多个省市也出台了专门针对农民工参加工伤保险的政策文件，但是用人单位给农民工办理工伤保险的情况仍不容乐观。现实是，大多数农民工没有工伤保险。国家统计局2007年《城市农民工生活质量状况调查报告》显示，有工伤保险的农民工占被调查农民工总数的比例仅为32.54%。

工伤保险政策从出台至今，已有60余年时间，其间也有过补充和完善，但为什么工伤保险在农民工群体中的覆盖率仍然如此低？在此背景下，本文对我国历年来出台的工伤保险政策逐一进行了深入剖析，从政策视角探讨了农民工参加工伤保险存在的制度问题，并提出相应建议。这对于保障农民工的合法权益，促进我国城市和农村经济社会发展，维护社会公平正义，具有重要的现实意义和深远的影响。

二　中央历年出台的工伤保险政策评析

1951年至今，中央涉及工伤保险的法律、条例共计5项，分别是《中华人民共和国劳动保险条例》（1951年2月）、《中华人民共和国劳动法》（1994年7月）、《企业职工工伤保险试行办法》（1996年10月）、《工伤保险条例》（2004年1月）和修订后的《工伤保险条例》（2010年12月）。单独、专门针对农民工参加工伤保险的通知、意见共计5项，包括《关于农民工参加工伤保险有关问题的通知》（2004年6月）、《关于解决农民工问题的若干意见》（2006年1月）、《关于贯彻落实国务院关于解决农民工问题的若干意见的实施意见》（2006年4月）、《关于实施农民工"平安计划"加快推进农民工参加工伤保险工作的通知》（2006年5月）和《关于做好建筑施工企业农民工参加工伤保险有关工作的通知》（2007 年 1 月）。

从农民工参加工伤保险的角度，我们对历年来中央出台的工伤保险政策进行了评析，从纵向的角度看，中央关于工伤保险的政策呈现出以下特点。

第一，工伤保险的覆盖面逐渐扩大，政策开始重点关注农民工。第一个阶段以 1951 年出台的《中华人民共和国劳动保险条例》（以下简称《条例》）为标志，这是新中国第一部关于劳动保险的政策文件，首次对劳动保险的适用范围、劳动保险的筹资、资金管理及劳动保险待遇做出了规定。《条例》中劳动保险的实施范围既包括了铁路、航运、工、矿、交通等基本建设单位、国营建筑公司等国有企业，又包括了公私合营、私营及合作社经营的工厂、矿场。但对于不在条例实行范围内的企业及季节性企业，《条例》未对其劳动保险事项做出具体规定。同时，《条例》规定享受劳动保险待遇的为工人与职员，而对于在实行劳动保险的企业内工作的临时工、季节工与试用人员，《条例》未做出具体规定。

随着经济的发展，以及用人单位的多样性、就业的多元化，原有的工伤保险规定已远远不能满足劳动者的需求，工伤保险的覆盖面开始逐渐扩大。这一阶段以 1994 年的《中华人民共和国劳动法》和 1996 年的《企业职工工伤保险试行办法》为标志。1994 年的《中华人民共和国劳动法》要求用人单位和劳动者必须依法参加社会保险，缴纳社会保险费，适用范围为"中华人民共和国境内的企业、个体经济组织和与之形成劳动关系的劳动者，国家机关、事业组织、社会团体和与之建立劳动合同关系的劳动者"。1996 年劳动部发布了《企业职工工伤保险试行办法》，规定企业必须参加工伤保险，工伤保险的适用对象包括"中华人民共和国境内的企业及其职工"。然而，无论是《劳动法》中的"劳动关系"，还是《企业职工工伤保险试行办法》中的"职工"，其认定都基于劳动合同，而在现实中，许多劳动者并未与用人单位签订劳动合同，造成劳动关系无法认定，劳动者无法享受工伤保险待遇。

在这样的情况下，一方面，非常有必要进一步明确劳动关系和职工的概念，将因各种原因未能签订劳动合同的劳动者纳入工伤保险体系内；另一方面，针对某些行业的企业跨地区、生产流动性较大的情况，也有必要做出进一步的具体规定，以明确这些企业参加工伤保险的责任，防止其逃避参加工伤保险的义务，减少企业参加工伤保险的制度障碍。这一阶段以2004年1月1日开始施行的《工伤保险条例》为标志。《工伤保险条例》将"职工"的概念确定为"与用人单位存在劳动关系（包括事实劳动关系）的各种用工形式、各种用工期限的劳动者"。针对跨地区、生产流动性较大的行业进行了特别规定，《工伤保险条例》指出这些企业可以采取相对集中的方式异地参加统筹地区的工伤保险。《工伤保险条例》对企业和劳动者都做出了更明晰、更符合现实的规定，进一步扩大了工伤保险的覆盖面。虽然有学者认为《工伤保险条例》第一次将农民工正式纳入工伤保险范畴，但文件并没有明确提到农民工。另外，对于有雇工的个体工商户参加工伤保险的具体步骤和实施办法，《工伤保险条例》并未做出任何规定，而是"由省、自治区、直辖市人民政府规定"。

随着农民工在经济建设和社会发展中作用的凸显，其所面临的社会保障问题也成为社会关注的焦点。劳动和社会保障部等部委专门针对农民工的工伤保险问题，出台了一系列文件，重点扩大工伤保险在农民工中的覆盖面。2004年6月，劳动和社会保障部出台了《关于农民工参加工伤保险有关问题的通知》（以下简称《通知》），首次明确提出将农民工纳入工伤保险体系。《通知》指出，参加工伤保险是农民工的基本权益，用人单位应为与其建立劳动关系的农民工办理参加工伤保险的手续。《通知》特别指出要推进建筑、矿山等工伤风险较大、职业危害较重行业的农民工参加工伤保险。相比其他的政策及法律文件，《通知》专门针对农民工多在跨地区、生产流动性较大的行业就业这一特点，进行了特别规定。2005年12月《中共中央、国务院关于推进社会主义新农村建设若干意见》以及2006年1月国务院《关于解决农民工问题的若干意见》均明确提出要依法将农民工纳入工伤保险范围。

2006年4月，劳动和社会保障部又下发了《关于贯彻落实国务院关于解决农民工问题的若干意见的实施意见》，要求用人单位依法及时为与其建立劳动关系的农民工办理参加工伤保险的手续，进一步落实已有的农民工参保、工伤认定、劳动能力鉴定、工伤待遇支付等方面的有关政策。2006 年 5 月，劳动和社会保障部《关于实施农民工"平安计划"加快推进农民工参加工伤保险工作的通知》要求，"用三年左右时间，将矿山、建筑等高风险企业的农民工基本覆盖到工伤保险制度之内"。2007 年 1 月劳动和社会保障部又发布了《关于做好建筑施工企业农民工参加工伤保险有关工作的通知》，要求建筑施工企业严格按照国务院《工伤保险条例》规定，及时为农民工办理参加工伤保险手续。2007 年 9 月劳动和社会保障部《关于进一步做好中央企业工伤保险工作有关问题的通知》针对中央企业参加工伤保险做出了专门规定，要求中央企业为包括农民工在内的全部职工办理工伤保险手续。2010 年 12 月修订后的《工伤保险条例》明确规定，"中华人民共和国境内的企业、事业单位、社会团体、民办非企业单位、基金会、律师事务所、会计师事务所等组织和有雇工的个体工商户（以下称用人单位）"，均应"为本单位全部职工或者雇工（以下称职工）缴纳工伤保险费"。修订后的《工伤保险条例》中，删除了"有雇工的个体工商户参加工伤保险的具体步骤和实施办法由省、自治区、直辖市人民政府规定"，但也未给出明确的指示。此外要注意的是，对企业采取相对集中的方式异地参加统筹地区的工伤保险的具体步骤和实施办法，未给出具体办法。

可以看到，从 1951 年至今，工伤保险的覆盖面随着经济社会的发展，也在逐渐扩大。尤其进入 2004 年农民工所面临的社会保障问题成为备受关注的焦点后，工伤保险政策开始重点关注农民工，出台了一系列配套政策。但同时也要注意到，很多实施的具体步骤和办法仍然不明晰，降低了政策的可操作性。

第二，工伤保险的缴费模式一直没有发生变化，均为用人单位缴纳工伤保险费，职工个人不缴纳。从 1951 年的《中华人民共和国劳动保险条例》到 2010 年 12 月修订后的《工伤保险条例》，半个多世纪以来出台的所有政策文件均规定，工伤保险费由用人单位缴纳，职工个人不缴纳工伤保险费。工伤保险费根据各行业的伤亡事故风险和职业危害程度的类别实行差别费率，目前我国主要实行三种不同的工伤保险缴费率。2003 年出台的《关于工伤保险费率问题的通知》将行业划分为三个类别：第一类为风险较小的行业，主要包括金融业，服务业，住宿餐饮业，批发零售业，邮政业，卫生、社会保障业，文化艺术业，教育，研究与试验发展，城市公共交通；第二类为中等风险行业，主要包括建筑业，运输业，制造业，纺织业，房地产业，体育娱乐业，公共设施管理业，农副食品加工业，农、林、牧、渔服务业，电力、热力、燃气、水的生产和供应业；第三类为风险较大的行业，主要包括石油加工业，化学原料及化学制品制造业，黑色金属及有色金属冶炼及压延加工业和采矿业。三类行业分别实行三种不同的工伤保险缴费率。

第三，工伤保险基金的统筹水平经历了企业内部统筹为主、中心城市或者地级市统筹为主、省级统筹三个阶段。1951 年《中华人民共和国劳动保险条例》规定，劳动保险金的 70% 存于该企业工会基层委员会账户内，作为劳动保险基金，用于支付工人与职员的抚恤费、补助费与救济费，其余部分全部转入省、市工会组织或产业工会全国委员会账户内，作为劳动保险调剂金。1996 年劳动部发布的《企业职工工伤保险试行办法》规定，"工伤保险实行属地管理，以中心城市或者地级市为主实行工伤保险费用社会统筹"。2004 年的《工伤保险条例》规定，工伤保险基金在直辖市和设区的市实行全市统筹，其他地区的统筹层次由省、自治区人民政府确定。2010 年 12 月修订后的《工伤保险条例》提出："工伤保险基金逐步实行省级统筹。"这是目前历年政策中提到的工伤保险基金统筹层次最高的文件，也仅仅到省级统筹，而农民工当前呈现跨省流动的特点，省级统筹并不能很好地应对其流动的问题。

第四，申请工伤认定的条件呈现逐渐放宽的特点。1996 年劳动部发布的《企业职工工伤保险试行办法》要求企业或工伤职工或其亲属在工伤事故发生之日或职业病确诊之日起，15 日内向当地劳动行政部门提出工伤报告。申请期限最多可延长至 30 日。2004 年的《工伤保险条例》放松了申请工伤认定的条件。首先，从时间上看，用工单位申请工伤认定的时间从以往的 15 日延长至 30 日；工伤职工或者其直系亲属、工会组织申请工伤认定的时间从以往的 15 日延长至 1 年。其次，受理工伤认定申请的部门从"当地行政部门"改为"统筹地区社会保险行政部门"。这样的变化更加符合某些行业跨地区生产、流动性大、劳动者举证更困难的现实情况。针对农民工流动性大的特点，国家也出台了一系列相关规定。2004 年 6 月劳动和社会保障部出台的《关于农民工参加工伤保险有关问题的通知》以及 2006 年 5 月出台的《关于实施农民工"平安计划"加快推进农民工参加工伤保险工作的通知》提出，农民工受到事故伤害或患职业病后可在参保地进行工伤认定、劳动能力鉴定，并按参保地的规定依法享受工伤保险待遇，进一步放松了农民工申请工伤认定的条件。

第五，工伤待遇的偿付方式逐渐更加多样，更符合农民工流动性大的特点。根据 1951 年的《中华人民共和国劳动保险条例》，除因工死亡的情况属于一次性偿付外，主要偿付方式为长期性赔付。而 1996 年劳动部的《企业职工工伤保险试行办法》以及 2010 年修订的《工伤保险条例》均规定，职工因工致残被鉴定为一级至六级的，享受长期性工伤保险偿付；只有因工致残被鉴定为七级至十级的职工可享受一次性偿付。2004 年 6 月，劳动和社会保障部《关于农民工参加工伤保险有关问题的通知》对农民工的工伤待遇做出了特别规定，指出跨省流动的农民工三级至四级伤残长期待遇的支付，可试行一次性支付和长期支付两种方式。而 2006 年 5 月劳动和社会保障部《关于实施农民工"平安计划"加快推进农民工参加工伤保险工作的通知》更进一步放宽了农民工的工伤待遇方式，规定跨地区流动就业的农民工，工伤后的长期待遇可试行一次性支付和长期支付两种方式，供工伤农民工选择。

第六，对于用人单位不依法参加工伤保险的惩罚手段主要是行政命令，以缴纳滞纳金或罚款为主要形式。1951 年的《中华人民共和国劳动保险条例》规定，企业逾期未缴或欠缴劳动保险金的，每日增交滞纳金。1994 年《中华人民共和国劳动法》规定，"用人单位无故不缴纳社会保险费的，由劳动行政部门责令其限期缴纳；逾期不缴的，可以加收滞纳金"。2010 年修订的《工伤保险条例》对用人单位不依法参加工伤保险的惩罚措施有了相对更加具体的规定："用人单位依照本条例规定应当参加工伤保险而未参加的，由社会保险行政部门责令限期参加，补缴应当缴纳的工伤保险费，并自欠缴之日起，按日加收万分之五的滞纳金；逾期仍不缴纳的，处欠缴数额 1 倍以上 3 倍以下的罚款。"

从以上政策我们可以看到，对于用人单位不依法参加工伤保险的惩罚手段主要还是行政命令，以缴纳滞纳金或罚款为主要形式。这种方法侧重于事后惩治，忽略了事前预防，效果不佳。

三　结论与建议

从以上中央和地方政策的分析中可以看出，工伤保险在我国是一种强制型社会保险，由用工单位承担为劳动者办理工伤保险、缴纳工伤保险费的责任。从总体上看，由于各地区社会经济情况的差异，主要依赖地方政府在政策实施中起主导作用，各地的工伤保险政策在覆盖对象、统筹水平、偿付方式方面都存在差异，呈现地区分割和碎片化态势，给政策的整合和工伤保险体系的建立造成了一定的困难。

从政策的执行层面看，第一，从 1951 年至今，工伤保险的覆盖面随着经济社会的发展，也在逐渐扩大。尤其进入 2004 年农民工所面临的社会保障问题成为关注的焦点后，工伤保险政策开始重点关注农民工，出台了一系列配套政策。但很多实施的具体步骤和办法仍然不明晰，降低了政策的可操作性。一是部分地区没有将只具有事实劳动关系的农民工纳入工伤保险体系。而在实际操作中，不少农民工并未同用工单位签订劳动合同，只存在事实劳动关系。这就将这部分农民工排斥在了政策规定应享受的权利之外。二是调研的大多数城市都对有雇工的个体工商户参加工伤保险的具体步骤和实施办法没有给出明确的指示，让部分个体工商户不给散工、临时工上工伤保险有机可乘。三是对企业采取相对集中的方式异地参加统筹地区的工伤保险的具体步骤和实施办法，也未给出具体办法。

第二，各地工伤保险基金的统筹水平存在差异，让农民工流动到其他省市后难以续接。2010 年 12 月修订后的《工伤保险条例》提出："工伤保险基金逐步实行省级统筹"。这是目前历年政策中提到的工伤保险基金统筹层次最高的文件，也仅仅到省级统筹，而农民工当前呈现跨省流动的特点，省级统筹并不符合这一特点。

第三，对于用人单位不依法参加工伤保险的惩罚手段主要是行政命令，以缴纳滞纳金或罚款为主要形式。这种方法侧重于事后惩治，忽略了事前预防，效果不佳。

根据以上研究结论，本文提出以下对策建议。

第一，应加强工伤保险政策的顶层设计，促进各地工伤保险政策在覆盖对象、统筹水平、偿付方式方面的合理衔接，使工伤保险政策更加符合农民工跨省流动的特点。

第二，各地应提高工伤保险基金的统筹水平，进一步完善有关农民工参保、关系转移、续接、工伤保险待遇支付等方面的政策，使企业投入的工伤保险费用能随受益人流动，使其更加符合农民工流动性大的特点。

第三，各地应进一步放宽农民工工伤待遇的偿付方式，对跨地区流动就业的农民工，工伤后的长期待遇可试行一次性支付和长期支付两种方式，供工伤农民工选择。

第四，积极鼓励和帮助农民工加入工会等维权组织，提高农民工的组织化程度。由于农民工流动性强、来源地分散、缺乏组织性，面对用人单位，农民工相对处于劣势，而工会的组织化程度更高，在一定范围内可以利用其群体力量达到谋求弱势阶层利益实现的目的，更好地帮助农民工维护自己的合法权益。因此，有必要鼓励和帮助农民工组建工会、加入工会，通过工会等维权组织的力量，维护农民工的合法利益。

第五，建议将私企、个体工商户作为农民工参加工伤保险的扩面重点。实行企业参加工伤保险生产经营准入制，要求企业在办理生产经营许可证时，必须出具工伤保险参保预交押金，对未给农民工办理工伤保险的企业不予发放生产经营许可证。如果企业在正常生产后不缴纳工伤保险费，则从该预付押金费用中予以扣除。

第六，应在相关条文中明确，哪怕是只具有事实劳动关系的农民工也应纳入工伤保险体系。对未签订劳动合同的用工单位，责令其先和农民工补签劳动合同，再补交工伤保险。

参考文献

朱信凯，2005，《农民市民化的国际经验及对我国农民工问题的启示》，《中国软科学》

第 1 期。

人力资源和社会保障部、国家统计局，2009，《2008 年度人力资源和社会保障事业发展统计公报》，http：∥www. stats. gov. cn/tjgb/qttjgb/qgqttjgb/t20090519_402559984. htm，2009 - 05 - 19。

国务院研究室课题组，2006，《中国农民工调研报告》，中国言实出版社。

《工伤保险条例》，2003，《中国社会保障》第 6 期。

《关于农民工参加工伤保险有关问题的通知》，2004，《中国社会保障》第 7 期。

《关于实施农民工"平安计划"加快推进农民工参加工伤保险工作的通知》，2006，《中国劳动保障》第 8 期。

《关于做好建筑施工企业农民工参加工伤保险有关工作的通知》，2007，《中国劳动保障》第 1 期。

"互联网 +" 背景下捐赠者网络慈善初始信任的影响因素与生成机制建构研究[*]

秦安兰[**]

摘　要　互联网 + 慈善背景下，网络慈善发展迅速，网络捐赠人数呈爆发式增长。网络慈善成为个人捐赠的首选。影响网络慈善初始信任生成的主要因素有捐赠者的信任倾向、网络经验、对慈善的熟悉度；慈善组织的网络能力、声誉、组织的大小、透明度；慈善网络平台的易用性、安全性、设计性。本文构建了捐赠者网络慈善初始信任生成机制模型，主要包括信任方捐赠者因素、被信任方慈善组织因素、媒介因素即网络慈善平台，这三个因素共同影响网络慈善初始信任的生成。与传统慈善信任相比，捐赠者的网络经验、慈善组织的网络能力、网络慈善平台的易用性、安全性和设计性是影响网络慈善初始信任生成的显著而重要的因素。

关键词　网络慈善　初始信任　生成机制

引　言

现代慈善是国家治理现代化的有机组成部分和内在需求。随着互联网

---

[*] 本文系国家社科基金项目"互联网 + 背景下捐赠者网络慈善信任生成与维护机制研究"（项目编号：17BSH130）的研究成果。

[**] 秦安兰，女，黑龙江密山人，江西财经大学人文学院讲师，硕导。主要研究方向为社会心理学、公益慈善、青年社会工作，联系方式：qinanlan6688@163.com。

的快速发展，传统慈善模式正快速转向"互联网 + 慈善"现代慈善模式。《中国慈善发展报告（2016）》显示中国正在进入网络慈善快速发展期。2016 年颁布实施的《慈善法》中指出，民政部评审通过首批 13 家互联网募捐信息平台，网络慈善捐赠正进入"法治慈善时代"。与网络慈善蓬勃发展形成鲜明对比的是我国捐助水平仍较低，远远低于美国、缅甸、新西兰等国。2016 年罗尔事件引发了汹涌的舆情浪潮，罗尔事件警示之一就在于要获得更多的捐赠，赢得并维持捐赠者的信任是关键。在时间脉络上，网络捐赠是捐赠者基于对网络慈善的初始信任而展开，基于持续信任而继续的行为。相对于持续信任而言，尽管初始信任不是一种稳固的心理状态，但是它表明了信任双方对于风险的勇于承担，并为后续的持续信任形成打下良好的基础。因此，如何赢得捐赠者的初始信任，对于发展网络慈善显得尤为重要。

一　信任与初始信任相关概念

信任是一个国家的社会资本，是合作的进化，也是预测社会成员合作行为的重要变量。从宏观层面上来看，卢曼认为信任是社会的一种简化机制，"在其最广泛的涵义上，信任指的是对某人期望的信心，它是社会生活的基本事实"（卢曼，2005）。其本质是社会成员在面对社会不确定性和复杂性增加时体现出的对自己依赖对象所维持的时空性特征。福山从文化视角，指出文化之所以对经济产生影响主要是依靠"信任"这种社会资本的力量（福山，1998）。信任的基础是"群体共有的伦理规范"（翟学伟、薛天山，2014）。吉登斯结合现代性，把信任界定为"对一个人或一个系统的可依赖性所持有的信心，在一系列给定的后果或事件中，这种信心表达了对诚实或他人的爱的信念，或者对抽象性原则（技术知识）之正确的信念"（吉登斯，2000）。

网络社会是现实社会的延伸、补充，是人类社会时空展开的真实存在形态（甘诺、许明柱，2007）。网络社会中人与人之间联系的建立是基于双方的相互信任。网络信任也称为在线信任（online trust），是指网络互动过程中，个体对其他网络行为对象（组织或个人）及其信息传递媒介的诚实、善意、能力的衡量和评价，是一种积极的心理期望（姚篮、李建玲，2014）。包括网络上人与人之间的信任、人与组织间的信任和组织之间的信任，网站内容和服务也是网络信任的重要对象（翟学伟、薛天山，2014）。由于网络信任建立于虚空，缺乏坚实的现实基础，因此网络信任的特点是极不稳定、十分脆弱（吉登斯，2000）。当前网络社会中存在信任缺失和信任危机，这是现实生活中诚信缺失的反映，是以网络为媒介的现实生活关系的扭曲，已经严重影响到网络社会的健康发展。

网络慈善信任是在网络互动过程中，捐赠者对慈善组织、受助者、慈善网站内容和服务的正直、能力、善意的衡量和评价，是一种积极的心理期望。正直信任是指捐赠者对慈善组织遵守承诺和规则的信任，能力信任是指捐赠者相信网络慈善组织具有提供良好服务和慈善产品的能力。善意信任是指捐赠者相信网络慈善组织一方面想要做慈善，另一方面也能关照捐赠者的利益。网络慈善信任是网络信任的一种特殊存在形式，它既具有网络信任的一般特征，也有其独具的特征。

初始信任（initial trust）是指信任双方在最初的相互作用过程中，信任方在一定程度上相信并愿意依靠对方的一种心理状态（韦慧民、龙立荣，2008）。即信任双方在第一次交互时所建立的信任。与初始信任相对应的概念是持续信任。

二 网络慈善发展现状

我国经济进入中高速增长的"新常态"，慈善捐款数额稳健增长，特别是网络捐赠数额增长迅猛，显示了我国慈善事业发展的新趋势。"互联网 + 慈善"创造了慈善事业新的发展生态，其发展呈现出以下特点。

（1）网络慈善发展迅速，捐助人数呈爆发式增长。第 39 次《中国互联网络发展状况统计报告》显示，截至 2016 年 12 月，中国网民数量达到 7.31 亿。随着网民数量的增加，网络慈善迅速发展。根据 CAFP（2015）的研究，2014 年互联网慈善捐赠人次超过 11.7 亿，累计筹款 4.37 亿元，互联网慈善捐赠人数呈现爆发式增长。

（2）网络捐赠成为个人慈善捐赠的主要渠道。《2015 年度中国慈善捐助报告》显示，2015 年个人捐赠总额达到 169 亿元，其中普通民众的小额捐赠占个人捐赠的 44.3%，全民公益态势正在形成，网络捐赠已经成为个人捐赠的首选。网络慈善支付便捷、筹款高效、信息公开、易于传播、互动性强，对于捐赠者、慈善组织和求助者三方都是最佳的信息通路、慈善渠道（曲丽涛，2016）。网络慈善改变了传统慈善项目受时空的双重限制，需求与资源难以匹配的难题（娄奕娟，2016）。当前互联网已经成为公众了解、参与、监督慈善活动的关键渠道。

（3）网络慈善助力慈善传播，放大慈善行为，提升慈善公信力、专业性和效率。《中国慈善发展报告（2016）》揭示网络慈善通过多地、多点、多项目的连接，使各种公益项目通过网上网下的传播方式，通过社交熟人网络，将慈善行为的影响力成倍放大，小额捐款迅速增长。网络慈善具有成本低、效率高、不受地域限制、方便快捷等优势（宋道雷、郝宇青，2014），这使得捐赠者可以在网络平台上查询并监督善款使用情况。这种公开透明的特征使得慈善公信力有所提升。网络慈善使得捐赠者、慈善组织的公益项目、求助者的慈善需求三方良好的对接，提升了慈善的专业性和效率，快速推动了我国慈善事业的发展。

（4）网络慈善的运作机制多元。网络慈善模式主要有网友自发型、企业倡导型、慈善组织主导型。不同模式下的动力机制、筹款机制、管理机制和信任机制均有所不同。网络公益主要由舆论领袖发起和扩散，通过裂变式以及与多元主体的互动进行传播（汪国华、张晓光，2014）。

（5）公益众筹快速发展，亟须规范。公益众筹一方面介入慈善组织的发展，另一方面直接介入慈善项目的开展。公益众筹快速发展过程中出现了诸如非法集资、欺诈、侵权等一系列问题，建构众筹参与双方的信任机制和风险监管机制是保障公益众筹的稳定运行和健康发展的有效路径（徐京平、霍炳男、王润珩，2016）。

尽管中国网络慈善快速增长，但与西方发达国家相比，我国的慈善捐助指数仍较低，2016 年美国网络捐赠数额占到总公益捐赠数额的 10%，而我国则仅占公益捐赠总额的不到1%。可见，我国网络慈善发展具有极大的空间。

三 网络慈善中捐赠者初始信任的影响因素

（一）捐赠者——信任倾向、网络经验、对慈善熟悉度

个体对不熟悉的人或事物的信任倾向对于初始信任的建立至关重要。信任倾向是属于气质成分，不同个体在其信任倾向上各有差异，主要表现为对他人或事物的信任水平高低各有不同。高信任倾向的个体倾向于对他人给予更多信任，而低信任倾向的个体则倾向于谨慎地赋予他人信任。实验研究表明，慈善信任与捐赠者的信任倾向显著相关（Burt & Dunham，2009），信任倾向会影响个体对组织的信任（Mayer，Davis & Schoorman，1995）。而且，信任倾向性对在线信任的建立有积极影响。在电子商务中，在商家信息十分有限的情境下，高信任倾向的个体更有可能表现在线信任，而低信任倾向的个体则需要更多信息才会形成信任信念（Salam，Iyer，Palvia & Singh，2005）。信任倾向为网络慈善中捐赠者的初始信任建立提供了信任基线（trust baseline），它会放大或减小作为可信度线索的影响。

捐赠者的网络经验会影响他们的网络慈善初始信任。在网络情境中，个体的"第一次"特征使得信任变得很艰辛（Boyd，2003）。对于网络经验与网络慈善初始信任的关系，目前尚存在争议。一类观点认为网络经验水平与个体的网络信任正相关，网络经验能正向预测个体对网络的信任。缺乏网络经验的个体与经验丰富的个体在网络信任水平上有明显差异（Beldad，De Jong & Steehouder，2010）。这一方面是因为个体的网络经验会影响到他对网络的风险感知，也就是说网络经验丰富的个体会产生较低的风险感知，更易产生较高水平的网络信任。另一方面是因为网络经验水平影响个体对技术的信任，进而影响个体的网络信任。另一类观点则认为网络经验与网络信任之间的关系并非简单的线性关系，而是呈倒U形的关系（Aiken & Bousch，2006）。在初始阶段，随着个体网络经验的提升，信

任也会随之提升。在更高水平的经验下，当人们积累了更多关于可能性错误的知识后，会更加关注安全和隐私，信任反而会下降。具体表现为对缺乏经验的个体来说，网络经验与网络信任具有正相关，而对于经验丰富的个体来说，网络经验与网络信任呈现出负相关。

捐赠者对慈善的熟悉程度会直接影响其网络慈善的初始信任。Torres-Moraga 等人（2010）专门测量了捐赠者对慈善组织的熟悉度，发现对慈善的熟悉度会直接影响慈善信任 。Beldad 等（2010）研究发现个体对在线组织的熟悉和体验是对其信任的重要的前因变量，人们倾向于信任那些熟悉的、透明度高的慈善机构。对慈善活动了解得越多的捐赠者其慈善信任就越高。那么对于那些不熟悉慈善的捐赠者，如何提升他们的初始信任呢？主要可以通过增加捐赠者关于慈善组织的相关知识和经验来提升捐赠者的慈善信任，例如让捐赠者更多地了解慈善组织的工作和参与慈善组织任务等。此外，慈善组织和捐赠者之间有效的交流会增加捐赠者对该行业的熟悉度。

（二）慈善组织——网络能力、声誉、组织的大小、透明度

在数字化时代，网络为慈善事业快速发展提供了新的渠道。网络为慈善组织提供了平台，建立并提升了慈善组织与捐赠者、志愿者、所服务的社区之间的关系（Goatman & Lewis，2007）。很多慈善组织纷纷提升其网络能力，如美国红十字会通过使用社交媒体和社区的双向沟通，加强了公共关系，赢得了更多的信任（Briones，Kuch，Liu & Jin，2011）。有越来越多的慈善组织开始利用社交媒体来筹集资金。Saxton 和 Wang（2014）从 Facebook Causes 收集资料来探究在社交媒体中慈善捐赠的本质和决定因素。研究结果表明，激发捐赠者进行网络捐赠的决定性因素不同于离线环境的因素。比如由于网络捐赠者通常是小额捐款，因此他们不太关心效率比。在网络上筹款的成败与慈善组织的金融能力似乎无关，而与慈善组织的"网络能力"（web capacity）密切相关。这种网络能力是慈善组织利用其网站优化管理、提升服务、筹集善款等方面的能力，它体现了网站与潜在捐赠者之间分享信息的能力。慈善组织可以通过增加慈善网站的服务内

容、培养社区意识、鼓励重复访问、管理和监控网站的使用等来提升网络能力（Hooper & Stobart，2003）。此外，慈善组织可以通过不断更新其网站信息来提升其网络能力。不断更新的信息让潜在的捐赠者获悉募集的资金是如何服务于受助者的，进而促进捐赠者网络初始信任的建立和发展。慈善组织通过提升其网络能力，通过网站的建设，可以在全球范围内吸引并保持捐赠者、传播信息的手段，以及获得更广泛的知名度。

一些慈善组织正使用网络来提升它们的筹款能力，例如 the March of Dims 在 2008 年就使用了一些社交平台来提升它们的慈善计划 "Walk for Babies" 项目。2009~2010 年，该组织捐赠者数量增加了 75%，捐赠物数量增长了 71%，收入增长了 102%（Flandez，2010）。网络能让潜在的捐赠者突破传统慈善捐赠的时空限制，让慈善组织能在世界各地、24 小时向潜在的捐赠者募集资金。目前，很多慈善组织通过网络捐赠所获得的资金有显著的增长。

慈善组织的声誉是影响网络慈善初始信任的重要因素之一。良好的声誉能帮助慈善组织与捐赠者建立信任关系，尤其当缺乏网络捐赠的直接经验，对某一慈善组织没有前期捐赠经验时，捐赠者会更多地依赖组织声誉来评估其可信度（Chen，2006）。这主要是因为声誉是组织过去可信行为累积的结果，能提供组织可信度的参考。在网络慈善中，声誉主要来自于以下两个方面：一是国家对网络慈善网站的认定，如我国慈善法首批认定了包括百度慈善捐助平台、"腾讯公益"互联网募捐平台、新浪微博等 13 家慈善组织网络募捐信息平台。另一个则是捐赠者通过组织的可靠性指标，即对组织承诺与它实际履责行为之间进行比较来获得。那么如何帮助慈善组织形成良好的网络声誉呢？已有研究发现主要有三个重要方法：通过积极的披露、通过第三方评估（例如在网络上增加评级服务）、通过网络超链接（Toms & Taves，2004）。此外，形成良好的组织声誉还可以通过收集网络上捐赠者和受助者的评论以及其对在线组织体验的反馈。慈善组织可以通过提高组织声誉激发捐赠者建立初始信任。良好的声誉对捐赠者的信任具有积极影响，并且有利于建立长期的关系，并会吸引新的捐赠者，激发捐助者增强其参与度（Bennett & Gabriel，2003）。

慈善组织的大小也会对捐赠者网络慈善初始信任产生影响。Jarvenpaa，Tractinsky 和 Vitale（1998）发现组织大小的感知会影响用户对组织的在线信任。对于那些越是缺乏直接经验的用户，其网络慈善初始信任的建立越是依赖于组织的大小感知。这可能是因为人们会倾向于认为组织越大，其服务和筹款流程等方面越规范。慈善组织大小主要反映出组织的规模和资产的多少，慈善组织的大小与其筹款效率、获得的资源等密切相关（Hackler & Saxton，2007）。越大的组织越有可能受到媒体和公众的关注，就越会增加组织的辨识度。慈善组织越大其慈善贡献总量水平就越高。

Furneaux 和 Wymer（2015）的研究表明，人们倾向于信任那些高透明度的慈善组织。慈善组织的公开透明是慈善组织公信力评价的重要标准之一。慈善组织的透明度是指慈善组织对其公共信息的披露程度。不同于传统慈善组织披露信息慢、覆盖面不广，在现代慈善中慈善组织可以通过网络来披露公共信息，如机构内部的人员变动、组织的战略规划、慈善项目的运行信息、善款的来源与使用情况等（石国亮，2012）。因为如果要建立和保持对慈善组织的信任，潜在的捐赠者需要获得关于慈善组织更多的信息。他们对这些信息满意后才会建立对慈善组织的信任。

（三）慈善网络平台——易用性、安全性、设计性

慈善网站的易用性是指人们对使用某个网站的方便和容易程度的主观感知。Davis（1989）提出的技术接受模型中指出技术的易用性感知是一个重要的变量。在电子服务领域的易用性感知主要表现为网站的导航结构，其中包括搜索功能、网站地图、产品指标以及网站的整体设计和组织。例如 Burt 和 Gibbons（2011）通过对 559 家慈善网站的调查，发现通过网站捐赠按钮的有效设计可以显著提升网站的易用性，进而显著提升捐赠者的网络慈善信任。使用这种方式增加的慈善信任可以最终带来更多的慈善捐赠。这主要是因为网站易用性水平高，能给捐赠者带来方便和快捷，让捐赠者产生较少的认知负荷，其对慈善组织网站满意度更高，信任度就更高。而易用性水平低会让用户产生技术错误，这种错误会增加其的不信任感，进而妨碍其后续的网络行为。目前已有一些实验研究验证了易用性感

知对初始信任的建立具有积极影响（Chen，2006），可以说网站的易用性是网络初始信任的必要因素。

由于互联网的开放性和不确定性，网络会给潜在捐赠者带来很多不安全的隐患，如隐私的泄露和个人财产的损失。人们在网络中十分重视网站、网络交往工具的安全性，可以说安全特征是决定网络信任的关键因素。基于安全的批准印章是确保用户对网站信任的基础。因此，慈善组织若建立捐赠者的初始信任，需要在内容设计中使用安全和隐私政策印章或第三方证书（Wang & Emurian，2005），该方法被证明是建立在线信任十分有用的方法。比如 Hu 等人（2003）研究发现保护隐私和提供安全的印章是建立和提升用户信任的可靠保障。此外，学者的实验和调查研究均表明，只要网站或社交媒体平台展示保护隐私的声明或政策链接就会更易获得用户的信任，也能在很大程度上提升信任（Pan & Zinkhan，2006）。

目前很多慈善组织利用微信、微博等网络平台开展宣传慈善观念和募捐善款等。但是如何维护捐赠者的隐私和资金安全等还有待于进一步研究。2016 年 6 月，中国扶贫基金会遭遇儿童误捐 1.7 万元的事件。该事件启示我们不用密码即可支付捐款的设置系统存在漏洞，因此慈善网站平台应该加强捐款支付机制、误捐或悔捐机制、退款机制等方面的建设，提升网络慈善的安全性，保障捐赠者的支付安全。

慈善网站的设计性会直接影响捐赠者的初始信任。当捐赠者第一次接触慈善网站时，由于他们缺乏对该网站的直接经验，那么网站的设计特征会显著地影响捐赠者的初始信任。此外，网络慈善捐赠多为小额捐赠、冲动性捐赠，这种基于直觉的、情绪化的捐赠决策常会受网站设计的影响。Wang 和 Emurian（2005）建议网页设计要以信任为导向进行，网页设计主要可以分为平面设计、结构设计、内容设计和社交线索设计四个维度。（1）平面设计。主要是指网页的图像设计特征，通常给用户留下第一印象。斯坦福说服技术实验室（Stanford Persuasive Technology Lab）对 2440名网络用户关于提升网站可信度进行了研究，发现接近半数（46.1%）的用户是基于网站的整体视觉设计的吸引力来评估网站的可信度（Fogg，2002）。研究发现使用覆盖整个屏幕尺寸至少一半的三维、动态的图片可以提升网站界面的可信度，冷色调和中性柔和的色彩会传递更多的可信度，而且高品质的图片可以传递组织的能力和专业性，让用户对其产生信任。（2）结构设计，即网站信息的总体组织和易获得性。提升在线信任的关键因素之一是导航的便捷性，使用者可以很方便地在网站中搜索到他们想找的信息。这种使用的便捷性反映出了网站可信度的两个特征：简单、一致。（3）内容设计。是指那些包括网站、文本和图片的信息成分。在电子商务领域中，很多研究发现品牌对于提升在线公司的声誉十分重要，也会间接提升在线信任。Egger（2001）认为有两个方法：显示突出的 Logo（标示）和宣传语利于用户辨识；展示在线组织或商家的主要卖点来引发人们的好奇心。（4）社交线索设计。通过不同通信媒体将社交线索（如面对面交互、社交存在等）嵌入网站界面。由于网络的虚拟性会成为一些网络用户建立信任的障碍，所以有研究者提出了"虚拟重新嵌入"（virtual re-embedding）的方法来使用户的在线体验更接近于现实世界人际间面对面的互动（Riegelsberger & Sasse，2002）。

四　捐助者网络慈善初始信任生成机制模型的建构

本研究中信任的结构主要采用学者们广泛接受的三维度划分法，该结构由 Giffin（1967）提出，将信任划分为能力信任、正直信任和善意信任。能力信任是对被信任方在某一领域内实现目标的技能、特长或能力的感知。正直信任是期望被信任方遵守一系列双方约定的原则，对被信任方正义感和言行一致的感知；善意信任是信任方相信即使在没有必要也得不到回报的情境下，被信任方仍然会愿意帮助自己。Gefen（1967）认为网络信任也有能力、善意和正直三个维度。

信任在时间脉络上的发展具有阶段性特征，信任发展实际上是信任方与被信任方不断持续、动态交互的过程，包括信任的建立、保持和终结（翟学伟、薛天山，1998）。根据信任随时间发展的特点不同，网络信任发展可以分为早期阶段、中间阶段和成熟阶段。初始信任的建立就发生在早期阶段，它是网络信任建立的第一步，是捐赠者对网络慈善形成的第一印象。那么捐赠者如何在网络使用中，生成对网络慈善的初始信任呢？有哪些因素影响网络慈善初始信任的生成？这些因素之间的关系是怎样的？基于第三部分的分析，我们提出了网络慈善初始信任生成机制模型（见图1），该模型能回答以上问题。

捐赠者网络慈善初始信任主要包括能力信任、正直信任和善意信任三个维度。影响捐赠者网络慈善初始信任的前因变量主要包括三个因素：捐赠者、慈善组织、网络平台。其中捐赠者因素主要包括捐赠者的信任倾向、网络经验、对慈善的熟悉度，慈善组织因素主要包括慈善组织的网络能力、声誉、组织大小和透明度，网络平台因素主要包括易用性、安全性和设计性。以上三个因素均会影响捐赠者的网络慈善信任，而网络慈善信任直接的结果是影响捐赠者的捐赠行为。

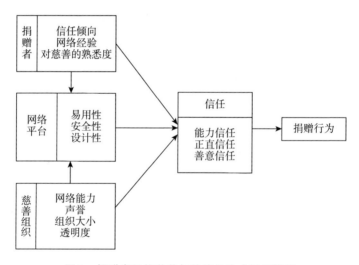

图1　捐赠者网络慈善初始信任生成机制模型

捐赠者因素是属于信任方的因素，慈善组织则属于被信任方的因素，而网络慈善平台是属于媒介的因素，这个因素体现出网络信任与离线信任的显著区别，即网络信任是需要通过媒介来完成信任方与被信任方的信任传递，而离线信任主要通过面对面的交流互动完成信任传递。因此，媒介传递体现出了网络慈善信任与传统慈善信任的差异。

由该模型可以看出，不同于传统慈善信任，在网络慈善信任中较为特殊而且十分重要的因素主要有：捐赠者的网络经验、慈善组织的网络能力、网络平台的易用性、安全性和设计性因素。这些因素均与网络密切相关，或是网络平台自身的因素，或是信任方、被信任方关于网络的经验或能力因素。为什么说这些因素对网络慈善信任的生成十分重要呢？首先是因为这些因素体现出了明显的网络社会特征。网络社会是通过网络联系在一起的各种关系聚合的社会系统，是一种新的、真实的社会存在方式，是一种共享的交往模式（童星、罗军，2001）。网络社会具有表象化思维、符号化追求、感性化群聚等特征（刘少杰，2016）。捐赠者的网络经验、慈善组织的网络能力以及网络慈善平台的易用性、安全性和设计性因素均能体现出以上网络社会的特征，因此这些因素是影响网络慈善初始信任生成的重要因素。其次，网络社会中人们之间的关系是建立于双方信任基础上的，由于网络信任建立于虚拟空间，这种虚拟空间的不确定性和风险性等特征导致网络信任具有不稳定、脆弱的特点（吉登斯，2000）。因此，网络慈善平台的易用性、安全性和设计性因素需要考虑降低网络风险性，进而提升网络慈善信任。而作为信任方，捐赠者的网络经验能助其规避风险、减少不确定性，自然有助于网络慈善信任的生成。而作为被信任方，慈善组织的网络能力能让捐赠者更多地了解慈善组织、培养慈善观念，进而生成对更多的网络慈善信任。

除了以上提及的因素外，捐赠者的信任倾向、对慈善的熟悉度，慈善组织的声誉、组织大小、透明度均对网络慈善信任有影响。这些因素在传统慈善信任中也均被证明对捐赠者的慈善信任有影响，说明这些因素在离线和在线的慈善领域内具有一致性的作用，具有跨领域的存在意义。

总之，通过建构捐助者网络慈善初始信任生成机制模型，我们可以了解影响网络慈善初始信任生成的关键因素有哪些，这些因素是如何产生影响的，这些因素之间的内在关系是怎样的。在了解这些的基础之上，我们就可以根据这些因素来提升或促成捐赠者生成更高水平的网络慈善信任，促进网络慈善事业的发展。

参考文献

尼克拉斯·卢曼，2005，《信任》，瞿铁鹏、李强译，上海人民出版社。

翟学伟、薛天山，2014，《社会信任：理论及其应用》，中国人民大学出版社。

弗朗西斯·福山，1998，《信任：社会美德与创造经济繁荣》，李宛容译，远方出版社。

安东尼·吉登斯，2000，《现代性的后果》，田禾译，译林出版社。

甘诺、许明柱，2007，《网络信任的社会学解读》，《南京财经大学学报》第 5 期。

姚篮、李建玲，2014，《国外网络信任研究述评》，《重庆大学学报》（社会科学版）第
　　6 期。

韦慧民、龙立荣，2008，《组织中人际初始信任研究述评》，《心理科学进展》第 2 期。

曲丽涛，2016，《当代中国网络公益的发展与规范研究》，《求实》第 1 期。

娄奕娟，2016，《"互联网公益"开创中国公益新模式》，《中国社会组织》第 5 期。

宋道雷、郝宇青，2014，《从传统公益研究到网络公益研究的变迁》，《社会科学》第
　　2 期。

汪国华、张晓光，2014，《中国网络慈善运作模式比较研究》，《社会科学研究》第
　　3 期。

徐京平、霍炳男、王润珩，2016，《网络众筹的发展逻辑、商业效率与风险机理》，《学
　　习与实践》第 9 期。

石国亮，2012，《慈善组织公信力重塑过程中第三方评估机制研究》，《中国行政管理》
　　第 9 期。

童星、罗军，2001，《网络社会：一种新的、现实的存在方式》，《江苏社会科学》第
　　5 期。

刘少杰，2016，《网络社会的感性化趋势》，《天津社会科学》第 3 期。

Burt, C. D., & Dunham, A. H., 2009, "Trust Generated by Aid Agency Web Page De-
　　sign," *International Journal of Nonprofit and Voluntary Sector Marketing* 2：125 – 136.

Mayer, R. C., Davis, J. H., & Schoorman, F. D., 1995, "An Integrative Model of Organiza-
　　tional Trust," *Academy of Management Review* 3：709 – 734.

Salam, A. F., Iyer, L., Palvia, P., & Singh, R. 2005, "Trust in E – commerce," *Commu-
　　nications of the ACM* 2：73 – 77.

Boyd, J., 2003, "The Rhetorical Construction of Trust Online," *Communication Theory* 4：
　　392 – 410.

Beldad, A., De Jong, M., & Steehouder, M., 2010, "How shall I Trust the Faceless and
　　the Intangible? A literature Review on the Antecedents of Online Trust," *Computers in
　　Human Behavior* 5：857 – 869.

Aiken, K. D. , & Bousch, D. M. , 2006, "Trust Marks, Objective – source Ratings, and Implied Investments in Advertising: Investigating Online Trust and the Context Specific Nature of Internet Signals," *Journal of the Academy of Marketing Science* 34: 308 – 323.

Torres – Moraga, E. , VáSQUEZ – PARRAGA, A. , & Barra, C. , 2010, "Antecedents of Donor Trust in an Emerging Charity Sector: The Role of Reputation, Familliarity, Opportunism and Communication," *Transylvanian Review of Administrative Sciences* 6: 159 – 177.

Goatman, A. K. , & Lewis, B. R. , 2007, "Charity E-volution? An Evaluation of the Attitudes of UK Charities towards Website Adoption and Use," *International Journal of Nonprofit and Voluntary Sector Marketing* 1: 33 – 46.

Briones, R. L. , Kuch, B. , Liu, B. F. , & Jin, Y. , 2011, "Keeping up with the Digital Age: How the American Red Cross Uses Social Media to Build Relationships," *Public Relations Review* 1: 37 – 43.

Saxton, G. D. , & Wang, L. , 2014, "The social network effect: The determinants of giving through social media" . *Nonprofit and Voluntary Sector Quarterly* 5: 850 – 868 .

Hooper, P. , & Stobart, S. , 2003, "Using Third-party Services to Reduce the Development Cost and Improve the Effectiveness of Charity Websites," *International Journal of Nonprofit and Voluntary Sector Marketing* 4: 328 – 336.

Flandez, R. , 2010, "March of Dimes Evolution in Online Fundraising," *The Chronicle of Philanthropy*, https:// www. philanthropy. com/article/March – of – Dimes – Evolution – in/226115.

Chen, C. , 2006, "Identifying Significant Factors Influencing Consumer Trust in an Online Travel Site," *Information Technology & Tourism* 8: 197 – 214.

Toms, E. G. , & Taves, A. R. , 2004, "Measuring User Perceptions of Web Site Reputation," *Information Processing and Management* 2: 291 – 317.

Bennett, R. , & Gabriel, H. , 2003, "Image and Reputational Characteristics of UK Charitable Organizations: An Empirical Study," *Corporate Reputation Review* 3: 276 – 289.

Jarvenpaa, S. L. , Tractinsky, N. , & Vitale, M. , 1998, "Consumer Trust in an Internet Store," *Information Technology and Management* 4: 29 – 64.

Hackler, D. , & Saxton, G. D. , 2007, "The Strategic Use of Information Technology by Nonprofit Organizations: Increasing Capacity and Untapped Potential," *Public Administration Review* 67: 474 – 487.

Furneaux, C. , & Wymer, W. , 2015, "Public Trust in Australian Charities: Accounting for Cause and Effect," *Third Sector Review* 2: 99.

Davis, F. D. , 1989, "Perceived Usefulness, Perceived Ease of Use, and User Acceptance of Information Technology," *MIS Quarterly* 3: 319 – 340.

Burt, C. D. , & Gibbons, S. , 2011, "The Effects of Donation Button Design on Aid Agency Transactional Trust," *International Journal of Nonprofit and Voluntary Sector Marketing* 2 : 183 – 194 .

Wang, Y. D. , & Emurian, H. H. , 2005, "An Overview of Online Trust: Concepts, Elements, and Implications," *Computers in Human Behavior* 1: p105 – 125 .

Hu, X. , Lin, Z. , & Zhang, H. , 2003, "Myth or Reality: Effect of Trust – promoting Seals in Electronic Markets," *Trust in the Network Economy*, 65 – 70.

Pan, Y. , & Zinkhan, G. M. , 2006, "Determinants of Retail Patronage: A Meta – analytical Perspective," *Journal of Retailing* 3: 229 – 243.

Fogg, B. J. 2002, "Stanford Guidelines for Web Credibility," *A Research Summary from the Stanford Persuasive Technology Lab*, http://www. webcredibility. org/guidelines.

Egger, F. N. , 2001, "Affective Design of E – commerce User Interface: How to Maximize Perceived Trustworthiness," In *Proceedings of the International Conference on Affective Human Factors Design*, London: Asean Academic Press, : 317 – 324.

Riegelsberger, J. , & Sasse, M. A. , 2002, "Face It: Photos don't Make a Web Site Trustworthy", In *Proceedings of CHI*, *Minneapolis*, *MN*, *ACM*, 742 – 743.

Giffin, K. , 1967, "The Contribution of Studies of Source Credibility to a Theory of Interpersonal Trust in the Communication Process," *Psychological Bulletin* 2: 104.

Gefen, D. , 2000, "E – commerce: The Role of Familiarity and Trust," *Omega* 6: 725 – 737.

价值累加理论视角下的网络集体行动研究

——以罗尔事件为例[*]

蔡　前　张兆宇^{**}

摘　要　近年来，网络集体行动不断涌现，对其背后的行动逻辑进行研究意义重大。本文对罗尔事件进行了案例研究，用问卷收集了网民参与罗尔事件的态度和行为数据，并用斯梅尔塞的价值累加理论分析了整个事件的发生过程。结果发现，（1）社会转型与互联网发展培育了网络集体行动发展的有利结构，（2）结构性紧张产生结构性不满，（3）认同感催生了救助和诚信的普遍信念，（4）焦点事件是网络集体行动的触发因素，（5）互联网可以进行集体行动的有效动员，（6）目前我国对互联网的社会控制机制不完善，控制能力较弱。在这六个因素的共同影响下，网络集体行动得以最终产生并不断发酵。

关键词　价值累加理论　网络集体行动　罗尔事件

中国当前正处于社会经济的急剧变迁期，社会结构、利益格局、价值观念等快速变化，不同利益主体之间的矛盾逐渐累积，导致各种形式的集体行动不断涌现。与此同时，信息技术在中国迅速发展，我国已经进入高速发展的互联网时代，网民的数量持续增长，已经成为全球网民最多的国

---

*　本文为国家社科基金项目"移动社交媒体对香港青少年集体行动参与的影响与引导机制研究"（项目编号：16BSH083）、教育部人文社会科学研究青年项目"以微博为媒介的网络集体行动研究"（项目编号：13YJC840001）的阶段性成果。

**　蔡前，江西财经大学人文学院社会学系教师；张兆宇，江西财经大学人文学院社会学系2013级本科生。

家。根据第 40 次《中国互联网络发展状况统计报告》的数据，截至 2017 年 6 月，我国网民数达 7.51 亿①。信息技术的普及极大降低了民众参与公共事务的门槛，遍布各个阶层的观点通过网络形成强大的舆论场，进而转化为网络集体行动，深刻地影响现实世界。发生于 2016 年底的"罗尔事件"就是典型代表，本文将用价值累加理论对其进行深入的案例研究，从而为理解网络集体行动的行动逻辑提供实证支持。

一 网络集体行动与价值累加理论

网络集体行动是"一定数量的、无组织的网络群体，围绕特定的现实主题，在一定诱发因素的刺激下产生的，以意见的强化与汇聚为特征的，具有现实影响力的网民聚集"，其核心是"网民群体围绕某一主题、基于不同目的，以网络聚集的方式制造社会舆论、促发社会行动的传播过程"（杜骏飞、魏娟，2010）。和传统集体行动相比，网络集体行动呈现"快速性、方便性、低成本、低风险、匿名性和跨地域"的特性（蔡前，2009）。

学术界对网络集体行动的研究主要从两个路径切入，一是讨论互联网技术对集体行动的影响：Garrett 认为互联网可以作为集体行动的"动员结构、政治机会结构、框架化工具"（Garrett，2006）；黄荣贵提出了互联网影响集体行动的三种理论模型——"作为信息流、作为社会网络延伸、作为公共舆论平台"（黄荣贵，2010）。二是分析网络集体行动的形成机理：邓希泉认为网络集体行动的发生机制既具有传统集群行为的共同特征，又具有自身的新属性，并用价值累加理论进行分析（邓希泉，2010）；杨江华指出不同的行动主体采取双重的动员机制参与舆论生成与框架竞争，形成了官方舆论场与民间舆论场的公共舆论生态格局，影响并决定了集体行动事件的发展进程（杨江华，2015）。

在众多理论框架中，斯梅尔塞的价值累加理论以其清晰的逻辑体系成为观察和分析网络集体行动的良好理论工具。斯梅尔塞认为集体行动的发

① 数据来自 http://www.cnnic.net.cn/hlwfzyj/hlwxzbg/hlwtjbg/201708/t20170803_69444.htm。

生由六个因素组成：结构性有利条件、结构性紧张、普遍信念、触发因素、行动动员、社会控制机制（郑杭生，2013）。他们缺一不可，若缺少其中一个，集体行动将不会发生。并且从第一个到最后一个因素的累加，都表明集体行动的可能性在大大增强。其中，结构性有利条件指的是有利于产生集体行动的社会环境或结构；结构性紧张则是指社会上的不公正状态和压抑所带来的冲突等；普遍信念是人们基于所处环境而形成的对问题的看法和行为准备；触发因素则是推动事件发展，加速集体行动爆发的导火索；行动动员标志着集体行动的开始，主要表现为群体领袖或鼓动者的煽动；最后，社会控制机制是对前面五个要素的防止和疏导，也是决定集体行动发生与否的关键，最后集体行动是否会发生，主要在于控制手段是否有效。

二 罗尔事件回顾[①]

罗尔事件肇始于网络众筹救助白血病儿童，千万网友共同参与了爱心转发、事实质疑、反转舆论的网络传播。这是一起典型的网络集体行动事件，整个过程经历了五个阶段。

（一）导火线：女儿不幸得重病

罗尔，48 岁，曾任职于深圳《女报》《新故事》，"罗尔"微信公众号主人。2016 年 9 月 10 日，其女儿罗一笑入院就医，罗尔在公众号里发文《我们不怕讨厌鬼》，筹钱救女儿，24 小时获打赏近 3000 元。9 月 12 日，罗尔在公众号中表示"女儿病情结论未出之前，公号打赏功能暂停"，宣布将此前文章全部赏金捐给贫困白血病儿童。后由于罗一笑被确诊为白血病，罗尔选择重启打赏功能。10 月 23 日，罗一笑被送进医院重症监护室。

（二）高潮：罗尔"卖文救女"刷屏，打赏超百万元

罗尔的文章《罗一笑，你给我站住!》在 11 月 25 日开始刷屏，而后

---

① 本部分根据《南方周末》、腾讯新闻、网易新闻资料综合整理、撰写。

小铜人公司创始人刘侠风以"罗尔卖文，公司捐款，互助共赢"的方式参与进来。11 月 27 日开始，小铜人旗下公众号"P2P 观察"转发罗尔的系列文章，开通打赏功能，并主动撰文《不能让一个孩子，因为钱而有所闪失》。在一系列因素推动下，11 月 30 日凌晨，数以百万计的热心网友冲进罗尔微信公众号打赏，总额超过 200 万元。

（三）质疑：罗尔的各类信息被公开

11 月 30 日上午，罗尔文章转发募捐的事件吸引各方热切关注，也开始引起网友对其财产及医疗费用的质疑。流传甚广的一名医生在社交媒体里的一张截图显示罗一笑每天在医院的支出不超过 5000 元。下午，深圳市儿童医院在其官方微博中公布治疗费用：罗一笑三次住院费用合计204244.31 元，其中医保支付 168050.98 元，自付费用占比 17.72%，为36193.33 元。医疗费用的负担远不像罗尔所说的那么沉重。另有网友曝光罗尔名下财产——深圳自住一套房、东莞两套房。就在这个时候一些微博大V、微信公众号大号开始介入，厉声谴责，指此次事件是"带血的营销"。

（四）解释：当事人回应质疑及处理善款办法

11 月 30 日 15：30，面对隐瞒费用事实，罗尔为自己的行为进行辩解，并提出处理救助女儿后剩余巨额善款的方法：成立救助白血病患儿的基金。同日下午，刘侠风通过公众号说明罗尔收入，公众号中发表刘侠风文章《好事做到底，不怕风凉话》，文中提到罗尔有三套房：深圳一套，东莞两套分别为酒店公寓和住宅，总价 100 万元贷款 42 万元，没房产证无法变现。

（五）平息：民政局介入事件

12 月 1 日上午，罗尔事件前因后果在网上再度引发讨论，调查组介入调查。面对舆论的失控，官方开始介入。最终，经过深圳市民政局、刘侠风、罗尔和腾讯四方协商，将所获赏金 262 万多元原路径退还给网友。

三　价值累加理论下的罗尔事件分析

为调查网民参与罗尔事件的情况，探究网络集体行动的影响因素，本文通过网络问卷调查方式，发放 1304 份问卷，回收率达到 100%，剔除填写不完整及不符合要求的问卷 14 份，问卷有效率为 98.9%。问卷围绕价值累加理论的六个维度进行操作化，问卷结果可以帮助我们理解罗尔事件的行动逻辑。

（一）　社会转型与互联网发展培育有利结构

在斯梅尔塞看来，集体行动的第一个决定因素是有利的结构，即社会结构的构成方式必须允许一场社会运动或集合行为的发生，这个结构或者社会环境有助于集体行动的产生。同时斯梅尔塞也强调，有利的结构是指使集合行为在特定情况下成为可能的一般的背景因素。根据调查研究可知，促成罗尔事件等类似网络集体行动的有利结构在于我国处在社会转型期与互联网发展迅速。

从社会层面上讲，随着改革开放不断纵深发展，经济增长迅速，人民的物质需求得到进一步满足，我国正处于社会经济的转型期，社会结构变化非常快，新中产阶级人数迅速攀升，开始成为社会阶层中的主要构成部分。同时，社会正在转型与变革，在从计划经济逐步向社会主义市场经济转变的过程中，人们的能力、资源及机遇的差异，导致利益分配不均，社会底层民众相关利益受到损害，弱势群体话语权被进一步压缩。与此同时，在相关体制转变的过程中，人民群众的表达意愿以及维护自身利益的意识进一步被唤醒，而相关的表达机制不完善、渠道不通畅，民众通过正常的渠道难以有效反映诉求，转而投向网络公共空间。另外，随着经济、社会的逐步发展，社会利益结构与社会价值观开始呈现多元化，这些新变化都是孕育网络集体行动的温床。

从互联网层面上讲，随着互联网在中国的普及，我国进入信息时代。我们的调查显示，98.45% 的被调查者每天使用网络的时间超过一小时，每天使用网络时间为 3～5 小时的占比最高，为 36.9%，而每天使用网络时间超过 5 小时的也接近 40%，可见在大多数人的生活里互联网占据了非常重要的位置。这一调查结果与第 40 次《中国互联网络发展状况统计报告》也比较吻合，该报告中指出我国互联网普及率为 54.3%，网民人均周上网时长为 26.5 小时。我们的调查还显示，接近 99% 的被调查者会使用社交媒体，在使用目的上，排前三的分别是与亲戚朋友同学交流联系（92.2%），获取新闻信息、了解社会热点（84.8%）以及记录心情、分享观点（58.3%）。可以看出，社交媒体拓宽了网民获取信息的渠道，让民众能低成本、高效率地知悉天下事，方便民众参与各类事件的交流讨论，为集体行动提供了意见表达的公共空间。

（二）结构性紧张产生结构性不满

在斯梅尔塞看来，集体行动发生的第二个条件是结构性紧张，即特定条件和事件引发的结构上的不和谐、不安定。造成中国目前"结构性紧张"的原因是社会结构分化速度快于制度规范整合速度，结构要素之间紧张并脱节，不同利益群体之间也因为政策与制度安排的变化而产生不满，群体矛盾与冲突由此产生（李汉林、魏钦恭、张彦，2010）。

人们对于社会现状的自我评价能够反映"结构性紧张"的影响，在问卷调查中，我们专门设置了关于调查者对社会分层、社会现状、社会公平等方面的态度题。

在关于社会分层的自我认知中，有 43% 的被调查者认为自己位于中下层，12% 的被调查者认为自己位于底层。在关于贫富差距的自我认知中，认为贫富差距小（包括比较小和很小）的被调查者仅为 1%，绝大多数都认为我国存在贫富差距，且差距在继续扩大。

本文还设置了八个关于社会现状的描述题目，并用"非常不符合"=1、"比较不符合"=2、"一般=3"、"比较符合"=4、"非常符合"=5 进行赋值，均值越高表示该描述越符合，反之亦然。从表 1 可以看出，被调查者对医疗负担、公共资源分配、利益诉求渠道、社会信任、政策法律等方面都给出偏负面的评价。

表1 被调查者对我国社会现状的认知

评价内容	均值
民众的贫富差距在不断扩大	3.84
报酬按劳分配，按个人能力和贡献分配财富	3.36
对于广大中低收入群体来说，看病难，看病贵，因病返贫现象普遍	3.90
公共资源分配不均，不同地区不同群体的人享有的资源不平等	4.01
各公共机构严格按照规章制度办事，政府信息公开透明，公民有各类畅通的渠道反映诉求	2.96
我国社会政策制度不够完善，对社会弱势群体缺乏各方面的物质支持与精神支持，还有很大的提升空间	3.98
当前社会信任氛围不佳，社会失信事件多	3.84
破坏社会诚信的热点事件中，相关责任人都得到了法律的惩罚及民众道德上的谴责	3.18

在"结构性紧张"能被民众主观感知后，就会产生"结构性不满"。我们的调查结果清楚显示，贫富差距的扩大、公共资源分配不均、社会福利体系与制度不完善、社会诚信氛围不佳、利益诉求机制不健全等都让大众感受到较为强烈的不满。不满会促使人们产生各种外显的或内隐的需求和动机，这正是人们参与集体行动的根本动因，同时网络本身的技术特性也使其成为人们满足需求、宣泄情绪、消除紧张的理想工具和渠道，网络集体行动在这种背景中得以产生（乐国安、薛婷，2011）。

（三）认同感产生普遍信念

斯梅尔塞认为，普遍信念有助于参与者解释他们感知到的结构性紧张。它包括对失常状态的分析、对事情应该是怎样的看法以及用以纠正这一局面的方法。普遍信念使得当下形势对参与者充满意义，并使他们做好行动的准备。

表2是本文对被调查者主观态度的调查，同样按照1到5分对每题赋值，1表示非常不认同，5表示非常认同，2~4介于二者之间，均值越高表示认同度越高，反之亦然。表2的结果显示，"我平时关注社会热点事件，同情社会弱势群体"平均得分为3.73，"因病返贫的家庭很可怜，我

愿意尽自己的能力帮助这类群体"平均得分 3.78，这表明大多数人平时会关注包括因病返贫家庭在内的各类社会弱势群体。在罗尔事件初期，罗尔被塑造成一个来自普通社会中下层的父亲，因女儿重病无钱医治，无可奈何之下只能求助于网络，网民对此感同身受。强烈的认同感进而催生救助的普遍信念，促使人们相信无论是转发支持还是捐款支持，都可帮助罗尔。这一点在调查转发罗尔相关文章的动机时也得到了验证，我们的调查显示，83.96% 的转发信息者是因为相信"转发可以帮助筹资，尽自己能力帮助这个家庭"。

表 2　被调查者对部分观点的认知

内　容	均值
诚信是传统美德，是做人的基础，我非常注重诚信问题	4.35
对于欺骗大众的说谎者，应该通过法律予以惩罚	4.00
对于说谎者，我会通过自己的行动在道德方面予以谴责	3.64
网络公益众筹捐款方便，具有巨大的发展前景，我愿意通过这种方式帮助别人	3.58
我相信我通过网络平台的捐款或其他方式的支持，可以帮助到有需要的人	3.61
当下网络公益众筹中存在信息失实问题	3.97
我国对网络公益众筹的监管力度小，仍存在漏洞	4.14
通过网络平台捐款之后发现受骗，会挫伤我的积极性与热情	4.18
我平时关注社会热点事件，同情社会弱势群体	3.73
因病返贫的家庭很可怜，我愿意尽自己的能力帮助这类群体	3.78

同时，表 2 的结果显示，"诚信是传统美德，是做人的基础，我非常注重诚信问题"平均得分高达 4.35，这表明民众普遍认可诚信的重要性。与此相对应，"对于欺骗大众的说谎者，应该通过法律予以惩罚"以及"对于说谎者，我会通过自己的行动在道德方面予以谴责"平均得分分别为 4 与 3.64，进一步证明人们对失信的痛恶，对诚信的期待。这些理念的强烈认同同样形成了诚信的普遍信念，并在罗尔事件后期发挥作用。随着各路媒体不断披露罗尔家庭的经济情况等先前被罗尔隐瞒的具体细节信息，罗尔不诚信的形象被塑造出来，挑战了民众关于诚信的普遍信念，引发后续民众的齐声讨伐。

（四） 焦点事件是触发因素

根据斯梅尔塞的观点，集体行动的直接触发在经历了结构性有利条件、结构性紧张以及普遍信念三个阶段的价值累加后，第四阶段如果有焦点事件发生，将引燃集体行动的导火线，继续增强集体行动的可能性。

在罗尔事件前一阶段，罗尔的系列文章，尤其是《罗一笑，你给我站住！》，成为整个事件的触发事件，成功地点燃了网民的热度。从图 1 可以看出，罗一笑一文从 11 月 29 日起热度急剧攀升，罗尔文章的微信公众号阅读量早已超过 10 万＋（微信平台仅能显示的最高阅读量），到 30 日升至最高点。在罗一笑一文传播过程中，小铜人公司的"转发一次，支持一元"等相关文章同样起到了推波助澜的作用。

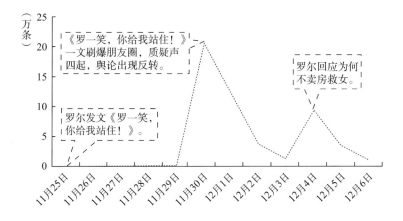

图 1 罗尔事件舆论走势

资料来源：鹰眼舆情观察室：http://www.eefung.com/hot－report/20161207163445－88117。

在罗尔事件的后一阶段，新华社、深圳电视台、《深圳晚报》等传统媒体的系列跟进报道成为事件反转的触发因素。不管是对罗一笑实际医疗费用的曝光，还是对罗尔自身经济状况的揭秘，又或是对罗尔本人经历的深挖，都极大地触动了普通网民对于贫富差距、诚信等议题的敏感神经，直接导致罗尔事件的消极走向，罗尔也成为众多网民的讨伐对象。可以看出，正是因为有了众多触发性事件的发生，才会使得罗尔事件一波三折，成为一起典型的网络集体行动事件。

（五）互联网的有效动员

在斯梅尔塞看来，集体行动的第五个决定因素是行动动员。在结构性有利条件、结构性紧张、普遍信念以及触发因素四个条件具备后，集体行动的产生还需要进行有效的动员。罗尔事件之所以能被有效动员，主要基于三个因素：社交媒体、情感动员和意见领袖。

社交媒体是当前网民最常用的互联网工具，罗尔事件的传播热度就是通过社交媒体产生的。我们的问卷调查结果显示，83.3%的被调查者通过微信、微博等社交媒体获取罗尔事件相关信息，进一步证实了这一点。罗尔事件爆发的源头是微信公众号，微信传播的内容具有个人私密性和准实名制的特征（方兴东、石现升、张笑容等，2013），具有典型的强关系属性。以点对点传播为主的微信在信息传播初期受众有限，但强关系赋予了信息真实性和有效性，一旦形成多人转发、多人分享，就会使得信息不断扩散，传播速度和范围急剧扩大。我们的问卷调查显示，近70%的被调查者拥有10个以上的微信群，这些社群的存在极大地提升了信息传播效率。当罗尔事件从微信传播跨到微博传播，就进入了大众传播阶段。微博作为陌生人的弱关系社交媒体，信息传播以多对多传播为主，信息在微博上就像原子裂变般爆炸式传播。罗尔事件从微信端发酵，通过微博的推波助澜，最终成为全民热点。

在罗尔事件的传播过程中，情感动员发挥了重要作用。Decety 和Lamm 指出当个体感知到其他个人的情绪时，我们个体就会被激发出情绪唤醒，这就是情绪共情（Decety and Lamm，2006），罗尔事件的大量转发就体现了这种共情式的情绪动员。"罗一笑，爷爷奶奶、叔叔阿姨、哥哥姐姐对你的恩情，很深很重，我一笔一笔给你记着，你不能耍赖，必须亲自感恩"，"罗一笑，不要乱跑，你给我站住！要是你不乖乖回家，就算你是天使，就算你跑进天堂，有一天我们在天堂见了面，爸爸也不理你！"等字句，蕴含着强烈的情感诉求，罗尔那一句句真情流露碰撞着每一个读者的内心，引发情绪共情。文章字句的朴实无华，一个个生活场景对话的描述，背后都是极强的代入感，激发读者"以己度人"、"感同身受"，这个过程是不由自主和自动化的，人们无法随意控制其发生和强度，产生了极佳的动员效果。

除了社交媒体和情感动员，意见领袖也在罗尔事件中发挥举足轻重的作用。按照 Lazarsfield 的观点，意见领袖就是在人际传播网络中经常为他人提供信息，同时对他人施加影响的活跃分子，他们在大众传播中起着非常重要的中介作用（Lazarsfield，1948）。在罗尔事件初期，意见领袖主要是微信公众号。因为微信官方对公众号内容有着更严格的审查，使得公众号具备了部分意见领袖的功能。罗尔的公众号以及小铜人公司的公众号在事件初期扮演着意见领袖的角色，让罗尔的求助信息有了初步传播基础。不久，《深圳晚报》报道了罗一笑患白血病一事。传统媒体作为更权威的意见领袖，对事件真实性的背书让罗尔事件迅速走到公众眼前。与此同时，微博大 V 也开始扮演意见领袖角色，纷纷转发罗尔求助信息，事件得以在全国范围内传播。到了事件转折阶段，扮演意见领袖的是各类传统媒体。电视、报纸等对罗尔及其家庭的深入报道，使得民众从无条件支持转向有条件支持，最终迈向全方位质疑。在反转过程中，各种网络大 V 继续充当意见领袖，与传统媒体一起主导整个事件走向。

在社交媒体、情感动员和意见领袖三方面的影响下，罗尔事件以惊人的速度发展，越来越多的普通网友参与其中，网络集体行动得以发生。

（六）社会控制能力较弱

斯梅尔塞认为集体行动产生的最后一个条件是社会控制机制，它决定了前五个因素，并有助于确定集体行动的结果。在斯梅尔塞的理论中，六个因素分别在集体行动的不同阶段发挥着各自的功能，只要其中一个因素条件不被满足，就没办法产生真正的集体行动。换言之，在集体行动产生过程的最后一个环节，只要社会控制运用得当，即使前面五个条件被满足，也可以有效阻止集体行动的发生。

对于网络集体行动来说，最重要的社会控制就是网络监管。尽管我国近年来加快了制定相关网络管理法律政策的脚步，但由于互联网本身的匿名性、去中心性、跨地域性等特点，再加上其迅猛的发展速度，管理部门的政策制定往往落后于现实需求，造成监管难题。我们的问卷调查也证实了这一点，76.12%的被调查者认为"我国网络监管力度弱，网络环境存在大量不稳定因素"。在罗尔事件中，利用微信公众号的打赏功能发起个人求助，在现有法律体系中并无有针对性的规定，这也确实给网络的监管增加了难度。

在罗尔事件中，充当社会控制力量的主要是社会救助的官方管理机构——民政局和微信打赏的官方管理机构——腾讯公司。首先，深圳市民政局缺乏管理和控制网络救助事件的经验。在罗尔事件形成全民讨论热点时，深圳市民政局没有对辖区内的这起热点社会救助事件进行基本事实调查，没有给予罗尔在社会求助、资金使用等方面合理合法的工作指引，也没有就小铜人公司在个人救助中的作用做出适当引导，这些都为网络集体行动的最终发生发展提供了助力。在事件反转后，民政局匆忙介入调查，但事件造成的社会负面影响已经无法阻止。其次，腾讯公司在事件发展过程中也有不可推卸的责任，罗尔的文章在2016年11月29日开始刷屏，微信打赏在29日就突破了一日五万元的上限，但网友的打赏仍能继续进行，微信系统的漏洞放大了这一事件的影响。在斯梅尔塞价值累加理论的六个条件全部满足后，罗尔事件作为一起网络集体行动事件不可避免地发生了。

四　结语

价值累加理论将影响集体行动产生的六个因素有逻辑地进行了论述，这一理论框架同样可以用来解释网络集体行动。价值累加理论最可贵处在于启发人们，一定要注意准确掌握社会与民众心理的重要性，要给人们提供适度的、正常的"安全阀"渠道来发泄怨恨和表达意见，防止不满情绪过度淤积，导致矛盾总爆发（赵宬斐，2013）。与此同时，价值累加理论在分析网络集体行动时，也存在一定局限性。比如，结构性紧张、普遍信念这种抽象的概念如何在网络世界验证；网络集体行动的动员是否需要外部组织动员？如何衡量网络世界的社会控制度？正因为如此，价值累加理论应该和其他集体行动理论互相结合，才能更好地阐释网络集体行动。

参考文献

蔡前，2009，《以互联网为媒介的集体行动研究——基于网络的视角》，《求是》第 2 期。

邓希泉，2010，《网络集群行为的主要特征及其发生机制研究》，《社会科学研究》第 1 期。

杜骏飞、魏娟，2010，《网络集群的政治社会学：本质，类型与效用》，《东南大学学报》（哲学社会科学版）第 1 期。

方兴东、石现升、张笑容等，2013，《微信传播机制与治理问题研究》，《现代传播》（中国传媒大学学报）第 6 期。

黄荣贵，2010，《互联网与抗争行动：理论模型、中国经验及研究进展》，《社会》第 2 期。

乐国安、薛婷，2011，《网络集群行为的理论解释模型探索》，《南开学报》（哲学社会学版）第 5 期。

李汉林、魏钦恭、张彦，2010，《社会变迁过程中的结构紧张》，《中国社会科学》第 2 期。

杨江华，2015，《网络集体行动的舆论生成及其演化机制》，《青年研究》第 6 期。

赵成斐，2013，《"网络集群行为"与"价值累加"——一种集体行动的逻辑与分析》，《新闻与传播研究》第 8 期。

郑杭生，2013，《社会学概论新修》（第四版），中国人民大学出版社。

Decety, J. and Lamm, C. 2006. "Human Empathy through The Lens of Social Neuroscience." *The Scientific World Journal* 6：1146 – 1163.

Garrett, R. Kelly. 2006. "Protest in an Information Society：A Review of Literature on Social Movements and New ICTs." *Information*, *Communication* & Society 9：202 – 224.

Lazarsfield, P. 1948. The People's Choice. *New York*：*Columbia University Press*.

生不生二孩？

——职业女性生育选择与政策支持的回顾及前瞻

徐　佳[*]

摘　要　2017 年是我国实施"全面二孩"政策的第二年，虽然二孩出生数量较 2016 年提高了 11 个百分点，但与生育新政的目标仍有距离。职业女性是生育的主体，又是重要的人力资源，她们的生育选择主导着生育行为、劳动力市场的运行以及女性自身的发展。通过梳理发现，她们的纠结存在于两个方面：一是工作与家庭关系的平衡，二是生育照顾的支持；其生育选择的影响机制主要包括宏观的文化与制度性因素和微观的家庭与个人因素两个方面；生育选择模式向国家引导和市场调节转变，选择路径以理性选择模式为主导。本文试图通过回顾已有文献、展望未来研究的几个方向，为相关政策的制定提供借鉴与参考。

关键词　全面二孩政策　职业女性　生育选择　政策支持

为了适应人口发展的新形势，应对老龄化等人口结构性危机，党的十八届五中全会决定实施"全面二孩"政策。生育新政增加了每个家庭的生育选择机会，也让生育主体多一份生与不生的纠结。2016 年是新政实施的第一年，根据国家统计局发布的数据，当年我国新出生人口 1786 万，相比 2015 年增加 191 万；2017 年新出生人口 1723 万，较 2016 年小幅减少，但二孩数量上升至 883 万，比 2016 年增加 162 万人，占全部出生人口的 51.2%，比 2016 年提高了 11 个百分点。新政实施的头两年，虽然二孩的

---

[*] 徐佳，女，江西财经大学人文学院，博士，讲师，研究方向为女性社会学、社会学理论。

出生数量有所增加，但与生育新政的目标仍有距离。作为新政的重要目标群体，职业女性的生育选择面临生育与职业发展的角色冲突和两难困境，对其生育选择影响机制和选择路径的深入研究既能够拓展行为选择理论研究的新空间，又有助于调整与建构积极的生育政策体系。

本文关注"全面二孩"政策背景下，职业女性生育选择的影响机制和选择模式，分析其面临生育选择困境的主要原因，为建构与之配套的生育引导和支持政策提供建议。其中，职业女性是指在企事业机关、学校和社会团体中从事体力或脑力劳动，以工资收入作为主要生活来源的女性管理者、经营者和劳动者。她们有着特定的群体特征，主体意识较强，文化层次较高，经济收入也较为稳定。职业女性群体有着较高的生育决策权，是"全面二孩"政策的重要目标群体。而生育选择有别于生育意愿，生育意愿是关于生育问题的主观愿望和想法，生育选择是人们做出的有关生育的最终决定。因此，生育选择比生育意愿更接近人们的生育行为，更能真实地反映生育水平。基于这两个核心概念，笔者梳理了学界相关领域的研究文献，总结和展望了未来研究的几个方向，以期为相关政策的制定提供一定的借鉴与参考。

一　职业女性生育选择的新情境

"全面二孩"政策被认为是我国生育政策调整和完善过程中最为关键的一环。陆旸、蔡昉（2014）深入分析了人口结构变化对潜在经济增长率的影响，风笑天（2014）阐释了生育政策调整对城乡家庭和年轻夫妇生命历程的冲击，穆光宗、茆长宝、周建涛（2016）提出全面落实二孩政策，促进人口均衡发展，从而实现发展家庭、促进人的自由和全面发展的倡议。生育政策的调整正在从多个领域对我国社会产生多元的影响，宏观上显著地改变着人口结构，微观上深刻地影响着家庭变迁。

"全面二孩"政策塑造了职业女性生育选择的新场域和新情境。新政的实施给职业女性提供了再次选择生育的机会，也给她们的就业和职业发展带来了潜在的风险，为其平衡工作和家庭带来了更多的挑战（杨菊华，

2014；耿兴敏，2015；叶文振，2015；杨菊华，2016；张霞、茹雪，2016）。她们面临着"生"和"升"的纠结（杨菊华，2016）。黄桂霞（2014）的研究表明，从事非农劳动的妇女因生育而中断就业的比例明显上升，从1981—1990年的10.3%上升到2001—2010年的36.0%。对此，张银提出了"生育型职业中断"的概念（张银，2017）。崔宝琛（2017）认为由于现存的性别分工和文化建构，我国青年女性正在遭受"生育惩罚"。更有学者指出，职业女性甚至面临彻底失业的风险（杨慧等，2016；张霞、茹雪，2016）。同时，生育是职业女性收入减少的最大影响因素，研究表明有五分之一的被访者为了继续从事工作而延迟生育二孩或者不生二孩（杨慧、白黎，2017）。

由此可见，一方面是竞争激烈的职场，另一方面是需要扮演的传统家庭角色，这两者之间的冲突迫使不少职业女性选择放弃再次生育。但这种放弃的选择又可能与家庭的生育需求相矛盾，从而使其陷入更为纠结的两难困境（郑真真，2016）。多数学者认为"全面二孩"政策的实施过程要特别关注其对女性就业的影响，虽然就业市场上对女性的公开歧视已基本消除，但隐形歧视仍然存在，人口新政的实施还有可能加剧这一状况。竞争激烈的劳动力市场将使生育对女性劳动参与、职业发展的影响越来越凸显（彭希哲，2016；杨慧，2016）。

二 职业女性生育选择的影响机制

生育具有三维属性，即数量、性别和时间（顾宝昌，1992），生育选择也包括生育数量、生育性别和生育时间三个维度，是育龄夫妇做出的有关生育的最终决定（风笑天、李芬，2016）。在"全面二孩"政策背景下，职业女性的生育选择主要体现在生不生第二个孩子以及什么时候生，其影响机制包括宏观的文化与制度性因素和微观的家庭与个人因素两个方面。

有关影响职业女性生育选择的宏观因素，大致有两类观点：一类认为社会经济因素起主导作用（彭希哲，2016；宋健，2016；李建民，2004）；另一类则更加强调生育文化的力量，认为生育文化一旦形成，就有政策难以影响和干预的强大惯性（穆光宗，2014；Bongaarts，2001）。值得注意的是，近期相关的实证研究更加强调制度、文化、结构等机制的交互作用，以及内生性的生育文化与获致性的生育制度的影响效力、制度—文化诉求相冲突时个人的生育选择等方面（吴小英，2014；吴莹、杨宜音等，2016）。

此外，学界普遍认为新时代有新的生育观念，"传宗接代""养儿防老""多子多福"的生育文化在大部分地区已经被少生优生的生育观所取代（宋健，2016）。与上一代人相比，这一代人比较追求生活质量。学者们还关注到"互联网＋"时代，人们的生育观念不断受到周围环境综合因素的影响。社会舆论的引导、公共服务的改善、经济活动周期性的变化、全球化和城镇化的进程都可能影响职业女性的生育观念和生育选择（杨菊华，2016）。

有关微观的家庭与个人因素的研究集中在两个方面：一是职业女性经济收入与生育成本的考量，二是其工作与家庭的权衡。国家卫生和计划生育委员会（现为国家卫生健康委员会）于2016年发布的数据显示，育儿成本占到中国家庭平均收入的50%，因为经济负担、太费精力和无人看护而不愿生育第二个子女的分别占74.5%、61.1%、60.5%。此外，由于大中城市房价的攀升，中央要求多个部门合力推进二孩政策。生育选择于家庭而言，更多的是一种家庭经济条件的现实选择，而作为生育主体的女性会有更多的考虑，也会有更多生育成本和收益方面的权衡（彭希哲，2016；叶文振，2015）。

生育成本包括经济成本、机会成本和时间成本等诸多方面。对职业女性而言，她们会更加理性地考量"二孩"的抚育成本、教育成本、成长环境和生活品质等因素。但是，育儿机会成本难以估算，无论是因照料婴幼儿而导致的机会成本，还是因照料孩子而引起的工作—家庭平衡的两难选择，都已成为职业女性生育选择的制约因素（宋健，2016）。周云、郑真真（2015）从时间的视角考察了生育及养育子女对女性日常生活时间挤压的特点及程度，说明了职业女性个人劳动负担的增加以及个人休闲空间的压缩带来的影响。还有的研究延伸到了职业女性因生育所需要承担的隐形成本，如知识资本的退化、自我提升的动力等（张韵，2016；张霞、茹雪，2016）。值得注意的是，生育成本在不同女性群体中存在着差异，其中对接受过高等教育且从事管理与职业技术工作或在国有部门工作的职业女性的负面影响更大（郑真真，2004；於嘉、谢宇，2014）。

此外，职业女性工作与家庭的权衡也是影响其生育选择的重要机制。学界普遍认为，在社会文化的认同中，女性照料子女、承担家务劳动要比个人的职业更为重要。在我国，由于女性仍然是无酬家务劳动的主要承担者，在主客观条件相同的情况下，女性的家务劳动时间仍远远超过男性（佟新、刘爱玉，2015；Fursman，2002；杨菊华，2014；郑真真，2016；张永英，2016）。除了经济压力，女性自身事业发展的压力以及照料子女的压力是大量家庭选择不生育二孩的主要原因（彭希哲，2016）。实证研究表明，在城镇青年中，为了家庭而放弃个人的发展机会者超过四分之一，城镇青年女性家庭冲击工作的风险是同类男性的两倍以上（杨菊华，2016）。二孩对职业女性平衡工作与家庭带来的冲击更大，再生一个孩子，女性在家的经济地位降低，在工作中的地位也降低。

三　职业女性生育选择的模式和路径

由产生生育意愿到实施生育行为，中间有数个博弈的过程，生育选择正是研究这个过程和行为。这个博弈的过程是个体对国家、家庭和个人利益的权衡。改革开放至今，个人生育选择的模式从国家利益决定和行政干预型向国家利益引导和市场调节型转变（李建民，1994；吴小英，2014）。随着个体化趋势的显现，职业女性生育选择的自由度在扩大，影响因素也在增多。

有关选择路径的观点以理性选择模式为主导，贝克尔早在《家庭经济分析》一书中就有关于生育选择行为的成本—收益分析，近期的实证研究也大多集中在这个框架之内，认为当面临是否生育二孩时，职业女性会进行深思熟虑的理性思考。关注生育选择过程中的经济理性，在现代西方经济学有关生育率的研究中体现得最为明显。但生育选择是由多种因素促成的,有学者基于科尔曼的理性选择理论认为,生育选择是生存理性、经济理性和社会理性三重作用的结果(张伟,2016)。

此外,布迪厄在《实践感》中分析了人类婚姻和生育行为的策略选择,将惯习作为行为选择的生成机制和运作逻辑,并承认文化对于惯习形成的作用。也有学者指出,在生育选择的实践过程中,个体的选择并非完全是自主的,究竟是出于个人意愿还是家庭意愿,是被客观环境所迫还是出于价值理念选择,有时并非总是界限分明的(吴小英,2014)。因而,很难将职业女性的生育选择路径归结为纯粹的理性选择,它是一个集理性与感性以及多重复杂因素交织的选择行为。

四 职业女性生育支持政策的建构

对职业女性而言,国家放开生育政策后,加快落实相应的生育支持、引导性政策措施以及建构与之配套的政策体系更为重要,与此相关的研究主要集中在以下方面。

一是建构性别平等的家庭与就业政策,防止女性因生育而造成职业晋升受阻,或在工作的其他方面受到损害(Buchanan,2014;彭希哲,2016)。提倡劳动监察部门对职业女性的劳动保护进行特别监督,并重点发挥妇联组织的作用,降低企业雇佣女性的成本以及提高用人单位的违法成本(杨慧,2017;李宝芳,2017)。从女性社会保障的视角出发,对女性的生育行为制定相应的社会保障补偿机制,并给予一定的就业补贴(张慧霞,2015;王玥等,2016)。陆万军、张彬斌(2016)主张运用劳动力市场政策以及相关配套措施促进女性育后平等就业。

二是提升女性生育的公共服务。较之普通女性,职业女性更需要相对优质的生育和妇幼保健服务以及更高层次的幼托资源,包括儿科医疗服务、专业化的日托机构、教育、社保等方面,以有效缓冲生育对女性职业中断的影响。此外,给予二孩家庭一定的住房补贴,以改善其住房条件并缓解其生活压力(黄桂霞,2014;杨菊华,2016;张永英、李线玲,2015;王玥等,2016)。

三是完善职业女性平衡家庭和工作的相关机制，如推进更加灵活的就业模式、休假制度，提高育儿补助、延长生育奖励假、用生育保险支付假期薪资、多代同堂的家庭模式、多元化的幼托机构等（佟新，2012；黄桂霞，2014；马春华，2016；杨慧、白黎，2017；王玥等，2016；李宝芳，2017）。方英（2017）提出制定父母假以引导父亲参与育儿过程，并将家庭友好的理念应用于企业管理和建设，实行弹性工作、提供托幼设施以及相关信息和培训等具体措施，将"家庭友好用人单位建设"在企业当中推广，以缓解职业女性工作与家庭平衡的两难。崔宝琛（2017）从我国家庭政策碎片化和单一化的现状出发，提出应构建专门针对儿童发展的家庭政策，建设以儿童为本的相关福利体系，并将生育支持体系延伸和扩展至社区与社会。

此外，生育选择是个世界性的难题，学界研究了生育福利政策的跨国经验，包含东亚和欧美等国家。如日本的生育支持政策包括住房、食品、教育、就业等方面的内容（聂长建，2016）；德国支持"两性共同养家"的模式、广泛的公共育儿服务、儿童家庭税款收益、孕产期和育婴假等福利制度上的改革（Geisler、Kreyenfeld，2012）；瑞典和法国的家庭政策鼓励男性使用育儿假、参与照料幼儿的活动等（Lohmann，et al.）；加拿大的相关政策建构，如劳资关系下两性共同责任政策、育婴津贴、家庭财务支持制度、托育空间行动等，同时提倡政府给予更多家庭补贴（谢棋楠，2012）。这些国际经验可以为我们提供有益的参考。

五　讨论与总结

以上研究为我们进一步开展职业女性生育选择与政策支持研究提供了重要的理论基础和参照框架，但现有研究仍有进一步拓展的空间，主要体现在以下两方面。

第一，有关"全面二孩"政策下适龄人群生育选择的研究大多以家庭为分析单位，尚未给予作为生育主体的女性足够的重视。目前，只有少量针对身处生育和职业发展双重压力下女性的相关研究，且一些研究缺少社会性别和女性发展的视角，因此更需要我们在生育新政的视野下关注性别的议题，以促进女性的发展和男女两性的平等。

第二，对于生育选择模式和路径的研究大多从理性选择理论出发，无法为职业女性生育选择的影响机制提供更多元化的阐释。应努力融合和突破人口学和经济学有关生育选择行为的理性选择理论框架，分析和透视文化观念等方面与生育选择之间的逻辑关联。此外，吉登斯的结构化理论视角和布迪厄的实践社会学框架都可以成为分析职业女性生育选择行为的切入点，并在宏观的文化和制度与微观的家庭和选择行为之间搭建一个动态的互动理论分析桥梁。

因而，在女性主义和职业发展的理论视角下丰富和拓展生育选择研究的理论视域，构建一个生育选择行为的多维理论图景，将成为后续相关研究的重要切入点。

职业女性既是生育的主体，又是重要的人力资源。在我国，女性有着很高的劳动力市场参与率，近70%的女性拥有有偿工作，远远高出世界53%的平均水平（蒋莱，2012）。"全面二孩"政策是职业女性生育选择行为展开的新场域和新情境，职业女性面临生育成本高与生育文化制约、二孩生育与职业发展冲突等多重挑战与困境。从宏观的社会政策层面来看，职业女性面临平等就业保护政策缺失而导致的职业发展风险；面临因婴童入托、入学、就医等生育保护政策滞后而带来的生育成本单位化和生育成本家庭化的双重压力。从微观的家庭结构来看，职业女性又面临着生育观念错位下的代际矛盾，以及生育文化冲突下夫妻生育选择分歧的权衡。

基于此，进一步通过典型区域的实证研究，探讨职业女性的生育选择，分析"全面二孩"政策下职业女性生育选择行为的制约机制和具体图景，讨论其对我国生育率及人口均衡发展的相关影响，并建构针对性的政策体系有着鲜明的现实意义。与此同时，探讨促进女性平等就业的路径，以完善的配套政策引导和支持职业女性选择生育，对推动政策的实施、提高女性社会地位、促进性别平等以及确保劳动力市场稳定运行也具有重要的现实意义。

参考文献

崔宝琛，2017，《当代青年女性工作—家庭冲突研究——兼论中国家庭政策转向》，《山东女子学院学报》第 3 期。

方英，2017，《个体调适与社会政策支持：高龄青年女性再生育与工作和家庭平衡研究》，《青年探索》第 2 期。

风笑天，2014，《"单独二孩"生育政策调整的社会影响前瞻》，《国家行政学院学报》第 5 期。

风笑天、李芬，2016，《生不生二孩——城市一孩育龄人群生育抉择及影响因素》，《国家行政学院学报》第 1 期。

耿兴敏，2015，《陈秀榕代表和甄砚委员建议：加强劳动力市场监管　消除就业性别歧视》，《中国妇女报》3 月 5 日，第 A1 版。

顾宝昌，1992，《论生育和生育转变：数量、时间和性别》，《人口研究》第 6 期。

黄桂霞，2014，《生育支持对女性职业中断的缓冲作用——以第三期中国妇女社会地位调查为基础》，《妇女研究论丛》第 4 期。

蒋莱，2012，《领导力发展视角下的职业女性工作—生活平衡策略研究》，《妇女研究论丛》第 2 期。

李宝芳，2017，《"全面两孩"政策下女性就业与生育平衡的困境与对策》，《未来与发展》第 3 期。

李建民，1994，《市场经济条件下中国个人生育决策的经济机制》，《人口研究》第 1 期。

李建民，2004，《生育理性和生育决策与我国低生育水平稳定机制的转变》，《人口研究》，第 6 期。

陆万军、张彬斌，2016，《中国生育政策对女性地位的影响》，《人口研究》第 4 期。

陆旸、蔡昉，2014，《人口结构变化对潜在增长率的影响：中国和日本的比较》，《世界经济》第 1 期。

马春华，2016，《瑞典和法国家庭政策的启示》，《妇女研究论丛》第 2 期。

穆光宗，2014，《论我国人口生育政策的改革》，《华中师范大学学报》（人文社会科学版）第 1 期。

穆光宗、茆长宝、周建涛，2016，《全面落实二孩政策　促进人口均衡发展》，《中国延安干部学院学报》第 4 期。

聂长建，2016，《人口问题能"以日为鉴"》，《江汉学术》第 2 期。

彭希哲，2016，《实现全面二孩政策目标需要整体性的配套》，《探索》第 1 期。

宋健，2016，《中国普遍二孩生育的政策环境与政策目标》，《人口与经济》第 4 期。

佟新,2012,《平衡工作和家庭的个人、家庭和国家策略》,《江苏社会科学》第 2 期。

佟新、刘爱玉,2015,《城镇双职工家庭夫妻合作型家务劳动模式——基于 2010 年中国第三期妇女地位调查》,《中国社会科学》第 6 期。

王玥、王丹、张文晓,2016,《亚洲女性收入对生育率影响的国际比较研究——基于劳动参与率、受教育程度、就业方式的视角》,《西北人口》第 2 期。

吴小英,2014,《主妇化的兴衰——来自个体化视角的阐释》,《南京社会科学》第 2 期。

吴莹、杨宜音、卫小将、陈恩,2016,《谁来决定"生儿子"?——社会转型中制度与文化对女性生育决策的影响》,《社会学研究》第 3 期。

谢棋楠,2012,《加拿大妇女劳工生育与育儿两性共同责任政策》,《中华女子学院学报》第 1 期。

杨慧,2016,《"全面两孩"政策下促进妇女平等就业的路径探讨》,《妇女研究论丛》第 2 期。

杨慧,《加强人力资源市场监督 促进男女平等就业》,《中国社会科学报》2017 年 2 月 15 日,第 6 版。

杨慧、白黎,2017,《城镇女性二孩生育与就业典型相关分析》,《中华女子学院学报》第 3 期。

杨慧、吕云婷、任兰兰,2016,《二孩对城镇青年平衡工作家庭的影响——基于中国妇女社会地位调查数据的实证分析》,《人口与经济》第 2 期。

杨菊华,2014,《传续与策略:1990—2010 年中国家务分工的性别差异》,《学术研究》第 2 期。

杨菊华,2016,《健全托幼服务 推动女性工作与家庭平衡》,《妇女研究论丛》第 2 期。

叶文振,2015,《二孩新政:促性别平等、为生育回暖加温》,《中国妇女报》11 月 3 日,第 B1 版。

於嘉、谢宇,2014,《生育对我国职业女性工资率的影响》,《人口研究》第 1 期。

张慧霞,2015,《论女性社会保障的需求及实现——生育政策逐步放开背景下对女性社会保障制度发展的思考》,《中华女子学院学报》第 5 期。

张伟,2016,《基于理性选择理论角度的二胎生育意愿和生育行为分析》,《理论观察》第 3 期。

张霞、茹雪,2016,《中国职业女性生育困境原因探究——以"全面二孩"政策为背景》，《贵州社会科学》第 9 期。

张银，2017，《城镇女性的生育型职业中断问题探析》，《理论与现代化》第 2 期。

张永英，2016，《从性别与发展视角看实施全面两孩政策的顶层设计》，《妇女研究论
丛》第 2 期。

张永英、李线玲，2015，《新形势下进一步改革完善生育保险制度探讨》，《妇女研究论
丛》第 6 期。

张韵，2016，《"全面二孩"政策对女性职业发展的影响及其因应之策》，《福建行政学
院学报》第 4 期。

郑真真，2004，《中国育龄妇女的生育意愿研究》，《中国人口科学》第 5 期。

郑真真，2016，《从妇女和家庭的视角重新审视与生育相关的公共政策》，《人口与计划
生育》第 4 期。

周云、郑真真，2015，《妇女、时间与生育》，《北京大学学报》（哲学社会科学版）第
5 期。

Bongaarts J. 2001. "Fertility and Reproductive Preference in Post—Transitional Societies."
Population and Development Review：27.

Ann Buchanan. 2014. "The Impact of Declining Fertility on Children，Parents and Policy."
Open Journal of Social Sciences：2.

Esther Geisler，Michaela Kreyenfeld. 2012. "How Policy Matters：Germany's Parental Leave
Benefit Reform and Father's Behavior（1999 —2009）." *Max Planck Institute for Demo-
graphic Research Working Papers*：18.

Fursman L. 2002. "Ideologies of Motherhood and Experiences of Work：Pregnant Women in
Management and Professional Careers." *Berkeley Collection of Working and Occasional Pa-
pers*：34.

Henning Lohmann，Fauke H. Peter，Tine Rostgaard，C. Katharina Spiess. "*Towards A
Framework for Assessing Family Policies in The EU.*" http://www. oecd-ilibrary. org/social-
issues-migration-health/towards-a-framework-for-assessing-family-policies-in-the-eu_22
3883627348.

社区食品环境和中国儿童的膳食摄入

——对我国公共健康政策的启示

吴　杨*

摘　要　在过去的30年间，随着收入的增长、食品行业的发展和健康观念的转变，中国居民的饮食习惯发生了巨大的变化，具体表现为乳、肉制品的消费增加了，种类也更为多样化。过去对与社区环境有关的风险因素的研究比较有限。本研究采用中国健康与营养调查2004年到2011年的数据，通过回归分析研究社区食品环境（附近是否有西式快餐店、中餐馆、超市和农贸市场）对中国儿童膳食摄入（总热量、碳水化合物、脂肪和蛋白质）变化的影响。最终数据包括1515名6~17岁儿童和青少年。结果表明，我国学龄儿童摄入超标脂肪的比例随着时间推移而不断增加，从2004年的40.62%发展为2011年的54.86%，这在高收入和城市家庭儿童中尤为明显。居住社区附近（5公里内）有超市会增加儿童脂肪摄入超标的可能性（男孩：$OR = 2.45$，95% CI：$1.44 - 4.16$；女孩：$OR = 2.53$，95% CI：$1.37 - 4.64$）并降低男孩碳水化合物摄入超标的风险（$OR = 0.27$，95% CI：$0.13 - 0.56$）。基于这些结果，我们建议制定相关政策来控制儿童摄入过高的脂肪，并关注超市对儿童膳食的影响。

关键词　社区环境　儿童　膳食　政策

一　引言

中国是一个处于蓬勃发展中的经济体。根据中华人民共和国国家统计

---

* 吴杨，江西财经大学人文学院社会学系讲师，主攻方向为医学社会学和公共健康。

局的数据，我国 2017 年的国内生产总值（GDP）已达 82.71 万亿元，相比 2007 年的 27.02 万亿元，增长了两倍多（中华人民共和国国家统计局，2018）。高速增长的 GDP 不仅增加了国家的税收和个人的收入，还带来一系列食物环境、健康观念和健康行为的改变。

首先，随着现代化和工业化进程的加剧，我国的食品环境发生了巨大的变化，具体表现在食物特别是加工或半加工食品变得更容易获得。无论是在城市还是在农村，人们去餐馆、超市和农贸市场都更为方便。一项调查结果显示，2004 年人们去最近的超市和农贸市场分别要走 6 公里和 15 公里，而 2009 年这个距离分别缩短至不到 5 公里和 2 公里（Wu et al.，2016）。与此同时，麦当劳（McDonald's）、肯德基（Kentucky Fried Chicken，KFC）、汉堡王（Burger King）和必胜客（Pizza Hut）等西式快餐连锁企业也将目光投向了中国。从 1987 年北京前门开设中国第一家 KFC 餐厅起，在短短的 30 多年间，我国的 KFC 连锁快餐店已超过 4800 家，而必胜客已超 1300 家（Wang et al.，2016；Zhai et al.，2014）。

其次，中国居民的健康观念也发生了改变，主要体现在对食物的要求上。以前，人们对食物还停留在吃饱就好这种最基本的需求之上。但随着经济的发展，吃饱喝足已经不成问题了，人们的注意力转向了如何吃得更美味、干净、便捷、营养、健康和多样化等方面。我们的调查发现，与 1989 年相比，2009 年被调查的儿童掌握了更多的营养和健康知识。但是，他们对西式快餐的接纳度也更高，大概是因为他们认为西式快餐更加美味、便捷和卫生，对西式快餐的营养价值方面认识不足（Wu et al.，2016）。

最后，我国居民的健康行为也发生了巨变。工业化生产带来的低廉食用油价格让人们更多地使用食用油来烹饪食物，从而带来了烹饪方式的变革，从传统的蒸、煮和炖转变为煎、炖和炸（Ng，Zhai，& Popkin，2008；Zhai et al.，2014）。另外，中国居民也更追求高效、方便的西式快餐。一项针对 6~17 岁儿童和青少年的全国性调查发现，在 2004 年，被调查者中有 18.5% 的人在过去的三个月内至少去过一次麦当劳或 KFC 这样的西式快餐店用餐，到 2009 年这个比例已经接近四分之一（Xue et al.，2016）。这些膳食方面的改变让人们容易摄入高于日常所需的热量和脂肪，以及更少的维生素和膳食纤维，从而引起体重的增加（Popkin，2014）。

这些在食品环境、健康观念和健康行为的改变极有可能加剧了我国的肥胖问题，特别是在儿童这个群体当中。目前，我国五个学龄儿童中就有一个超重或肥胖，而在北京、上海这些一线城市，儿童肥胖或超重率已达三分之一，直逼发达国家的水平。更加雪上加霜的是，这些超重或肥胖的儿童更容易成为肥胖的成人，罹患包括糖尿病、心血管疾病和癌症在内的各种慢性疾病，造成个人幸福感的降低、工作能力的损伤乃至过早死亡等家庭和社会问题（Ji，Chen，& Sun，2013）。

随着我国进入丰裕社会，健康问题已经成为政府和民众普遍关心的一大问题。我国要制订实施国民营养计划来引导居民形成科学的膳食习惯，推进健康饮食文化建设。因此，研究中国儿童的膳食问题及相关影响因素符合中国国情，贴合国家需求。

针对以上问题，本研究主要考察了社区食品环境（是否拥有超市、农贸市场、西式快餐店和中餐馆）对中国儿童膳食（总热量、脂肪、碳水化合物和蛋白质的摄入量）的影响，并针对我国的公共健康政策提供了一些建议。

二　研究材料和方法

（一）研究对象

从 2004 年到 2012 年之间至少参加两次中国健康和营养调查（China Health and Nutrition Survey，CHNS），拥有完整膳食数据的 6～17 岁的儿童和青少年，共计 1515 人。

（二）研究材料

1. 研究数据

CHNS 是中国疾病预防控制中心（Chinese Center for Disease Control and Prevention）和美国北卡罗来纳州立大学（University of North Carolina, Chapel Hill）合作设计并收集的大型纵向追踪调查，采用分层随机抽样的

方式，从 1989 年起每隔 2~4 年对来自中国境内 9~12 个省份上千个家庭的共计 3 万多人进行入户追踪，旨在揭示改革开放以来中国家庭的经济、营养和健康的变化。

CHNS 的问卷分为儿童、成人、营养、家庭和社区五个部分。儿童或其主要照料人（主要是母亲）负责作答儿童问卷。家庭内的成人完成成人问卷。营养和家庭问卷由家里的成人完成。而社区问卷主要由社区领导（如社区的快餐店问题）、社区医务和卫生保健工作者（如与医疗卫生机构有关的问题）以及合适的商贩（如食物价格问题）完成。

2. 研究变量

①因变量

儿童的膳食。来自于连续 3 天 24 小时膳食回顾法，其中包括两个工作日和周末的一天。6 岁以下儿童的膳食数据是由他们的主要照料人（主要是母亲）代为报告的。将这些膳食数据通过对应时间的食物成分表进行转换，得到他们每天的热量、脂肪和碳水化合物的摄入量。

②自变量

社区食品环境。来自于社区问卷中社区领导对"你们村/居委会或附近有麦当劳、肯德基等快餐店吗""距该村/居委会 5 公里内有多少中餐馆/超级市场/农贸市场"的回答。当社区领导回答在距离村/居委会 5 公里内有快餐店/中餐馆/超市/农贸市场时，我们将其记为"1"；而当回答没有时，记为"0"，这样每个社区都会有 4 个两分的（0/1）数据，分别是距离村/居委会 5 公里内是否存在快餐店、中餐馆、超市和农贸市场。

③控制变量和调节变量

根据前人的研究，本研究控制了一些潜在的混淆变量，包括儿童的年龄、调查时间、家庭经济地位水平、居住地（城市/农村）和居住省份。因为儿童的性别是一个潜在的调节变量，本研究会分男孩和女孩分别进行分析。

（三）研究方法

首先，对数据进行整理，补齐缺失数据，不能补齐的话就删除该被试这一次的数据。例如，如果某个社区在 2006 年和 2011 年都报告没有快餐店而 2009 年的数据缺失的话，那么 2009 年的数据就补为没有快餐店。通过这种方式尽量提高数据的利用率。另外，还要通过识别代码（ID）将同一个被试不同时间的数据进行链接。

其次，按性别区分儿童膳食的变化趋势，看调查对象从 2004 年到 2011 年间摄入的总热量、脂肪和碳水化合物随着时间的变化趋势。

再次，用回归分析来横向考察社区食品环境对儿童膳食的影响，同时控制相应的混淆变量，分别选取 2004 年和 2011 年两个时间点进行回归分析，并比较结果的差异。

最后，用回归分析来纵向考察社区食品环境对儿童膳食的影响，同时控制相应的混淆变量。用 2004 年的社区食品环境来预测 2011 年儿童膳食，公式如下：

$$Diet_t = 2011 = \beta_0 + \beta_1 * Environment_t = 2004 + \beta_2 * covariate$$

$$Diet = 膳食，Environment = 食品环境$$

（四）研究伦理和审核

本研究计划获得了约翰霍普金斯大学公共卫生学院（Johns Hopkins Bloomberg School of Public Health）和纽约州立大学水牛城分校（University at Buffalo，The State Universitg of New York）伦理审查委员会（Institutional Review Board）的审查与批准。

三 实验结果及分析

（一）2004～2011 年中国儿童膳食的变化趋势和规律

从图 1 可以看出，随着时间的变化，我国 6～17 岁的儿童和青少年摄入热量和碳水化合物超标的情况变得越来越少见了。在 2004 年，分别有 13.43% 和 34.18% 的儿童摄入的热量和碳水化合物超过膳食指南的推荐数值，而在 2011 年这个比例已经分别降低到了 8.14% 和 18.71%（$p < 0.01$）。

但是同时，我国儿童摄入的脂肪超标的比例从 2004 年的 40.62% 攀升到 2011 年的 54.86%（$p < 0.001$）。另一方面，蛋白质摄入不达标的比例和时间的关系呈边缘显著趋势（从 2004 年的 48.95% 到 2011 年的 44.43%，$p = 0.065$）。

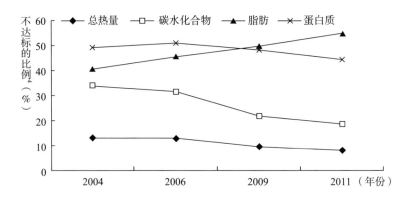

图 1　我国 6 ~ 17 岁儿童和青少年（N = 1515）膳食摄入的总能量与宏量营养素不达标的比例随比间的变化趋势：2004 ~ 2011 年

说明：1. 数据来自 2004 ~ 2011 年至少参加了两次中国健康和营养调查的 6 ~ 17 岁儿童和青少年；

2. 总热量和宏量营养素的参照值来自《中国学龄儿童膳食指南（2016）》；

3. 除了蛋白质之外，其他营养素随着时间的改变都是统计显著的（卡方检验，$p < 0.01$）；

4. 不达标是指总热量（kcal）、碳水化合物（% 总热量）和脂肪（% 总热量）高于推荐值，而蛋白质（% 总热量）低于推荐值。

从表 1 可以看出，总热量和蛋白质的达标率存在年龄差异，6 ~ 11 岁者有 12.08% 摄入的总热量低于标准值，而在 12 ~ 17 岁者中的这个比例不到 10%（$p < 0.05$）。而 6 ~ 11 岁和 12 ~ 17 岁的儿童和青少年蛋白质摄入不达标的情况分别占 59.77% 和 35.07%（$p < 0.001$）。另外，家庭经济地位水平越低，碳水化合物与蛋白质的摄入不达标的情况更为常见（低/中/高收入家庭碳水化合物摄入超标率：35.14%、26.04%、19.04%；蛋白质不达标率：53.10%、50.51%、40.53%）。此外，与城市儿童相比，农村儿童摄入的碳水化合物和蛋白质的不达标比例更高（碳水化合物：农村 32.03%，城市 16.85%，$p < 0.001$；蛋白质：农村 50.00%，城市 44.24%，$p < 0.01$），而脂肪的不达标比例更低（农村 42.11%，城市 60.79%，$p < 0.001$）。同时，没有发现男孩和女孩在总热量和宏量营养素的不达标率上

存在显著差异（$p > 0.05$）。

表1　我国6～17岁儿童和青少年膳食摄入的总热量与宏量营养素不达标情况和
社会人口学变量的关系：2004～2011年（N＝1515）

	总热量 n（%）	碳水化合物 n（%）	脂肪 n（%）	蛋白质 n（%）
年龄				
6～11岁	240（12.08）*	532（26.79）	962（48.44）	776（45.89）
12～17岁	169（9.99）	465（27.50）	1187（59.77）***	593（35.07）
性别				
男孩	225（11.57）	535（27.52）	919（47.27）	931（47.89）
女孩	184（10.62）	462（26.66）	819（47.26）	849（48.99）
家庭经济地位水平				
低收入	129（9.98）	454（35.14）***	502（38.85）***	686（53.10）***
中等收入	141（11.02）	333（26.04）	621（48.55）	646（50.51）
高收入	136（12.82）	202（19.04）	588（55.42）	430（40.53）
居住地				
城市	122（12.02）	171（16.85）***	617（60.79）***	449（44.24）**
农村	287（10.78）	826（32.03）	1121（42.11）	1331（50.00）

注：卡方检验结果 * $p < 0.05$；** $p < 0.01$；*** $p < 0.001$

1. 数据来自2004～2011年至少参加了两次中国健康和营养调查的6～17岁儿童和青少年；

2. 总热量和宏量营养素的参照值来自《中国学龄儿童膳食指南（2016）》；

3. 不达标是指热量（kcal）、碳水化合物（%总热量）和脂肪（%总热量）高于推荐值，而蛋白质（%总热量）低于推荐值；

4. 家庭人均年收入最低的1/3为低收入家庭，中间的1/3为中等收入家庭，最高的1/3为高收入家庭。

（二）社区食品环境和儿童膳食的关系：横向研究

将2004～2011年的数据合并，发现在这7年间，居住社区周边有中餐馆会将男孩碳水化合物摄入的不达标率降低47%（95% CI：11% –56%），而提高其脂肪摄入的不达标率（OR＝1.80，95% CI：1.28 –2.54）（见表2）。

在被调查的女孩中，我们也发现中餐馆会增加她们摄入更多脂肪的风险（OR＝1.46，95% CI：1.02 –2.08）。另外，周边有西式快餐店会降低她们碳水化合物不达标的概率（OR＝0.31，95% CI：0.12 –0.80），但会提高她们摄入过多脂肪的可能性（OR = 3.22，95% CI：1.54 - 6.73）。周边有大型超市会增加她们摄入过高热量的风险（OR = 1.76，95% CI：1.11 - 2.79），并将她们摄入蛋白质不足的可能性降低将近一半（OR = 0.51，95% CI：0.37 - 0.71）（见表2）。

表 2　食品环境和我国儿童和青少年膳食总热量与宏量营养素不达标率的横向关系（N = 1515，2004 ~ 2011 年）

	总热量 OR (95% CI)	碳水化合物 OR (95% CI)	脂肪 OR (95% CI)	蛋白质 OR (95% CI)
男孩				
西式快餐店	1.55 (0.68, 3.53)	1.24 (0.61, 2.49)	1.03 (0.55, 1.91)	0.72 (0.38, 1.38)
中餐馆	1.53 (0.96, 2.45)	0.63 (0.44, 0.89)	1.80 (1.28, 2.54)	1.00 (0.72, 1.39)
超市	1.17 (0.75, 1.83)	0.75 (0.54, 1.03)	1.24 (0.91, 1.69)	0.76 (0.56, 1.03)
农贸市场	1.18 (0.52, 2.67)	0.65 (0.39, 1.11)	1.39 (0.80, 2.41)	0.75 (0.45, 1.27)
女孩				
西式快餐店	1.37 (0.51, 3.68)	0.31 (0.12, 0.80)	3.22 (1.54, 6.73)	0.66 (0.32, 1.36)
中餐馆	1.01 (0.62, 1.64)	0.78 (0.55, 1.11)	1.46 (1.02, 2.08)	1.18 (0.83, 1.67)
超市	1.76 (1.11, 2.79)	0.77 (0.55, 1.07)	1.17 (0.85, 1.61)	0.51 (0.37, 0.71)
农贸市场	0.79 (0.34, 1.83)	0.64 (0.36, 1.13)	1.26 (0.68, 2.35)	1.59 (0.90, 2.83)

注：OR = odds ratio，CI = confidence interval（置信区间）。

1. 数据来自 2004 ~ 2011 年至少参加了两次中国健康和营养调查的 6 ~ 17 岁儿童和青少年；

2. 总热量和宏量营养素的参照值来自于《中国学龄儿童膳食指南（2016）》；

3. 不达标是指总热量（kcal）、碳水化合物（% 总热量）和脂肪（% 总热量）高于推荐值，而蛋白质（% 总热量）低于推荐值；

4. 食品环境数据来自社区领导报告，距离该村/居委会 5 公里内是否有西式快餐店、中餐馆、超市或农贸市场；

5. OR 和 95% CI 的数值来自于以食品环境为自变量，总热量和宏量营养素是否达标为因变量，同时控制了年龄、家庭经济地位水平、城乡和省份这些混淆变量的 logistic 回归分析。

（三）社区食品环境和儿童膳食的关系：纵向研究

从表3可以看出，社区附近有超市会增加脂肪摄入超标的可能性，这一点对男女都适用（男孩：OR = 2.45，95% CI：1.44 - 4.16；女孩：OR = 2.53，95% CI：1.37 - 4.64）。另外，周边有超市会降低男孩碳水化合物摄入不达标的风险（OR = 0.27，95% CI：0.13 - 0.56）。

表 3 **食品环境和我国儿童膳食总热量和宏量营养素不达标率的**
纵向关系（N = 631，2004 ~ 2011 年）

	总热量 OR (95% CI)	碳水化合物 OR (95% CI)	脂肪 OR (95% CI)	蛋白质 OR (95% CI)
男孩				
西式快餐店	1.03（0.18, 6.01）	2.00（0.21, 19.33）	1.47（0.47, 4.58）	1.23（0.43, 3.51）
中餐馆	2.80（0.84, 9.35）	0.95（0.45, 2.00）	0.85（0.47, 1.52）	0.99（0.56, 1.75）
超市	1.08（0.36, 3.27）	0.27（0.13, 0.56）	2.45（1.44, 4.16）	0.99（0.59, 1.67）
女孩				
西式快餐店	2.06（0.43, 9.95）	NA	1.50（0.35, 6.43）	2.60（0.74, 9.16）
中餐馆	1.36（0.45, 4.05）	0.94（0.41, 2.15）	0.75（0.40, 1.43）	0.57（0.30, 1.07）
超市	1.50（0.48, 4.63）	0.50（0.24, 1.05）	2.53（1.37, 4.64）	1.14（0.65, 2.00）

注：OR = odds ratio，CI = confidence interval（置信区间）。

1. 数据来自 2011 年并参加过 2009 年中国健康和营养调查的 6 ~ 17 岁儿童和青少年；

2. 总热量和宏量营养素的参照值来自于《中国学龄儿童膳食指南（2016）》；

3. 不达标是指总热量（kcal）、碳水化合物（% 总热量）和脂肪（% 总热量）高于推荐值，而蛋白质（% 总热量）低于推荐值；

4. 食品环境数据来自社区领导报告，距离该村/居委会 5 公里内是否有西式快餐店、中餐馆、超市或农贸市场；

5. OR 和 95% CI 的数值来自于以 2009 年的食品环境（作为基线）为自变量，总热量和宏量营养素是否达标为因变量，同时控制了年龄、家庭经济地位水平、城乡和省份这些混淆变量的 logistic 回归分析；

6. 因为样本量有限，附近是否有农贸市场没有被纳入回归分析之中。

四　讨论

本研究的结果表明，从 2004 年到 2011 年，我国 6 ~ 17 岁的儿童和青少年摄入过高热量或碳水化合物的现象随着时间变得越来越少，但是脂肪超标的比例越来越高，到 2011 年已经有半数以上的儿童和青少年每天摄入超标的脂肪。与青少年（12 ~ 17 岁）相比，低龄（6 ~ 11 岁）儿童更容易摄入超标的总热量和不达标的蛋白质。来自低收入和农村家庭的儿童会容易摄入不达标的碳水化合物与蛋白质，而城市儿童更可能摄入超标的脂肪。来自横向和纵向分析的结果不太统一，纵向分析的结果显示所住社区附近有超市会增加男孩和女孩摄入过高脂肪的可能性，而降低男孩摄入过高碳水化合物的可能性。

（一）总热量和宏量营养素随时间的变化趋势

本研究发现，随着时间的推移，我国越来越多的 6～17 岁儿童和青少年摄入的脂肪超标。这可能与我国居民的饮食变迁有关。首先，因为食用油价格降低，越来越多的家庭使用煎、炒和炸的烹饪方式来准备食物。与传统的蒸、煮和炖相比，这种新的烹饪方式会让食用者摄入更多的食用油和肉类，从而吃进去更多的脂肪（Ng et al.，2008）。其次，我国正在经历营养变迁，从以往的主要摄入蔬菜和水果变为更多摄入肉类、蛋和奶类制品，而这些食物的脂肪含量都相对较高（Popkin，2014）。再次，随着全球化进程的推进和人民收入的提高，中国居民特别是儿童越来越受到西方文化的影响，而西式食品无论是从购买的方便性还是价格来说，都变得更加亲民。我们最近的研究发现在过去 3 个月内吃过西式快餐的儿童从 2004 年的不到 1/5 增加到 2009 年的 1/4，而在北京和上海等大城市里，这种现象更加常见（Xue et al.，2016）。同时，在正餐之间吃零食的现象也变得更为常见。人们每天有 4.1% 到 12.3% 的热量来自零食（Wang et al.，2012）。西式快餐和部分零食都含有大量的脂肪，会使儿童摄入过多的脂肪而导致超标。

另外，我国儿童摄入热量和碳水化合物超标的比例随着时间的推移越来越小，这和 2014 年的另一项研究的结果一致，这项研究结果揭示，不仅在儿童群体之中，在成人中这个变化趋势同样存在（Zhai et al.，2014）。这可能与食品特别是主食的选择多样化，以及人们的健康观念的转变有关（Liu，Shively，& Binkley，2014）。

（二）总热量和宏量营养素和社会人口学变量的关系

来自高收入和城市家庭的儿童更容易摄入过高的脂肪，这和一项对零食的研究结果一致，该研究对 45402 位参加了 1991～2009 年 CHNS 的两岁以上中国居民的吃零食行为进行分析，发现来自于高收入城市家庭的儿童更多、更频繁地吃零食，而这些零食很多是高脂的（Wang et al.，2012）。

而且，城市儿童摄入的食用油和动物来源的食物也多于农村儿童（Zhai et al.，2014）。

但是，来自中低收入和农村家庭的儿童更容易摄入过高的碳水化合物和过低的蛋白质，这可能和主食的过多摄入以及蛋、奶制品的摄入不足有关。与来自高收入和城市家庭的儿童相比，来自中低收入和农村家庭的儿童每天摄入的主食更多，而富含蛋白质的鸡蛋、牛奶等乳制品的数量更少（Cui & Dibley，2012）。

（三）食品环境对儿童膳食的影响

研究结果显示，食品环境确实会影响儿童的膳食，具体表现在居住社区附近有超市会使儿童摄入过多脂肪的可能性增加差不多一半。这可能与儿童的父母能在超市购买到大量新鲜的动物来源的食物，从而增加儿童脂肪摄入有关。很多国内和国外的实证研究也发现了食品环境会影响儿童的膳食（Moore et al.，2008；Zhang，van der Lans，& Dagevos，2012）。同时，我们发现，在居住社区附近有超市会将男孩摄入过高碳水化合物的风险降低差不多3/4，但这个现象在女孩中并不明显，这大概和男孩和女孩（或他们的父母）从超市购买和消费的食物不一样有关。

（四）对政策、干预和今后研究的建议

在肥胖干预中提倡低碳饮食，通过降低碳水化合物的摄入达到减肥的目的。从本研究结果来看，确实越来越少的人摄入超标的碳水化合物。但是，我们需要格外警惕摄入过多的脂肪，这可能也与不断攀升的儿童肥胖率有关。现在，北京、上海、深圳等大城市的儿童的肥胖率或超重率已经接近西方的水平，这也与我们观察到的来自城市和高收入家庭儿童更容易摄入过高脂肪的现象有关（Jia et al.，2017）。有很多途径可以降低我国儿童脂肪的摄入量，如提高食用油的价格、对高脂食品予以特殊标识、教育人们关于过量摄入脂肪的危害等。现在的学校食堂虽然普遍采用的是安全的食用油，但厨师在准备食物时还是倾向于放很多油，通过限定并降低学校食堂菜品的食用油使用量，有希望减少学龄儿童的脂肪摄入量。

另外，家长也需要做出一些相应的改变。一项最近的研究发现拥有更多的零花钱会让儿童购买更多的快餐、零食、街头小吃等相对来说不那么健康的食物，并极大地增加肥胖的风险（Li et al.，2017）。家长在给儿童零花钱的同时，也要更关注这些零花钱的去向，适当引导儿童将其花在更健康、更有益的爱好上。

另一个值得注意的问题是含糖饮料。虽然含糖饮料占我国居民每天总热量摄入的份额并不太大，但是儿童饮料消费的增长可能会逆转本研究发现的碳水化合物超标降低的趋势。而且因为人们倾向于认为饮料并没有多少热量，更难出现代偿作用而不知不觉中摄入过高的热量。

（五）研究优缺点

首先，虽然从21世纪初开始，已经有不少来自西方国家的学者开始研究食品环境对膳食、肥胖和慢性疾病的影响，但在我国此类研究尚属于起步阶段。因此，本研究是最初探索我国食品环境和儿童膳食的关系的研究之一。其次，因为CHNS是追踪研究，可以看到两年前的食品环境对两年后膳食的影响，更有利于建立因果联系。最后，膳食数据来自于包括两个工作日和一个周末的连续3天24小时膳食回顾法，这是一种公认的、能有效获得较为准确的膳食数据的通用方式。

除了以上优点，本研究也存在一些缺点。首先，因为城市化和外出就学等原因，有部分儿童流失了，造成了较低的追踪率，这可能会影响研究结论推广到更广大的群体。其次，食品环境是由社区领导报告的，可能会存在一定的误差，去社区实地考察或结合全球定位系统（Global Positioning System，GPS）来观测社区周边的食品环境，数据会更加精确。

五 结论

本研究发现，在2004~2011年，随着时间的变迁，我国6~17岁的儿童和青少年摄入过高热量或碳水化合物的现象变得越来越少，但是脂肪超标的比例越来越高。与青少年（12~17岁）相比，低龄儿童（6~11岁）

更容易摄入超标的总热量和不达标的蛋白质。来自低收入和农村家庭的儿童更容易摄入超标的碳水化合物与不达标的蛋白质，而来自高收入和城市家庭的儿童更可能摄入超标的脂肪。来自横向和纵向分析的结果不太统一，但看起来食品环境对女孩的影响更大，具体表现为所住社区附近有超市会增加女孩摄入过高热量或脂肪的可能性。

参考文献

中华人民共和国国家统计局，2018，《内生产总值》，http://data. stats. gov. cn/ks. htm? cn = C01&zb = A0501

Cui, Z. , & Dibley, M. J. 2012. Trends in dietary energy, fat, carbohydrate and protein intake in Chinese children and adolescents from 1991 to 2009. *British Journal of Nutrition*, 108 (7), 1292 – 1299.

Ji, C. Y. , Chen, T. J. , & Sun, X. 2013. Secular changes on the distribution of body mass index among Chinese children and adolescents, 1985 – 2010. *Biomed Environ Sci*, 26 (7), 520 – 530. https://doi. org/10. 3967/0895 – 3988. 2013. 07. 002

Jia, P. , Xue, H. , Zhang, J. , & Wang, Y. 2017. Time Trend and Demographic and Geographic Disparities in Childhood Obesity Prevalence in China—Evidence from Twenty Years of Longitudinal Data. *International Journal of Environmental Research and Public Health.* https://doi. org/10. 3390/ijerph14040369.

Li, M. , Xue, H. , Jia, P. , Zhao, Y. , Wang, Z. , Xu, F. , & Wang, Y. 2017. Pocket money, eating behaviors, and weight status among Chinese children: The Childhood Obesity Study in China mega – cities. *Preventive Medicine Preventive Medicine*, 100, 208 – 215. https://doi. org/https://doi. org/10. 1016/j. ypmed. 2017. 04. 031.

Liu, J. , Shively, G. E. , & Binkley, J. K. 2014. Access to variety contributes to dietary diversity in China. *Food Policy Food Policy*, 49, Part 1, 323 – 331. https://doi. org/http://dx. doi. org/10. 1016/j. foodpol. 2014. 09. 007.

Moore, L. V, Diez Roux, A. V, Nettleton, J. A. , & Jacobs, D. R. 2008. Associations of the local food environment with diet quality—a comparison of assessments based on surveys and geographic information systems: the multi – ethnic study of atherosclerosis. *American Journal of Epidemiology*, 167 (8), 917 – 924. https://doi. org/10. 1093/aje/kwm394.

Ng, S. W. , Zhai, F. , & Popkin, B. M. 2008. Impacts of China's edible oil pricing policy on nutrition. *Social Science & MedicineSocial*, 66 （2）, 414 – 426. https://doi. org/http://dx. doi. org/10. 1016/j. socscimed. 2007. 09. 015.

Popkin, B. M. 2014. Synthesis and implications: China's nutrition transition in the context of changes across other low – and middle – income countries. *Obesity ReviewsObesity Reviews*, 15, 60 – 67. https://doi. org/10. 1111/obr. 12120.

Wang, Y. , Wang, L. , Xue, H. , & Qu, W. 2016. A Review of the Growth of the Fast Food Industry in China and Its Potential Impact on Obesity. *International Journal of Environmental Research and Public Health*. https://doi. org/10. 3390/ijerph13111112.

Wang, Z. , Zhai, F. , Zhang, B. , & Popkin, B. M. 2012. Trends in Chinese snacking behaviors and patterns and the social – demographic role between 1991 and 2009. *Asia Pacific Journal of Clinical Nutrition*, 21, 253 – 262.

Wu, Y. , Xue, H. , Wang, H. , Su, C. , Du, S. , & Wang, Y. 2016. The impact of urbanization on community food environment in China. *Asia Pacific Journal of Clinical Nutrition*, （epub）, d1 – 20. https://doi. org/10. 6133/apjcn. 032016. 09.

Xue, H. , Wu, Y. , Wang, X. , & Wang, Y. 2016. Time Trends in Fast Food Consumption and Its Association with Obesity among Children in China. *PLoS ONEPLoS ONE*, 11 （3）, e0151141. Retrieved from http://dx. doi. org/10. 1371% 2Fjournal. pone. 0151141.

Zhai, F. , Du, S. , Wang, Z. , Zhang, J. , Du, W. , & Popkin, B. 2014. Dynamics of the Chinese diet and the role of urbanicity, 1991 – 2011. *Obesity Reviews*, 1515, 16 – 26. https://doi. org/10. 1111/obr. 12124.

Zhang, X. , van der Lans, I. , & Dagevos, H. 2012. Impacts of fast food and the food retail environment on overweight and obesity in China: a multilevel latent class cluster approach. *Public Health Nutrition*. https://doi. org/10. 1017/S1368980011002047.

我国分级诊疗的三方主体建设探讨

——基于医院、患者和政府的视角[*]

卫　松　雷　岎^{**}

摘　要　2006 年，我国颁布的《国务院关于发展城市社区卫生服务的指导意见》第一次提出了分级诊疗，由此，分级诊疗逐渐成为社会关注的焦点。本文从分级诊疗三个主体层面，即医院、患者和政府的三方视角深入分析分级诊疗过程中的角色定位，阐述我国分级诊疗实施中出现的主要问题，在吸收国外分级诊疗有效做法的基础上，对我国分级诊疗深入实施进行了思考，以期为我国分级诊疗深入推进提供参考。

关键词　分级诊疗　上下联动　双向转诊

2006 年国家开始正式提出分级诊疗以后，分级诊疗作为我国医疗体制改革的重头戏成为社会关注的热点。2015 年颁布的《国务院办公厅关于推进分级诊疗制度建设的指导意见》（以下简称《意见》）明确指出了到 2020 年分级诊疗制度建设的十个标准与目标，这便成为我国在分级诊疗制度建设和实施中的一面"旗帜"。由于我国长期以来存在"看病难、看病贵"问题，《意见》为我们指明了医疗卫生事业的发展道路和方向。

---

　* 本文为 2013 年国家社科基金青年项目"西南少数民族地区城乡社会保障水平的适度性研究"（批准号：13CMZ045）阶段性成果之一。

** 作者简介：卫松，贵州遵义人，贵州民族大学民族地区公共政策研究院副教授，博士，硕士研究生导师，劳动与社会保障系主任，主要研究方向为社会保障与社会政策；雷岎，女，土家族，贵州铜仁人，贵州民族大学民族地区行政管理 2016 级硕士研究生。

一　文献回顾

分级诊疗缘于"二战"后控制医疗费用上涨的一种做法，而后被推广使用。世界上多个国家在"二战"后开始了分级诊疗的尝试，主要形成了以苏联为代表的行政化层级制度模式；以英国和荷兰为代表的强制"守门人"模式；以其他北欧国家为代表的同级政府支付的"守门人"模式；以法国、土耳其为代表的激励型"守门人"模式（张皓，2017：36）。不同模式的分级诊疗利弊都比较明显，所以，医疗费用控制一直困扰着世界上绝大多数国家。

新中国成立后，我国实行的城乡分割、行业分割的医疗保障制度，实则为分级诊疗雏形。只是这是靠严格的身份限制来分配医疗资源，使不同人群生病后到不同的医疗机构就诊。但是，长期形成的医疗卫生系统资源配置弊端越来越明显：基层医疗卫生资源短缺、基础医疗机构服务能力薄弱、患者就医观念不合理、医患关系紧张等（陈睿莹，2016：7~10）。2017年1月9日，国务院发布的《"十三五"深化医药卫生体制改革规划》明确提出，"十三五"期间，要在分级诊疗、现代医院管理、全民医保、药品供应保障、综合监管等五项制度建设上取得新突破。

从我国当前所颁布的文件来看，"分级诊疗"的名词解释从严格意义上来说是不存在的。但是习惯上我们把分级诊疗定义为：根据疾病医治的难易度和所得疾病的轻、重、缓、急进行层次分级，各个层次的医疗机构根据安排，承担各种范围内的疾病治疗，以便加强各级医疗机构之间的分工协作，同时节约了医疗资源，向"小病不出村、常见病不出乡、大病不出县、急危重病和疑难杂症不出省"的目标奋斗（杨坚等，2016：1~5）。在我国，分级诊疗政策的实施主要是为了合理、有效地配置卫生医疗资源，保持各个级别的医疗机构之间资源共享的平衡，充分利用城乡医疗体系的合理构架，促进医疗卫生资源利用率的有效提高，根据"基层首诊、双向转诊、急慢分治、上下联动"的具体指导方针，努力实现国家对国民健康保障所提出的承诺。

　　国外的分级诊疗同样没有严格意义上的定义，而且由于各个国家的历史文化、传统习惯等的不同，分级诊疗实施的方式和方法也各不一样。英国是西方分级诊疗的成功典范，英国关于分级诊疗的大致定义是：以基层首诊为核心的双向转诊制度和"守门人"制度（肖月等，2015：645~647）。为了合理使用医疗卫生资源，促进患者的有序就医，在家庭医生作为基层和社区居民的"健康守门人"的基本前提下，对超过家庭医生医疗范围的疾病，经过出示转诊证明材料，向其他专科医生或者上级医院转入，按照家庭医生与国民卫生服务体系（NHS）的签约和合作，向患者提供优质的初级保健服务和基本医疗服务（孙晓凡等，2016：105~108）。实行严格的社区首诊和双向转诊制度，并通过 NHS 对医疗卫生费用进行控制，鼓励医生把工作重心放在医疗卫生保健方面，加强其主动进行控制医疗费用的行为意识，便可以为患者节省不必要的医疗费用。当然，家庭医生一般是拥有较强医疗技术的人员，从大学开始接受 11 年的医学教育，这也是英国在分级诊疗制度实施中长久稳定的关键原因。

　　近五年来，我国学界和实践领域对分级诊疗关注较多。2017 年 12 月 26 日在中国知网输入"分级诊疗"篇名，出现文献共 2250 篇，其中 2010 年 2 篇、2011 年 6 篇、2012 年 9 篇、2013 年 14 篇、2014 年 190 篇、2015 年 504 篇、2016 年 837 篇、2017 年 688 篇。可以看出，近五年来，分级诊疗在我国逐步成为学界关注的焦点之一，成为国家医疗卫生体制改革的重头戏。这些文章有的从社区医院、村卫生室、乡镇卫生院视角研究医疗卫生资源的配置和接诊能力；有的围绕县级及以上医院医疗资源的分配和功能定位进行研究；有的围绕分级诊疗运行体制、医保支付方式改革进行综合研究；有的围绕国外经验借鉴进行研究；也有的围绕各地实践或试点模式进行研究。从已有的研究可以看出，分级诊疗在我国的实施涉及的主体较多，但是最为关键的是政府、医院和患者三方。对于这三个主体，虽然已有研究中有部分涉猎，但是对它们综合起来进行研究的成果极少。本研究即在前人的研究基础之上，综合国内外分级诊疗的理论及实践经验，探讨分级诊疗中政府、医院和患者三方的权利、义务边界，以期为分级诊疗的深入实施提供参考。

二　分级诊疗中医院、患者和政府的角色定位

要保证分级诊疗的顺利推进，首先必须厘清医院、患者和政府三方的定位，对其在整个医疗卫生体系中所扮演的角色进行简单梳理，并对其相关性进行概括，以便考查分级诊疗中出现问题的具体环节，保证医疗连续性。

（一）医院层面

我国医疗机构主要有基层医疗机构（村卫生室或社区卫生服务中心、乡镇卫生院）、县级医疗机构、二级医疗机构、三级医疗机构。各级医疗机构在医疗资源、人才资源和管理方式以及政策安排上各有不同。《意见》提出"到2017年，分级诊疗政策体系逐步完善，医疗卫生机构分工协作机制基本形成，优质医疗资源有序有效下沉，以全科医生为重点的基层医疗卫生人才队伍建设得到加强，医疗资源利用效率和整体效益进一步提高，基层医疗卫生机构诊疗量占总诊疗量比例明显提升，就医秩序更加合理规范"。为了积极响应该政策，在推行分级诊疗试点地区的各级医疗机构都积极参与医疗体制的改革，并呈现不同的改革面貌。

要想保证分级诊疗的顺利进行，各级医疗机构需要做到各司其职、互补互助，加强区域医联体建设，建立信息中心系统，以便患者的信息资料能有效流转，方便医疗技术交流。第一，社区医疗服务中心与基层医疗机构（包括乡镇卫生院）。它们作为基层居民的"健康守门人"，是分级诊疗实施的重点，因此需要建立完善的基层医疗设备，加强基层的"承接"能力，更好地保证双向转诊的顺利进行。基层医疗机构的医务人员及其管理者在分级诊疗中扮演着重要角色，从当前来看，关键是要加强全科医生的培养并建立起完善的全科医生服务模式。第二，县级医疗机构。促进分级诊疗的有效实施，除了加强县级医院的"硬""软"实力外，还应加强县级医院作为分级诊疗机制中的枢纽作用。同时，要想保证优质医疗卫生资源的共享与流动，就必须进行城乡医联体建设，提升医疗卫生资源的利用率，从而将县级医院无法治疗的各种病症，有效、规范、及时地转至二级

医院，形成"分工明确、按序就班"的医治格局（彭增丽，2016：220）。第三，二级医疗机构。除了保证二级医疗机构"接得住"与"放得下"外，还应积极建立区域医疗联合体，建立以信息化为中心的转诊部门之间的有效衔接制度，促进双向转诊。第四，三级医疗机构。在划定好各级医疗机构明确的工作范围后，三级医疗机构需要做的是加大科研力度，努力做好各种疑难杂症的研究，创建新的科研项目，并积极对下级医疗机构进行指导与帮扶，从而更好地促进各级医疗机构的衔接，保证分级诊疗的顺利实施。

（二）患者层面

患者就医思想的转变是实施分级诊疗的基本前提。患者是医疗机构最主要的服务对象，也是分级诊疗实施的主体之一，分级诊疗政策实施的落脚点就是为了使患者合理有序地进行疾病治疗。国家推行分级诊疗的目的是用最少的成本，解决公众看病难、看病贵的顽疾，所以国家希望通过医疗保障制度的有效制约与引导，合理引导患者进行逐级诊疗，使其进行"理性治疗"。这样不仅可以充分、合理节约和利用医疗资源，促进医疗资源的合理配置，而且可以让染小病的患者在家门口就医，不必"长途跋涉"去大医院或者上级医院看小病。虽然国家层面在推进分级诊疗已有些时日，但是患者对分级诊疗的知晓率并不高，这也是影响患者就诊的重要原因（朱小凤等，2017：34～37）。

（三）政府层面

《意见》明确指出，要全面推进医疗卫生服务体制改革，各卫生部门必须从"供方"的角度出发，运用各种行政手段进行医疗资源的合理配置，进行整体规划和布局，并对各级医疗机构进行明确定位。各医保部门从"需方"的角度出发，运用有效的医疗保障制度约束机制，科学合理引导患者实现有序诊疗；同时，设立医生多点执业和家庭医生的签约制度，保证患者的就医连续性等全程化的健康管理服务（王清波等，2016：9～15）。总之，坚持政府在分级诊疗中的主导地位，做好顶层设计，厘清市场和政府的地位以及相互之间的关系，利用市场有效配置资源的优势，合理配

置医疗卫生资源 (赵要军, 2016: 30~32), 以患者为出发点, 努力实现与维护好人民的利益。

从目前我国的医疗格局来看, 要想顺利实施分级诊疗, 就必须做好以下几方面的工作: 基层医疗机构的"承接", 上级医疗机构的"下放", 患者的有序治疗意识和行为以及有效的政策制度保障。为了确保医医、医患、不同医疗机构之间形成协调、沟通、合作、有序的医疗机制, 就需要协调好各个主体、各个方面的衔接工作。

三 我国分级诊疗实施中的主要问题

目前, 我国分级诊疗医疗模式尚未建立起来, 针对其中出现的问题来看, 主要是由于医院、患者和政府三方并没有形成能适应分级诊疗的责任与制度, 不利于医疗服务连续性的形成或者导致患者就医成本增加, 从而最终导致"看病难、看病贵"问题悬而未决。从各地区分级诊疗工作的开展情况来看, 还普遍存在以下问题。

(一) 医院层面

首先, 基层医疗机构方面。调查资料显示, 超过 65% 的患者去二、三级医院治疗常见病、多发病和慢性病, 42.1% 的患者在得了小病时自动选择去基层医疗机构就诊, 但是 52.4% 的患者却不愿意选择基层医疗机构 (李祎等, 2016: 305~307), 某些县医院仅有 60% 的病床使用率。笔者通过对贵州黔东南地区某县医院的调查发现, 该医院存在医疗资源浪费、人才匮乏、与上级医院信息沟通不良以及在整个分级诊疗体系中的定位不清晰等问题。调查显示, 大中型医院占有全国 80% 左右的医疗资源, 而基层医疗机构的卫生资源稀缺, 呈现城乡两极分化的特点 (《瞭望》, 2009), 2011 年基层医疗卫生机构及其医疗卫生技术人员和床位使用数分别占全国卫生医疗机构总人数和总床位使用数的 39.2%、23.9%, 比例偏低; 2013 年基层卫生医疗机构的就诊人数占总诊疗人数比 2012 年下降了 0.6% (张雪、杨柠溪, 2015: 78~81)。

总的来看，基层医疗机构与社区卫生医疗服务机构还没有达到"基层首诊"的目标，没有承接好上级医院下转的患者，也没有很好地上转患者。同时，基层医疗机构还缺乏对医疗人才的吸引力也缺少相关培训，由于受到绩效工资考核制度的影响，大部分基层医务人员的工作积极性不高。从2013年某市对2219名基层医务人员的调查来看，只有854人安心于医院工作环境，而剩下的1365名医务人员对现状并不满足（顾掌生、翁艳艳，2015：13～16）。与此同时，基层医务人员知识素质普遍不高，技术与能力也有限。在县级（以上）的医疗机构方面，上级医务人员有时为了保住自己的"患者绩效"，并不愿意主动"下放"，在分级诊疗的"下放"过程中并没有明确规定各方医院的职责，导致患者流转不顺畅。如果出现相关的医疗危机与事故，各方会面临难以界定的矛盾。

（二）患者层面

从图1可以看出，一、二级医院的诊疗人数明显低于三级医院，很多公民由于对基层医院缺乏信任而普遍倾向去大医院诊治。从患者角度来看，他们对分级诊疗政策并不怎么理解，况且某些患者从报销比例思考转诊问题，因此他们会选择各方面医疗条件较好的三级医院进行治疗，尤其是从2000年的医改中的"点名医疗"（患者对医院进行自由选择，自主就医的医疗模式推广起来）开始，更是造成了大医院"门庭若市"的拥挤现象。

图1　历年各级医院诊疗人次数

资料来源：房莉杰、2016。

首先，患者在医疗机构的选择过程中存在攀比和盲目的状况，普遍认为大医院就有比小医院好的医疗设备、技术和医务人员，存在一种传统的就医观念，对分级诊疗政策的理解并不深刻。调查显示，59%的百姓对分级诊疗并不了解，65%的百姓并不能接受分级诊疗。其次，患者通过权衡医疗保障报销比例发现，大医院和基层医院的医疗报销差距不大，因此，小病也会去大医院就医。最后，医患信息不对称，使得患者在对各种医疗服务和制度一无所知的情况下，不能主动选择就医的医院或者通过转诊享受不到医疗连续性服务等。

（三）政府层面

虽然我国早在 2006 年就开始提出关于分级诊疗的各种具体政策与方针，但是在具体的操作层面却没有相应的激励与约束机制来促使该项政策的具体落实，使得各地区对政策只是概而用之，难以形成统一有效的解决办法。从表 1 可以看出，政府卫生支出已超过卫生总费用的 55% 左右，且从 2009 年到 2016 年的费用支出率较稳定。

表1　中国历年卫生总费用统计（国际分类）

单位：%

年份	政府卫生支出占卫生总费用	个人卫生支出占卫生总费用
2009	52.50	47.50
2010	54.31	45.69
2011	55.89	44.11
2012	55.96	44.04
2013	55.81	44.19
2014	55.85	44.25
2015	55.78	44.36
2016	55.88	44.20

资料来源：卫生部卫生发展研究中心，《2014 中国卫生总费用研究报告》。

但是，医保制度、医疗器械配备政策和信息化建设等各方面的不完善，不利于"分级诊疗"政策的快速推进，造成了医疗卫生资源的严重浪费，也不能使患者得到及时、有效的治疗，同时打击了医疗卫生人员的工作积极性，不利于卫生人员的培养。

分级诊疗政策实施中，政府层面主要存在如下三个问题。

第一，没有制定具有级别落差的医疗保障制度，没有明确转诊过程中各方的权责。从目前来看，政府在制定有关分级诊疗的政策过程中缺乏相关的药品配备政策、医疗器械配备政策、医疗保险政策等，也没有相关政策来阻止患者不按序就医的行为（方少华，2014：18～21），许多患者对于转诊后的医疗起付线和相关的补偿费用并不是很清楚，同时导致了一些医患矛盾和各方医院责任的推脱，耽误患者就医时间，严重阻碍了分级诊疗政策的实施进程。

第二，没有形成有效的信息系统共享机制。各级医疗机构要做到必要的协调，必须实现信息共享。在这个信息化时代，要想顺利实施分级诊疗，就必须保证医疗信息的纵向与横向流动，从而提高各级机构的医疗水平。但是从目前来看，仍然存在着许多城市的信息化水平并不高和发展不平衡现象；同时，区域卫生信息沟通也并不畅通，资源未能完全实现共享（赵红艳等，2016：23～25）。

第三，对基层医疗机构的投入不足，不能对各级医院进行准确的级别划分。不同的医疗机构对具体的病情具有不同的治疗优势，不能"一刀切"地对医疗机构进行划分。在实施分级诊疗政策之前，必须做好各地的实地调研，认真收集、处理和分析各种不同的资料。然而，各级医疗卫生服务部门在分级诊疗的口号下并没有根据本地区疾病分布、流行病特征、资源医疗分布等情况报告上级医疗部门，导致政策的制定与实施都不能全面反映医疗卫生现状，整体规划不能很好地进行，分级诊疗有名无实（李祎等，2016：305～307）。

四　规范各方主体行为，有效推进分级诊疗

为了进一步推进分级诊疗体制措施，完善医疗卫生服务制度，实现《全国医疗卫生服务体系规划纲要（2015—2020年）》提出的"建立完善

分级诊疗模式""逐步实现基层首诊、双向转诊、上下联动、急慢分治"的目标，从医院、患者以及政府三方面入手，针对以上各方出现的问题，同时对国外分级诊疗进行有益借鉴，提出如下建议。

（一）有效促进上级医院"舍得放"、下级医院"接得住"

在我国的分级诊疗格局中，各级医疗卫生机构应该具有各自的医疗目标与具体工作范围。三级医疗机构应做到为各种疑难杂症和急危重症患者进行治疗，并加强其科研力度。二级医疗机构应成为三级医院的患者在后急性期、急危重症稳定期、术后恢复期等的出口。县级医院应做的是当遇到某些重症或者疑难杂症患者而无法医治时及时进行病人的上转，加强其常见病、多发病的医疗技术。而基层医疗机构和社区卫生服务中心应提供"常、慢、多"病的首诊、分诊、慢性病预防和服务以及老年病患者的长期护理（周瑞等，2016：1116~1119）。

如何促进和保持各级机构在分级诊疗中的各自作用？首先，促进上级医院"舍得放"。应加大对三级医疗机构的财政补贴，加大投入科研资金，努力提高外科手术的技术水平，建立各种医疗联合体以及对口支援等多种分工协作模式，让上级医院带动下级医院，在技术和学科建设方面都有全面的提高（张文理，2016：5）。其次，促进下级医院"接得住"。鼓励医务人员"多点执业"，给予他们必要的薪酬保障，加快全科医生培养与制定科学有效的绩效管理制度。如英国的质量与结果框架（quality and outcome frame，QOF），通过对全科医生的工作质量评估来确定其薪酬（Burr，2008），而且英国非常重视全科医生的培养，医学生生源具有严格的准入门槛，培养时间大概需要 11 年之久（匡莉，2000：59~60）；加拿大采用按人头付费的方法，即按照医疗保障体制的规定，依据医疗服务项目、服务人数的总费用情况，提前支付全科医生医疗费用，激励全科医生通过积极控制医疗费用，从而争取更多社区居民选择基层首诊。

为了增强基层医疗机构的硬软实力，应积极鼓励基层医务人员去上级医院学习先进的医疗技术知识，与此同时，基层医院应加大医疗设备的资金投入。这方面可以借鉴美国的基层医疗卫生结构。其基层服务系统由志愿者团体、护理院、县卫生局、私人诊所等主体组合而成，能积极有效地为患者提供各种医疗保健、健康教育咨询、疾病预防等综合性医疗服务这种坚固的基层医疗队伍，为美国实施分级诊疗制度提供了有利条件（张雪、杨柠溪，2015：78~81）。

（二）强化患者有序就医意识，深化公众对分级诊疗政策的理解

目前，我国公民仍然普遍存在传统的就医思想，认为大医院就是好医院，不管是在医疗设施、技术还是在医疗卫生人员与服务等方面都比基层医院好。与此同时，患者还存在"医疗攀比"的心态，认为钱用得多就一定能得到好的治疗，病情就一定能有所好转，这也是一些医疗纠纷产生的原因。有数据表明，2013年我国人民健康素质水平仅为9.48%，水平较低，大多数患者不能理性就医，还没有形成有序就医的合理模式，从而阻碍分级诊疗的顺利进行。因此，须进一步加强进行分级诊疗的宣传力度，可以通过派发健康教育手册和宣传专栏等方式，让公民掌握医疗信息，提高公民素养，使其充分信赖基层医疗机构，重新建立起对医疗机构的认可程度（司明舒、李士雪，2016：1~4）。英国是一个发达国家，民众对社会机构具有比较高的信任度，这自然有利于促成和谐融洽的医患关系。所以，要积极倡导社会诚信，增强患者对医生特别是对基层医务人员的充分信任，努力实现基础首诊的目标（黄海红、郑宁，2016：296~298）。同时，充分尊重患者的自主权和选择权，各级医疗机构必须从患者的角度出发，努力当好患者的"健康指导员"。

（三）完善医疗保障制度，建立信息沟通网络

良好的医疗保障制度是促进公民有序就医的"指挥棒"。因此，扩大不同级别的医疗机构之间的医保报销比例，适当提高基层医院的医保报销额，是防止大医院"门庭若市"的有效措施。如日本在实施分级诊疗制度过程中并没有强制患者进行转诊，而是通过采取各种有效的措施对各级医疗机构和患者进行激励和约束，从而引导患者的就医行为。比如，患者只

有在获得了诊所医生的上转介绍信才能去上级医院进行治疗，如果越级，自己就会承担额外的费用；同时，所转至的医院根据患者的转诊数量（接收量）来获得一定的医疗价格补偿和财政专项的补助。我们可以借鉴日本的这种医疗保障制度，引导患者产生有序就医的行为（朱晓强、周绿林，2016：167~168）。

与此同时，在基层和县级医院建立严格的绩效考核制度，有利于促进医疗工作人员的积极性。建立统一的区域医疗卫生信息系统，促进各种诸如健康档案、患者病例等信息的横向和纵向的传递与共享。如瑞士利用Cambio COSMIC 建立了一整套比较完善的电子病历信息系统，促进了基层医疗机构与上级医疗机构之间的信息流动，便于患者复诊和转诊，促进了患者在基层进行首诊（曹莎莉等，2016：20~22），有利于各级医疗机构在双向转诊中的程序化和规范化；同时，建立明确的转诊病种、药物以及卫生医疗服务等各个转诊治疗方面的规范，并做好转诊的时间和具体情况等方面的记录，严格规定好转诊各方应承担的责任，对在转诊过程中所出现的问题应做好充分的预测与预防措施，衔接好转诊过程的每一个环节（赵允伍等，2016：6-9），让患者能顺利实现转诊，促进患者能有效、便利地治病。

（四）充分利用网络技术，创新分级诊疗机制

当下，"互联网＋"已经成为分级诊疗政策顺利实施的重要手段。我们可以充分利用互联网医疗服务平台收集各种医疗核心资源，充分了解患者病况，为患者提供远程医疗诊断服务（杜创，2016：58~64）。一些大型医院可以建立相关医疗网站，运用在线挂号等方式，方便患者就医。但是必须严格规定互联网的医疗卫生准入标准，对非法的医疗机构和信息进行审查。与此同时，规范互联网医疗价格体系，严禁"乱收费"与"高收费"等不合法、不合理的现象，快速推进"互联网＋"建设，把医务人员工作与医疗服务质量结合起来一同并入医院网上考核系统，对医务人员进行有效的控制，以便推进"分级诊疗"政策措施的顺利进行。

总之，实现医疗服务均等化，建立具有中国特色的分级诊疗模式，需

要患者、医院和政府三方同时做出改变，患者就医观念转变以医疗资源均衡分布和医患信息对称为前提，使医院之间能够上下转诊。除了医院医生职业道德须打破暂时的利益纠结外，还须获得患者的支持和对称的信息，政府要实现构建科学合理的分级诊疗模式，需要在制度设计和医疗资源宏观布局及政策宣传上下工夫，而这三方目标的实现需要进行系统性的改革和转变。目前，一些试点地区取得了一定成效，但是距离《意见》的最终目标任重而道远。

参考文献

张皓，2017，《基于系统动力学模型的分级诊疗体系及政策仿真研究——以浙江省为例》，博士学位论文，浙江大学。

陈睿莹，2016，《我国分级诊疗制度的历史演进及发展路径探析》，《辽宁医学院学报》（社会科学版）第 3 期。

杨坚、卢珊、金晶、张亮，2016，《基于系统思想的分级诊疗分析》，《中国医院管理》第 1 期。

肖月、赵琨、史黎炜、丁干，2015，《浅析分级诊疗体系建设国际经验》，《中华医院管理杂志》第 9 期。

孙晓凡、陈旻洁、闻大翔、鲍勇，2016，《英、美、荷、澳、日分级诊疗实践的启示》，《中国卫生质量管理》第 5 期。

彭增丽，2016，《分级诊疗在县（市）级医院的探索》，《生物技术世界》第 1 期。

朱小凤、李道丕、刘中华、张莉、张永恒、赵玮琳，2017，《分级诊疗制度下患者就医意向的影响因素研究》，《中国医院》第 1 期。

王清波、胡佳、代涛，2016，《建立分级诊疗制度的动力与阻力分析——基于利益相关者理论》，《中国卫生政策研究》第 4 期。

赵要军，2016，《构建区域分级诊疗服务模式的理论探讨》，《医学与社会》第 10 期。

李祎、白继庚、程景民、胡先明、王思洁，2016，《推进分级诊疗有效落实的策略研究》，《中国社会医学杂志》第 4 期。

张雪、杨柠溪，2015，《英美分级诊疗实践及对我国的启示》，《医学与哲学》第 7A 期。

顾掌生、翁艳艳，2016，《分级诊疗的瓶颈与路径》，《医院管理论坛》第 12 期。

方少华，2014，《全民医保背景下实现分级诊疗的路径研究》，《卫生经济研究》第

1 期。

赵红艳、隋霞、梁铭会、张竞由、朱微微，2016，《关于开展分级诊疗试点工作的实践和探索》，《中国医院》第 1 期。

李祎、白继庚、程景民、胡先明、王思洁，2016，《推进分级诊疗有效落实的策略研究》，《中国社会医学杂志》第 4 期。

周瑞、赵琨、齐雪然，2016，《我国目前分级诊疗工作中的几个关键环节探讨》，《中国全科医学》第 10 期。

张文理、侯芳霖，2016，《探索三级医院实施分级诊疗制度的思考》，《中华中医药学会全科医学分会成立大会暨 2016 年学术年会论文集》第 5 期。

匡莉，2000，《美国医疗卫生系统介绍》，《中国医院管理》第 2 期。

张雪、杨柠溪，2015，《英美分级诊疗实践及对我国的启示》，《医学与哲学》第 7A 期。

司明舒、李士雪，2016，《基于文献研究的我国分级诊疗服务模式现状分析》，《中国初级卫生保健》第 10 期。

黄海红、郑宁，2016，《英国家庭医生制度对我国分级诊疗模式的启示》，《解放军医院管理杂志》第 3 期。

朱晓强、周绿林，2016，《国外分级诊疗制度对我国的启示》，《中国集体经济》第 18 期。

曹莎莉、李跃平、吴小南，2015，《瑞典慢性病患者就医模式及对我国的启示》，《福建医科大学学报》（社会科学版）第 3 期。

赵允伍、王珩、李念念、卞城，2016，《医疗服务连续性对分级诊疗的影响机制研究》，《卫生经济研究》第 5 期。

杜创，2016，《平台理论视角下的互联网与“分级诊疗”》，《中国卫生政策研究》第 1 期。

《瞭望》新闻周刊记者，2009，《新医改投入机制走向》，《瞭望》第 15 期。

房莉杰，2016，《理解“新医改”的困境：“十二五”医改回顾》，《国家行政学院学报》第 2 期。

Tim Burr. 2008. *NHS pay modernization：new contract for general practice services in England* . http：// www. nan. org. uk/ wp－content/ uploads/ 2008/ 02/ 0708307. pdf.

图书在版编目（CIP）数据

当代社会政策研究. 十三，共享发展与社会政策创新/
关信平，蒋国河主编. -- 北京：社会科学文献出版社，
2018.6

ISBN 978 - 7 - 5201 - 2822 - 3

Ⅰ.①当… Ⅱ.①关… ②蒋… Ⅲ.①社会政策 - 文
集 Ⅳ.①C916 - 53

中国版本图书馆 CIP 数据核字（2018）第 109757 号

当代社会政策研究（十三）
　　——共享发展与社会政策创新

主　　编／关信平　蒋国河

出 版 人／谢寿光
项目统筹／谢蕊芬
责任编辑／谢蕊芬　杨　阳　张小菲

出　　版／社会科学文献出版社·社会学出版中心（010）59367159
　　　　　　地址：北京市北三环中路甲 29 号院华龙大厦　邮编：100029
　　　　　　网址：www. ssap. com. cn
发　　行／市场营销中心（010）59367081　59367018
印　　装／三河市龙林印务有限公司

规　　格／开本：787mm × 1092mm　1/16
　　　　　　印张：18.5　字数：280 千字
版　　次／2018 年 6 月第 1 版　2018 年 6 月第 1 次印刷
书　　号／ISBN 978 - 7 - 5201 - 2822 - 3
定　　价／89.00 元

本书如有印装质量问题，请与读者服务中心（010 - 59367028）联系